U0557746

三|国|职|场|探|迹

北国毓秀

❖

冯立鳌 著

中国书籍出版社
China Book Press

图书在版编目（CIP）数据

北国毓秀/冯立鳌著．--北京：中国书籍出版社，2023.1

（三国职场探迹）

ISBN 978-7-5068-9141-7

Ⅰ.①北…　Ⅱ.①冯…　Ⅲ.①中国历史—研究—三国时代　Ⅳ.①K236.07

中国版本图书馆 CIP 数据核字（2022）第 155056 号

北国毓秀

冯立鳌　著

责任编辑　李　新
责任印制　孙马飞　马　芝
封面设计　中联华文
出版发行　中国书籍出版社
地　　址　北京市丰台区三路居路 97 号（邮编：100073）
电　　话　（010）52257143（总编室）　（010）52257140（发行部）
电子邮箱　eo@chinabp.com.cn
经　　销　全国新华书店
印　　刷　三河市华东印刷有限公司
开　　本　710 毫米×1000 毫米　1/16
字　　数　244 千字
印　　张　17
版　　次　2023 年 1 月第 1 版
印　　次　2023 年 1 月第 1 次印刷
书　　号　ISBN 978-7-5068-9141-7
定　　价　78.00 元

前　言

2018年年底，我结束了近37年的在职工作正常退休，进入到人生另一新的阶段，面临着生活状态的自由选择。考虑到以前想做而没有来得及做的某些事情可以尝试完成，于是辞绝了教育机构的约聘，也退出了原有一些学会的职位，给自己准备了更为充足和大块的松散活动空间，想从事一些和自己几十年的职业职务活动没有直接关系的事情。经过半年时间的休整和思考，从2019年5月中旬起，我开始系统地阅读理解与三国历史有关的资料，主要有《三国志》全本，包括晋朝陈寿的原著与南朝裴松之的引注，还有《资治通鉴》以及《后汉书》《晋书》的相关部分。在阅读史书的同时，我围绕三国人物的职场活动作出应有的回味思考，书写出自己的看法与见解，同时表达个人相应的生活观、历史观乃至价值观，我自称这是对三国历史资料的系统“解读”。本人手头有一个与职场体会相关的公众号，每天写出二三千字的文稿，发到该公众号上，供几十亲友在小范围内选阅交流并作矫正。持续近两年半的时间，到2021年9月中旬，三国史料所能涉及的人物活动已全部搜阅回味完毕，结束了这一特定的解读。其后翻阅统计，共撰写了整七百篇文论，计176万多字，内容大体涉及叙述、议论与论理三个方面，即关于人物职场事迹的白话叙述、对人物职场行为方式的得失议论，以及针对相关社会问题的剖析说理。这些文字表达实际上相当于围绕三国史志全部人物职场事迹所做的“解读笔记”，其中涉及的时段从东汉末年184年黄巾起义开始，到280年晋朝统一约一百年的历史。

三国人物在历史上乃至当世都产生过重要影响，对人物活动事迹的重述与评议总是灌注着不同的社会生活观与人生价值观，至今已衍生出了大量体现于文学、艺术、教育、游戏等多个领域、表现纷杂的三国文化现象，而三国人物的真实事迹及其形象反而被湮没。事实上，对后世人们最有深刻教益作用的应该是发生过的历史，而不是演绎虚构出的东西。在世人特别看重三国文化教益的背景下，如能返璞归真，回归历史人物的本来面目作出体味反思，可能会成为三国文化和当代文化建设中更有意义的事情。出于这样的本心，我宁愿把自己对三国职场的解读拿出来，与有心的朋友和读者共享。现在呈现在读者面前的，就是对自己近三年解读文论的修订整理。整理后形成互相衔接的八本撰述：其中从汉末到三国的过渡《三国前奏》一本，《曹魏兴衰》四本，《蜀汉浮沉》一本，《孙吴起伏》两本，共合成一部成系列的"《三国志》解读笔记"，希望以此丰富当代历史文化的内容，并为三国文化增添新的枝叶。

叙述人物活动事迹占许多篇章中的重要分量，这里首先需要对资料的详尽占有。《三国志》全本既指陈寿"文辞简约"的原著，也包括裴松之"搜采广博"的引注，被称"本志简略，引注繁芜"。引注资料来源庞杂，文字远超原著，且有人物事迹相抵牾的情况；同时，史书中关于某一人物的事迹未必全部在关于该人的本传中，许多可能是在另一人物的本传及引注中出现，有些还在《晋书》相关的人物记述中。要弄清全部人物活动的事迹，需要资料的搜集辨析、穿插编排，以及必要的揣测推理。另一方面，人物事迹叙述还需要不可缺少的白话翻译。史书均为古文表达，其中有许多当代人不易理解的字词和文句，作者对许多人物的事迹也是初次涉猎，撰写叙述中参考过一些资料中对个别字词的译注解释，而对裴氏引注资料的翻译大体上都是从头做起，自认是在此做了些补阙的工作。

因为本书想要避免资料选用的片面性、随意性，追求对所涉人物事迹的全面把握，所以撰写中实际上需要对史志全部人物活动作出地毯式、不留死角的翻译叙述。当然，并非所有人物的事迹都有典型性，有些人物的活动可以说是记载不多且乏善可陈，但为保证人物出场的完整性，因而不能放弃对这些人物职场活动的叙述与评析，以尽力实现对三国职场活动作出全景式的扫描。本人在全部所涉人物事迹的叙述中力求扣紧原文，作出准确、精练的翻译，同时尽量少地舍弃个别极不合乎情理的资料，以保证内容的完整与协调。阅读本书，至少能够获得三国人物最原初的历史记录，了解到历史人物最接近真实的言论行为；能观瞻三国职场活动全面完整的场景，对当时职场活动的背景及各种因素的相互影响形成整体把握；由此也可对历史小说的剪裁虚构以及后来人们的各种演绎想象增强应有的识辨力。阅读该书的青年学生，不仅对三国人物活动可以形成初步印象，也会增进自身的古文翻译能力。

整个书系的绝大多篇章在叙述之后都有相应的评说议论，这种议论是结合人物活动的特定环境并观照其所引起的长远效果，针对指出其行为在职场的利害得失。在做这些议论时，会尽量探寻社会运动内含的底层逻辑，参照某种客观活动前后相继的内在因果，尽可能地指出相关人物思想理念的端正或偏失，也会关注其思维方式的特征及其正误。近代卢弼的《三国志集解》中辑录了不少前代学人对三国诸多人物事迹的评议，有时论及某一议题，会罗列多人发表的不同观点。本人参阅过这些观点，必要时把主要观点介绍出来，略加评议；有时仅介绍一种观点，当是作者基本认可的看法。从七百篇文论标题所涉及的对象看，全书粗略统计做出评说议论的共410多个人物，因为每个人物都有不同的人生路程和职场经历，也有不同的思想追求和行为方式，全书的评说议论因而是多角度、多侧面的，有时采取引而不发的态度，没有固定的格式，属随事而发，灵活展现，且与人物事迹的叙述相糅杂，总之是史论结合，以史带论，达到观史明理即可。“往者不可谏，来者犹可追。”本人探寻三国职场活动，实际是对一段社会历史演变过程的咀嚼和体认，不能保证全部认识深刻和到位，但却是尽量拓展观察社会的视角，激发人们看透现象世界的敏锐性。读者朋友一定能从中发现新的问题，再作反思，得出对自我人生和职场活动更多的经验教训，尤能助益养成优良的思想理念和上佳的思维方式。

全书在评说议论中试图逐步提升出关于社会人生不同层面的认识，而这种提升需要在人物活动与社会生活的相互观照前后联系中才得实现，也才能述说清楚。为建立这种联系，全书首先从结构形式上做了一些努力：在七百篇章的小标题上，有两到三位数的序号，其中第一位数 1、2、3，分别代表曹魏、蜀汉、孙吴三家人物，0 则代表东汉末到三国的过渡人物；第二位数字是分类的，与前一数字用“.”相分隔；第三位数字是同一类别中对不同人物或相异问题的更细划分，外带括号以示区别，如果内容较多，对其需作多篇论述，则各篇顺次按“上”“下”或其他中文序号标注在小标题之后。如“1.5（18）曹叡的用人和处事（中）”，这一小标题即代表：针对曹魏集团中第五个解读人物曹叡，该题目下要叙述议论他的第 18 个论题，内容是关于他治国理政的中间一部分。全书对各家的类别划分并不严格，而标号却是严谨的；标题的序号数字越相靠近，文论间的联系就越紧密。全书有统有分，逐次开散，七百文论覆盖了本书所涉三国人物历史活动的全部场景，希望这些篇章间能产生聚散为一的整体系统。

同时还有与完善史料覆盖系统相配合的叙写方式。因为某一人物活动的事迹中总是有其他一到多位相关涉事人，因而书中的叙事往往是对涉事多人活动事迹的共同叙述。为此全书于某人解读篇章之外，在叙述其他涉事人活动的篇章中，对共同参与的活动事实，就只简单提及事情的根由，同时标明“参见”之处，尽量省略掉可能引起重复的表述。比如在曹魏部分关于《司马懿的为人（中）》，及《名士管宁的坚定心志》等篇章，行文中就有“（参见 1.5.18《曹叡的用人和处事》中）”的夹注式提示。全书中的这种标注提示是极多的，为减少文中括号的重叠，第三位数字的外括号变成了前面的分隔号。这里是要尽量避免事情叙述和某些议论的重复，又要保持对涉事人解读的全面性。总之建立对一段历史过程全覆盖的解读系统，既要基本上无所遗漏，又要减少叙事的重复，也增加读者观瞻的联想感。

本书的解读立足人物，看重细节，并且力求把三国社会的微观细节与宏观历史运动过程无缝化衔接起来，这是该书系在表达形式上的一大特点。阅读本书的读者，如果能观照人物活动前后进展的线索，把握某些不同事件间的人物关系及其相互影响，对文中的各种评说议论就会有更深刻的体认，并能形成自己独立的思想与判断；读完全书，把握了三国社会运动的整体态势，不仅有助于对当时社会状况，包括各层职场的运作特征和不同人物的复杂心性产生更多的联想与认识，而且能对人生奋争、集团兴衰和整个社会运动形成应有的见解。

全书在各处评说议论的同时还有针对具体情景的剖析说理，这是在复杂事态和各种混沌理念中论证其中评说议论的合理性，希望把自己的认识观点明确地展现出来。一般说来，作者的思想观点及其对社会历史活动的认识，是倾注在或明或隐的各处评说议论中，寓含在资料排比和叙事之外的各类文字表达中。无论是关于人物活动的具体点评，关于个别领导人格特征的综合议论，还是某些政治集团沉浮兴衰的总体评说，全书都始终持有某些不变的理念，包括对历史及其人物的尊重态度，对英雄人物的尊崇心理，对为数不多女性人物的敬重之情；对公平、正义、善良、美好的崇尚，以及对丑恶的鞭笞；对历史主义、唯物主义、民族优秀传统思想、当代先进科学理念以及思维辩证法在学理上的推崇等。对本人难以把握的卜筮、相术等现象则尽量作出客观介绍，并表达出对史志记载的基本看法。而全书所持有的历史进步观、主体有为观，以及对职场活动中某些共通性、规律性的认识、某些方式方法的主张，都有多种灵活多样的表达，希望能对读者提供观察社会生活的有益方法与思考。总之，讲故事、发议论、明事理，是整个书系的三重内涵。

关注本人公众号的许多友人和读者数年间对上述文论曾表达了不少鼓励，多年从事文化工作和图书经营的诸位朋友也都高度赞赏和充分肯定了该书系的社会价值，并做出了如何奉献给更多读者的设想与策划。吸收他们的有益建议，也出于不负时代的衷心，本人自完成书系撰写的半年多来，对全部叙述做了检查、梳理与某些意境的提升，整理形成了既相互独立，又紧密关联着的“解读笔记”系列——《三国职场探迹》，并以《三国前奏》《曹家龙兴》《魏天风雷》《虎啸中原》《北国毓秀》《蜀汉浮沉》《江东激荡》《孙吴落花》八本图书呈现给广大读者，书名仅表征该书的论及对象与人物层级，具体内容尽在各篇章的微观解读中。希望这一书系对三国文化、职场文化、历史文化的认识发掘都能发挥独特作用。

1988 年本人在西安读研的暑假期间撰写过分析《三国演义》中领导活动的单本论著《谋略与制胜》，为本人系统探索历史文化题目的初步尝试，到 2006 年的十多年间有多家出版社改变书名出版过四次，发行数量不小，中国书籍出版社现今以《争胜谋略》为名，将其与《三国职场探迹》同时出版发行。《争胜谋略》属于多年后的再版，这次恢复保持了初始内容。该书的分析对象限于历史小说，而八本新著《三国职场探迹》则完全摒弃了文学小说的描写，纯粹以历史资料为据，两书各自属于不同的论述系统，希望有心的读者能够在比较中发现两者的区别，从中体味出对真实历史过程分析认识的意趣和深邃。

作者

2022 年 5 月 8 日

于广州燕塘轩

目　录

CONTENTS

1.17 文学名士与才智良臣

曹操所开创的宏大事业召唤来不少意在入世追求功名的优秀士人，也吸引了一些不愿与其他政治集团合作而疏离出来以择木待栖的有志良臣，他们中的有些人辅佐了曹操之后的多位君主，在推动曹魏事业的发展中展现了自己的学识和才华。

1.17（1）文学才士王粲

“建安七子”中的知名人物王粲曾经辞绝了汉朝廷的征召任用，他经过若干年的观察比较，在208年时毅然决然地在荆州归顺了曹操，并且极为真诚地赞扬了曹操的已有功业，此后为曹魏的事业竭诚奉献。《三国志·王粲传》及相关资料简略记述了王粲的家世和他的一生经历，展现了他的出众才华及其对国家事业的积极参与支持，从中能看到他生命的辉煌与遗憾。

王粲，字仲宣，是山阳郡高平（治今山东微山西北独山湖附近）人。他的曾祖父王龚，汉顺帝时为朝廷太尉，在天下有崇高名声。祖父王畅，名列才能声望为人们称道的“八俊”，汉灵帝时为司空，因水灾而被免职。后来连年出现灾异，有谏言者提出朝廷三公均非其人，应该更换人选，并提出让王畅、李膺代替，则祯祥就会到来。为此引起了宦官的深切怨恨，及李膺诛死后王畅遂被撤换，在家离世。王粲父亲王谦，为大将军何进的长史。何进因王谦是朝廷出名的三公后裔，想要和他结为亲家，领来两位儿子让他选择，王谦没有答应，后来因病免职，逝于家中。由此可见，王粲是一位家世显赫的“官四代”，他的几位先世前辈都是德才俱佳、为人正直，并且在社会上有极高的声望。

191 年朝廷西迁长安，王粲也跟随前往，左中郎将蔡邕见到王粲，认为他不同常人。当时蔡邕才学出名，在朝廷位尊权重，经常车马满巷，宾客盈座。他有次听说王粲在门外求见，不及穿好鞋子就出去迎接。王粲进来，因年龄很小，身材又矮，满座宾客都很吃惊。蔡邕说：“这是王公的孙子，有非凡奇才，我是比不上他的。我家里的书籍文章，都会全部送给他。”蔡邕是名冠天下的大儒，当时包括董卓在内的朝臣都非常敬重（参见 0. 1. 11《被误杀的大儒》），但他仍然十分看好年轻后生王粲的未来，蔡邕当然是从学问的视角上来观察人物的，他的表述虽然有过谦之辞，但其结论却是正确的，王粲应该是从小就显露了他过人的才华。

王粲十七岁时，司徒府征召任用他，皇帝也下诏任其为黄门侍郎，因为长安局势动乱，王粲都没有应召就任，他前往荆州依附了刘表。刘表也是山阳高平人，年轻时跟随王畅受学，他们两家为同乡并且世代交好，所以王粲拒绝了朝廷的任用而前来荆州。但荆州牧刘表因王粲其貌不扬，身体瘦弱，行为又不拘小节，不甚看重他。刘表去世后，王粲劝说刘表的儿子刘琮归顺曹操，这当然也是荆州执政人不得已的选择（参见 0. 7. 5《荆州的剧变》），但在王粲那里这一归顺却包含着他更多的理性自觉。

曹操任命王粲为丞相掾，赐予关内侯的爵位。当时在曹操所设的一次酒宴上，王粲举杯祝贺说：“当今袁绍在河北起兵，倚仗人数众多，志在兼并天下，但他喜欢贤才却不能重用，因而有奇才的人离开了他。刘表在荆楚非常从容，他坐观时局变化，自认为可以效法周文王，伺机夺取天下。来荆州避乱的士人，都是海内俊杰；刘表不知道任用他们，所以政局危难而无人辅佐。明公您平定冀州之时，一到那里就整顿军队，收纳当地豪杰而任用，凭借他们来驰骋天下；现在平定江、汉之地，又招致贤俊人物安置身旁，使天下归心，望风而归顺，文武并用，英雄展才，这是夏禹、商汤、周文王的做法啊！”可以认为王粲这里对曹操的赞扬有些夸大，但他所指出袁绍、刘表和曹操各人的行为做法并非凭空杜撰，对事情的分析归纳能直击要害；当时刘备也在荆州驻守许多年，其间吸纳了不少人物，但未见王粲与刘备等人的任何结交往来，这些都彰显了王粲对曹操作为政治领袖有出自内心的崇敬。曹操当时任用王粲为军师祭酒，晋初史家陈寿避司马师名讳，在史书中记作“军谋祭酒”。

213 年曹操受朝廷封地建立诸侯国，王粲被任命为魏国侍中，这是相当于二千石的官员。王粲学识渊博，询问他没有不能回答的。当时原有的礼仪已被荒废，国家制定各种新的制度，王粲经常主持这类事情。王粲在工作和生活中表现了非同一般的才质，他曾经跟人一块儿行走，阅读路边的碑文，别人问他说：“你能够背诵出来吗?”王粲说：“能。”于是大家让他背对着碑文背诵，竟然一字不差。他看人下围棋，棋局乱了，王粲替他们恢复了原来的棋局。下棋的人不相信，用头巾盖住棋局，让他用另一副棋摆出棋局，用来互相比较，也是一子不错，他的记忆力就是这样好。王粲还善于计算，作算术时，能简捷地得出答案并能讲明道理。他擅长写文章，总是一挥而就，从来不用修改，人们常以为他是预先写好的，但其他人反复精心构思，写出的文章也没法超过王粲。《典略》中说：王粲才具颇高，辩论能随机应对。钟繇、王朗等人虽然身为国家卿相，对于朝廷的奏议，他们都往往置笔不知从何处下手。与王粲相比，朝廷那些名震天下的重臣似乎都各有缺陷，少有才华。

王粲写作的诗赋论议将近六十篇，这些篇章体现着他最为突出的文学才能。当时曹操的儿子曹丕、曹植都爱好文学，崇尚文学似乎成了一种风气，王粲与北海人徐干、广陵人陈琳、陈留人阮瑀、汝南人应玚、东平人刘桢都非常友好，他们几位曹家父子之外的人物，加上 208 年受刑早逝的孔融（参见 0.8.2《孔融守北海及其学者人格》下），被称为“建安七子”，他们都曾跟随曹操干事，大多在曹魏朝廷供职。梁朝文学评论家刘勰在《文心雕龙·才略》中赞誉王粲为“七子之冠冕”，对王粲的文学成就给予了高度的评价。

216 年王粲跟随大军征吴，次年春病逝于途中，时年四十一岁。219 年曹丕留守邺城时，魏讽反叛，王粲的二个儿子被魏讽引诱而受牵连，当时一并受诛。出征汉中的曹操听说王粲的儿子已死，悲叹说："我若在邺城，不会让仲宣绝后。"（参见 1.4.14《与父亲处事的不同》）这里表现的是曹操对王粲才能的敬重和对他个人的特别关爱，也反映了这位文学天才因早逝而留下的人生遗憾。

1.17（2）关于陈琳与阮瑀的记述

追随曹魏的文人才士不少，《三国志·魏书二十一》对其中提到的许多人物并没有作出过多的介绍，其间的引注资料比较庞杂，而很多内容并不为后世史家所认可。尽管如此，人们仍然能够有选择地从中看到一些人物的大致人生历程，以及他们在曹魏集团中的地位。陈琳和阮瑀是当时出名的文学家，在后世也颇有影响，各种资料综合地反映了他们的人生梗概及其心性特征。

陈琳，字孔璋，广陵射阳（治今江苏宝应东北三十五公里）人。陈琳先前为大将军何进主簿，何进想要诛除朝中宦官，他的妹妹何太后不同意，何进于是召京外各地猛将，让他们带军队来到京城，想要借外兵恐吓太后（参见 0.1.1《何进捅开了潘多拉的盒子》）。当时陈琳不赞成何进的方案，他为了劝谏何进，应用了两个名句：一是《易经·屯》六三爻辞中所说的"即鹿无虞"。虞，指掌管山林的官员。全句意思是说：进山打鹿，没有熟悉地形和鹿性的虞官帮助，那是白费气力。陈琳这里是提醒何进，做事在条件不成熟时就草率行事，必定劳而无功。二是谚语"掩目捕雀"，这是指遮住眼睛捕捉飞雀，陈琳认为这样盲目行动、自欺欺人，终究事必无成。

陈琳还告诉何进说："捕获小动物尚不可以丝毫马虎，何况处置国家大事，怎么能用这种不实际的手段呢？现在将军您总揽国家大权，掌控军队调动，您的举动有龙虎之威，一切事情可以根据您的心意来决定；运用这种力量来处置宦官专权的事情，犹如向大火炉鼓进烈风以烧毁毛发，极为容易，现在只需快速行动，当机立断，即便程序不顺，只要合于道义，顺天应人就行。现在您放着自己的权力不用，却征召别人来处置，要知道军队如果聚合起来，力量强大的一方就为王，人常说倒拿着戈矛，是把使用权交给别人，做事必然不能成功，只能生出祸乱。”陈琳赞成何进诛杀宦官的主张，但不同意他征召外部军队进京，把事情交给其他军阀来处置，而是主张何进运用国家权力，并排除何太后的干扰而迅速处置，他是要求何进应该把处置朝廷事务的权力紧紧抓在自己手中。

何进没有采纳陈琳的意见，最后招来董卓领军队进京，最终发生了何进被杀、董卓掌权及朝政大乱的祸患（参见 0. 1. 5《189 年的大变局》）。陈琳其后避难于冀州，冀州牧袁绍让陈琳负责文书撰写事务，199 年他为袁绍写下了出军讨伐曹操的檄文，全文以褒扬袁绍而贬损曹操为主旨，文采飞扬，激荡人心，加强了袁绍军队的舆论宣传（参见 0. 9. 12《战争的动员与准备》），也成为后世学人喜欢欣赏的名篇。袁绍去世后，陈琳跟随袁尚。204 年袁尚派阴夔与陈琳前去向曹军乞降，曹操不许，组织军队急攻邺城，袁尚败走。邺城攻破后，陈琳被曹操俘获。曹操问陈琳说：“你当初为袁绍撰写檄文，只说我的罪状就行，把恶事放在我一人身上，但为什么要向上牵连到我的父亲和祖父呢?”陈琳所撰的檄文在《三国志·袁绍传》引注《魏氏春秋》中几乎全文录载，文中的确对曹操的祖父曹腾和其父亲曹嵩做出了许多人格侮辱。曹操当面质问此事，陈琳谢罪说：“矢在弦上，不得不发。”他是借此隐喻表示，当时自己为袁绍做事，身不由己。曹操喜爱陈琳的文才，因而没有再予追究。

曹操让陈琳担任司空府军师祭酒，掌管章表文书事务。《典略》中说：陈琳所撰写的文书与檄文，草成后先让曹操过目。曹操患有头风病，有一天病情发作，他躺在床上看陈琳的撰文，突然坐起来说：“这篇撰文治愈了我的病。”对陈琳给予了多次厚赏。

阮瑀，字元瑜，陈留尉氏（治今河南开封）人，年轻时在蔡邕门下受学，后来都护曹洪想让他负责文书记事工作，阮瑀没有应诺。《文士传》中说：曹操听说了阮瑀的名声，征召他准备任用，阮瑀仍然不应诺，曹操接连催促，阮瑀竟逃入山中躲避。曹操派人烧山，阮瑀不得已出来见面应召。曹操在一次大宴宾客时，因为对阮瑀仍很生气，就安排他与乐队技人坐在一起，不想阮瑀精通音律，即兴抚弦而歌："奕奕天门开，大魏应期运。青盖巡九州，在东西人怨。士为知己死，女为悦者玩。恩义苟敷畅，他人焉能乱!"其中赞颂了曹操的事业，也表达了愿为曹魏尽忠。阮瑀在这里作词迅速敏捷，歌声非常美妙，赢得了全场喝彩，曹操听了大为高兴，从此改变了对他的态度吧。

史书中记述阮瑀的事情很少，引注资料《典略》中说：211 年阮瑀跟随大军进入关中征讨马超前，曹操让他给韩遂写封信，阮瑀骑在马上沉吟片刻，挥笔书成，呈给曹操。曹操提笔想做些修改，竟不能作出任何增损。《为曹公作书与孙权》是他的名作。

当时曹操军中檄文多出于阮瑀和陈琳之手，后来陈琳调任为门下督，这是将帅府所属的七品官员，下属有门下录事、门吏、门下书吏各一人，对陈琳也属于一种级别的提升；阮瑀调任为仓曹掾属，这是主管仓谷事务的正职仓曹掾和副职仓曹属合并的职位，为二百石的七品官员，标示着阮瑀当时的职场级别。217 年，疫情暴发，陈琳染病逝世；各处资料中没有记述阮瑀的逝年，推测他逝于 212 年。另有资料介绍，阮瑀的儿子阮籍曾经游览广武（今河南荥阳东北广武山），登上了广武城，看到了楚、汉对峙的古战场，于是感叹说："时无英才，使竖子成名乎!"遂成后世名句。阮瑀的孙子阮咸在晋初也是当时名人。

陈琳和阮瑀两位出名的文学才士在三国政治活动中也曾发挥过他们的作用，他们没有进入政治活动的中心，但却在此留下了脍炙人口的佳作，他们的人生与作品深深地打上了政治的烙印。

1.17（3）建言卓越的卫觊

文士卫觊对国家和地方治理似乎极有主见，他在曹操、曹丕、曹叡三代君主手下做事，常常能针对具体问题提出卓越的解决方案和政治见解，对曹魏的长远建设功不可没。《三国志・卫觊传》记述了他三十年间的职场生涯及其忠诚曹魏的一生，介绍了他在汉魏禅让事件中的特殊贡献，通过几次上书活动，展现了他作为文学才士所具备的卓越政治才能。

卫觊字伯儒，河东安邑（治今山西夏县西北）人。他少年早成，以才学著称，司空曹操征召他任用为属吏，历任茂陵（治今陕西兴平东北）县令、尚书郎。当时曹操与袁绍对峙，刘表暗中支持袁绍，而关中的几位将领持中立态度。益州牧刘璋与刘表有矛盾，卫觊在199年以治书侍御史的身份出使益州，这是依仗法律文献处理疑难案件的六百石六品官员，出使益州的目的是想让刘璋出兵以牵制刘表的军队。

卫觊走到了长安，但去益州的道路不通，他无法继续行进，于是就留在了关中。当时在董卓乱政时逃离关中的民众都回到了故乡，关中的诸多将领就把这些返乡人员作为部曲，以增强自我军事力量。卫觊看到了这些情况，于是写信给荀彧说："关中是丰腴富饶之地，前些时候遭受饥荒战乱，百姓流亡到荆州的有十万余户，现在听说家乡安宁，都盼望着早日返归。可回来的人却找不到事情干，各路将领竞相招纳他们作为自己的部曲。因为各郡县的力量薄弱，无法与他们抗争，所以这些将领的势力就逐渐强大起来。局势一旦有什么变化，这些军队必成后患。"卫觊在关中留居期间根据自己看到的情况，分析指出了当地军队逐渐强大，可能导致的不利后果，提醒中央政府要防止关中局势向不利的方面演化。

卫觊对处置关中局势其实有成熟的想法，他在给荀彧的信中继续写道："盐，是国家的宝物，自战乱以来未加管束，发放散乱。现在应该像从前那样设专人监卖，再拿赚到的钱在市场上兑换成耕牛，如果有返回的百姓，就提供给他们，让他们辛勤耕作，积累粮食，促使关中重新繁荣起来。远方的百姓如果听到这事，一定会争先恐后地竞相赶回。其后可以派司隶校尉留治关中，作为百姓之主，那就可逐渐削弱诸位将领的势力，使官府和百姓日益强盛起来，这是强本而弱敌的好事！"有资料说，卫觊家乡安邑县在汉朝时有盐池，并设置有盐官，政府从中能获得不少厚利。卫觊应该受到早年家乡盐政经济的启示，同时看到了当时关中盐业散乱的现实状况，由此设想到以盐利换耕牛，形成了削弱关中军阀势力和扶持当地经济合二为一的解决方案。荀彧把卫觊的建议报告给曹操，曹操采纳了他的意见，开始派谒者仆射监督盐官，同时派司隶校尉钟繇管治弘农，关中自此逐渐顺从许都朝廷的管辖。史家卢弼指出："卫觊的这一建议，与枣祗的屯田建议（参见 1. 15. 1《推行屯田的两大功臣》），都对曹操事业的发展起到了至关重要的作用。"

关中开始了新的起色后，曹操把卫觊召回许都，提拔他为尚书。213 年曹操接受封地建立自己的诸侯国，任卫觊为魏国侍中，安排他与文学才士王粲共同掌管魏国制度的制定。曹丕 220 年继承魏王之位，调任卫觊为魏国尚书。不久又安排他担任汉朝廷的侍郎，让他作为汉朝官员陈述和赞扬汉帝禅位的大义，并为汉帝起草文诰诏书。曹丕在当年十月受禅称帝后，卫觊又恢复了魏国尚书职位，被封为阳吉亭侯。在这里，作为魏国尚书的卫觊在汉帝禅位的一段时间，前去担任汉朝侍郎，应该是他受命而为，其主要工作是以汉朝官员的身份去赞扬汉帝禅位，并为汉帝刘协起草禅让诏书。因为汉帝的禅位诏书，是任何一位曹魏官员都不好执笔撰写的；有能力撰写诏书的卫觊，必须改换他的身份，作为汉臣起草才好。禅位仪式结束后，卫觊又恢复魏尚书原职，他当时身在汉朝办魏事，演出了另外一段不同寻常的正反剧目，足见曹丕对他的信任，以及他对曹魏无所置疑的忠诚。

226 年曹叡继位为帝，进封卫觊为閺乡侯，有三百户封邑。卫觊出于对曹魏的忠诚，发现社会治理的问题，多次向曹叡提出谏言，史书有载的两次：（1）建议国家设置法律博士。卫觊上书提出："刑法对于国家非常重要，但人们私下议论时却被轻视；监狱官吏掌握着百姓性命，却被任用者所忽略。国政衰败，未必不是由于这一缘故，请设置法律博士。"（参见 1. 5. 8《律法专家的探索创新》）曹叡本就喜爱律法，他采纳了卫觊的建议。法律博士的设置，改善了曹魏律法队伍的人员结构，加强了行业队伍整体素质的建设，也提升了其人员及行业的社会地位。（2）提议厉行节俭。针对曹叡后来的奢靡行为，卫觊上书说："当年武皇帝（指曹操）时，后宫每餐不超过一份肉，衣服不用锦绣，坐垫不镶花边，器物不涂红漆，所以能平定天下，给子孙留下福分，这都是陛下亲眼所见。现在国家的急务应是核算国库财物，量入为出。如果不断征调工役，侈靡一天超过一天，必致国库枯竭。”卫觊从曹叡少年时亲身经历的宫内生活谈起，赞赏了曹操当年主政时的节俭及其对曹魏事业的促进，文中也指责了汉武帝的奢侈行为，应该是对曹叡的有意提醒（参见 1.5.13《对忠臣谏言的圆通处置》下），文论颇长的第二次谏书似乎没有得到曹叡的任何回应，但上书却表达了卫觊对曹魏事业殚精竭虑的一片苦衷。

卫觊经历过汉、魏两朝，时常向皇帝进献忠言，曾受命主管国史资料及撰述，写成了《魏官仪》，另外撰写了几十篇文章。他还喜好古文，鸟篆、隶草，样样都很出色。卫觊逝后，谥号敬侯，其子卫瓘继承了爵位。卫瓘在 263 年随同钟会一同伐蜀，在后期钟会与邓艾的兵争中发挥了重要作用（参见 1.14.3《钟会的成长与作为》下），后来被司马氏封为镇西将军。文学才士卫觊具有出色的政治分析与谋划才能，这种特出的人才其实是不多的，他为曹魏事业奉献出了自己一生的忠诚。

1.17（4）并不了解曹操的刘廙

文人才士参与政治活动，他们的特长在于向君主提出治政策略或行事的方案，这是一种并不简单的智力奉献，如果他们的策略和方案能够切中时弊，取得预想的成功，这就是对集团事业的贡献，才士们在推动集团事业的发展中也成就了自身的功名；然而不是所有的策略方案都有现实意义。《三国志 · 刘廙传》记述了刘廙在曹操父子属下所撰写过的几篇文论，属于一种文笔优雅的政论文体，其中有一篇，曹操看后当面表示说，刘廙并不了解自己这位君主，对其论点作出了明确的否定。刘廙的人生以及他献给君主的政论能够留给人们不小的启示。

刘廙，字恭嗣，南阳郡安众县（治今河南邓县东北二十公里）人。十岁时，在课堂上游戏，颍川名士司马德操抚摸着他的头说：“小孩子，小孩子，‘内心美好就通达事理’（原句‘黄中通理’，见《易 · 坤卦》），难道你不知道吗?”刘廙的兄长刘望之，当时很有名气，荆州牧刘表征召他为从事。他的两个好朋友，均因谗毁的罪名被刘表杀害，刘望之遂以政见不合为理由弃官回家了。刘廙对他说：“从前赵简子杀犊犨、铎鸣，孔子因物伤其类，回车而返。如今兄长既然不能仿效柳下惠与外界和光同尘而自保，就应该学习范蠡迁移到偏远的外地。坐在这儿等待死亡，这实在不可以！”刘望之不听从他的劝告，不久就被刘表杀害了。刘廙感到恐惧，于是逃奔扬州，归附了曹操。

从这里的资料记录中可以看到：刘廙早年受到过很好的教育，司马德操即知名的水镜先生司马徽，诸葛亮和庞统在青年时代都得到他的教育指导（参见 2.2.8《献身蜀汉的江南才子》），而刘廙在十岁时就受到司马徽的启蒙培养，其早年的教育是优越的；同时能够看到，少年刘廙是一位聪明顽皮的孩子，司马徽对他还是非常喜欢和欣赏的。年龄稍长后，刘廙对身边事情的判断具有他的独到之处，兄长刘望子在荆州任职，因故辞归后被刘表杀害，表明了刘廙事先对事情本身和荆州主政人分析判断的准确性。他在兄长被害后逃离家乡归附了曹操，其中自然包含着对个人前途命运的慎重选择。

刘廙投奔曹操应该是 208 年八月刘表去世之前的事情，曹操聘任他为丞相府掾属。211 年初，曹操以世子曹丕为五官中郎将，并为其设置属官，其中五官将文学是曹丕属下的议论参谋职位，以此聚合了一批年轻的文学才士，刘廙即被调任此职，他在这一职位上深得曹丕看重，被安排起草文书。刘廙上书回答说：“我当初以为尊卑有序，是礼仪所定，因此固守着平常的礼节，不敢轻易下笔。接到您的任命，深深理解了劳谦君子的品质，不看重人的出身如何，看重的是清廉有识的才质。假如能像郭隗不为燕昭王所轻视，献九九小术的人不被齐桓公忽略，像乐毅那样有真才实学的人就会不请自至，霸业也会因此而兴盛。献出一个普通人的忠贞，能建立起雄壮的事业，我即便为人愚钝，对此也绝不推辞！”刘廙似乎有出身卑微的自卑，他在曹丕属下受到了特别看重，于是非常感激，上面的书信就表达了他当时的心情：他赞扬了曹丕的君子品格，向曹丕含蓄地提出了重用人才的希望，同时表达了自己愿意为曹魏事业献出一生忠诚的决心。其实这样的心意用实际行动作出回答才最为恰当。

213 年曹操受封冀州十郡后初建魏国，刘廙被任为黄门侍郎。当时曹操在长安，打算亲自领军征讨蜀国，刘廙上疏说：“圣人不以自己睿智而轻视平常人，王者不会顾忌人的身份而因人废言。因此，能够建立宏大功业的人，总是善于以近察远，他不耻下问，博采众长，能比独断的人获得更多的智慧。西门豹性急，他有意身佩牛皮以自戒；董安于性缓，他则佩带弓弦以自警。皮带与弓弦虽是不说话的物品，但古贤人却能用以警醒和矫正自己的不足。我自认为没有才能，但愿意把自己当作皮带和弓弦。战国时的乐毅能够以弱小的燕国打败强大的齐国，却不能以轻兵平定即墨，原因在于有了周详的策略谋划就会虽弱而必强，而自溃者虽然表面强大却必然失败。”刘廙是要向曹操提出关于征讨蜀国问题的见解，首先陈述了英明君主必须听从他人意见，表达了自己愿意充当“皮带”和“弓弦”以时常警戒君主的良好心意，并用历史事实说明了战场上会出现的强弱转化趋势。他是想以这些论述为自己后面的建言作出铺垫，大概也不无显露自己政论才华的意味。

应该进入主题了，刘廙接着论述说：“自从您起兵以来有三十多年，没有打不败的对手，没有制服不了的强敌，现今以我们的兵马与常胜的军威，东吴孙权倚仗着天险，刘备在蜀国拒不臣服，那些偏远的夷狄之臣，比不上冀州的一个小卒；孙、刘他们也比不上袁绍的基业，但是袁绍灭亡了，而孙、刘却依旧存在。并不是我们自己比不上从前，只是因为自强者和自溃者的形势地位转换了。当年周文王伐崇侯虎，三次没攻下来，于是就退归原地而修养德性，最后终于把崇侯虎制服了。当初秦国作为诸侯之一，战无不胜，征无不服，后来兼并了天下，秦王称帝，但一批百姓揭竿而起，社稷就被摧毁了。这是对外施用强力而对内不体恤百姓所致。”刘廙称颂了曹操的战绩和至今形成的强大兵威，这都没有什么问题；他在指出孙权和刘备割据政权的存在时，提出了敌方力量的不足，这都是人所共知的客观事实，但刘廙在其后毫无厘头地提出了军事上的强弱转化，以当年的秦国类比曹魏的强大，又提到周文王屡攻敌军不下后退而修德的史例，他用这些绕圈子的论说继续为自己抬出方案做铺垫。

刘廙说：“我担心吴、蜀边寇虽比不上先前六国，但征伐他们会不会重蹈秦国的覆辙，这是不能不认真思考的。天下常有大得也有大失：形势对我有利而我又能认真考虑，就可有重大获得；形势不利而我还要一意孤行，这就会有重大失败。当今之计，不如考察周边的险阻，选择要害之地据而守之，再挑选天下甲士，根据实际每年更换。这样，您就可以高枕在大厦之内，潜心谋划安邦治国之大计。鼓励农桑，厉行节约，这样整治十年之后，就一定会国泰民安。”刘廙最终亮出了自己对于伐蜀的主张，原来是要让曹操做好自我防守，做好自己内部的发展建设，等待十年之后国泰民安的局面——他始终没有说应该在什么时候、用什么办法来平定吴蜀，完成统一大业。曹操看罢这份上疏后走到刘廙面前说：“不但当君主的应了解臣子，做臣子的也应了解君主。如今你想要让我坐在这儿施行周文王的德政，恐怕我不是那样的人。”他是公开表示刘廙提出的见解毫无用处。

219 年，魏讽谋反，刘廙之弟刘伟受牵连，按律刘廙应被一起诛杀。曹操下令说：“春秋时叔向不因其弟羊舌虎犯罪而受牵连，这是古时的制度。”于是赦免了刘廙，调任他为丞相仓曹属。刘廙上疏道谢：“我所犯的罪倾覆宗族，幸遇天地之灵，碰上了好运，我就像寒灰之上再起烟火，已枯之木重生鲜花。万物不致谢天地，子女不致谢父母。我会以死为您效力，却无法用笔墨来表达。”曹操不赞成刘廙的建议，似乎并不怀疑刘廙的忠诚人品，关键时候给了他明确的保护。

文士刘廙共撰有几十篇文论，另外与丁仪共同商定过刑礼，这些撰述都曾流传于世。曹丕 220 年继承魏王之位后，刘廙被任为侍中，赐爵关内侯，221 年去世，时年四十二岁。他没有儿子，弟弟之子刘阜做了他的后嗣。刘廙应该算作庞统和诸葛亮的学友，他在少年和青年时代都显露出了不凡的才情，而自从归顺曹操之后，当他愿意奉献自己的忠诚之时，却并没有显露出稍微突出的才智：不了解曹魏集团内外的复杂情势，不了解君主的心性，文论上佳而方案疏阔，自认的对策解决不了实际问题，留给人们的只是深沉的教训。

1.17（5）《人物志》的作者刘劭

中国古代有一部弥足珍贵的人才学或人才心理学专著，他的作者是曹魏官员刘劭。刘劭先后在曹操、曹丕、曹叡和曹芳四位君主手下做事，其间对某些军政事务提出过许多极有见地的谋划策略，同时撰写了不少君主交付的国家典章文论。《三国志·刘劭传》简略介绍了刘劭一生的活动和几次运筹谋划的良好效果，记述了他对当世文化建设所做的突出业绩，也表现了他在同僚心目中的崇高威信，从而把一位才质杰出、品格不凡的优秀士人展示在了人们面前。

刘劭，字孔才，广平郡（治今河北鸡泽东南）邯郸人。建安年间（196—219 年）中期，为 207 年前后，他以郡中执掌考核的计吏身份来到京都汇报工作。朝中太史发布告示说："正月初一将有日蚀（日食）。"刘劭正在尚书令荀彧的办公处，当时在座的有几十人，听到这个消息时，有的人说应该取消岁首各地官员的觐见朝拜，有的说应停止当天的百官聚会。刘劭说："过去鲁大夫梓慎、郑大夫裨灶都是古代优秀的太史，他们占卜水旱之灾，也犯过错误（事见《左传·襄公二十八年、昭公十八年》）。《礼记》上说：诸侯一同朝见天子，已进入行礼的太庙门却不能行礼完毕，中途停止的情况有四种，日蚀列其一。那么圣人传下来的制度，不因变化而预先废止朝礼的情况就是：或者灾祸消除，或者推测有误。"荀彧觉得此言有理，于是安排朝会照常举行，而当天也没有发生日食。刘劭当时不是朝廷官员，但他对事情极有见解，而且非常自信，他应该是读过大量古代经典，对原文记忆清晰，理解深刻而精准。针对中月元旦时发生日食是否停止朝会的问题，他引经据典地表达了自己的看法，认为史官推测日食事件常会有错误的时候，不能因不大确实的日食预测而废止朝廷节日时间的正式礼仪。他的意见得到了荀彧的赏识，后来又得到了事实的验证，事后就是不想出名也难。古人说："有才能的人在人群中，就好比锥子处在囊中，其尖梢很快就会显现出来。"刘劭初来朝廷办事，他的才能很快被人们察觉和认可，正是属于这种情况。

后来御史大夫郗虑征召刘劭准备任用，应是已经发了公文，而郗虑因另外原因被免职，这应该是 215 年前后的事情。刘劭到了朝廷，被任用为太子舍人，做了魏太子曹丕的属官，这里奠定了他和曹丕的良好关系，后来刘劭又调任掌管图书经籍的秘书郎。曹丕执政年间（220–226 年），他先后在曹丕身边担任尚书郎和散骑侍郎，这是侍从皇帝左右随时规谏的二千石三品官员，属于高级职位。他曾受命汇集五经群书，分门别类编纂成《皇览》，整理典籍提供给皇帝阅览。

曹叡 226 年即位后，刘劭又出任陈留（治今河南开封东南）太守，他在地方治理中尊崇教化，因此受到百姓称颂。后来又被授予骑都尉，他与议郎庾嶷、荀诜等人共同制定法令条规，编写了《新律》十八篇，撰写了《律略论》。骑都尉是掌兼羽林骑兵的官员，而刘劭仍然在朝廷做着他擅长的文案撰述事务，后被再次提升为散骑常侍。可以看到，曹叡执政之初刘劭被外派地方任职，不久又因工作需要被调回朝廷，其后重新担任了散骑常侍的高级职务，他的职场经历在此发生了一次圆圈式循环，这应是曹叡对他重新考验又最终认可的情形，表明刘劭的高官职位完全是靠他自己的才质贡献而取得，前次获得并非依靠曹丕的关系。

当时传闻公孙渊接受了孙权所授的燕王称号，谋臣们提议扣留下公孙渊派来洛阳汇报辽东事务的计吏，同时派兵去讨伐他。刘劭认为："当初袁尚袁熙弟兄俩归降了公孙渊的父亲公孙康，公孙康将他们斩首，并把首级送来（参见 0. 9. 20《奔袭远方的征战》），这表明公孙渊的先世是效忠朝廷的；何况现在听说的这件事是否确实，还没有审定。古时圣贤拓展荒蛮之地，只修德政而不征伐，担心给百姓增加负担，因而对公孙渊应该宽大为怀，让他悔悟自新。"后来，公孙渊果然斩杀了孙权派去的使臣张弥等人，把他们的首级送到洛阳（参见 0. 3. 2《公孙家族的衰亡》）。刘劭在这里恰当地分析了局势，他以历史事实为据，不为传闻之言所惑，要把行动方案建立在可靠的事实基础上，果然收到了上好的效果，这种精细的处事风格，应该与他的文人气质相关联。

刘劭曾写有一篇《赵都赋》，曹叡看后给予了赞赏，又下令让他写

《许都赋》《洛都赋》。当时魏国对外战事不断，对内大兴土木，刘劭奉命写了两篇赋文，都对曹叡作了委婉劝谏。大约235年，吴国的兵马围攻合肥，当时魏军将士都在分批休假，征东将军满宠请求中军调拨援军，并急召休假将士，准备集中兵力出击。刘劭在议论时认为："敌人刚刚到来，士气旺盛，满宠带着少量兵将先行御敌，但若此时出击，必不能制胜。满宠只要等待援军，就不会有什么损失。可以先派五千步兵和三千精骑，在路上大张旗鼓，虚张声势。骑兵到了合肥，就拉大队伍行军的距离，多设旗帜和战鼓，在城下炫耀兵力，等把敌人引出来，就断其归路，绝其粮道。敌军听说魏国大军已来，骑兵切断了自家后路，必定会惊恐逃走，这样可以不战而打败敌军。"曹叡采纳了他的建议。当魏军逼近合肥，吴军果然退兵返回。魏国这次采用刘劭的谋划，大军未出就令吴军恐惧撤归。

当时曹叡发诏书广求贤才，散骑侍郎夏侯惠荐举刘劭说："我觉得常侍刘劭，为人忠诚，做事踏实，考虑问题周密细致，他所论及的事情，都根据充分，同时效果长远，因此众臣们不管才能大小，都能赞成并从中得到教益：生性平实的人佩服他的平和公正，追求清静的人倾慕他的玄虚退让，文学之人推崇他的论述详密，法理人士看到他的分析精准，好思之人明白他的深沉实在，撰述之人喜爱他的文论词句，守规之人看重他能抓住要害，策谋之士称赞他思路精妙。这里所提到的，仅仅是根据我的偏好列举了一些枝节的方面。我多次听他清谈，阅览他的许多文论，已经有许多年了，内心佩服他已经很久，朝廷有这样才器不凡的人实在使人惊喜。这个人不是世间会常有的，应该让他辅佐中枢，使他运筹帷幄，推动国家兴盛。恭请陛下垂听我的建议，使刘劭承蒙欢爱之际，能在您跟前效力，这样民间的声音通于上天，太阳的辉光也每天都是新的。"散骑侍郎是散骑常侍属下六百石五品官员，与散骑常侍属于上下级关系，史家裴松之认为，"大凡荐举一个人，其中多包含着许多溢美之辞，能够公正论事的很少。夏侯惠称赞刘劭，说他'玄虚退让''明思通微'等，似乎有些夸张过分。"裴氏的评论仅是凭自己的判断，但不管怎样，夏侯惠似乎也没有什么过多的虚妄之言，他是根据自己多年的观察了解，真诚地向朝廷和曹叡荐举自认杰出的贤才，他对刘劭的看法应该代表了不少朝臣的感受。

238年，刘劭奉诏制定考察官吏功过善恶标准的《都官考课》，他完成后上疏说："考核百官是国家大事，但是历朝历代都未能实施，大都因为典章制度缺失而未补，因此好坏官员没法区分。现在陛下以上圣君主的宏略，解决王纲弛颓、凭个人思虑对官员做鉴定的问题，我承蒙皇恩，得以推进这项事情，制定了《都官考课》七十二条，又著《说略》一篇。"（参见1.5.15《一场选官定制的讨论》）刘劭还认为应制定礼乐制度，以移风易俗，于是写了《乐论》十四篇，完成后还没来得及上呈，曹叡239年就去世了，于是这事就没有施行。曹芳在位时期，刘劭执讲经学，被赐爵关内侯。他撰写了《法论》《人物志》等著共百余篇。逝后被追赠为光禄勋，儿子刘琳继承了爵位。

刘劭本传中涉及他某些成功的军政谋划和其他典型事迹，其实他一生的活动主要在思想文化建设方面，一部《人物志》开拓了中国古代人才学研究的巨大荒地，奠定了他在中国学术思想史上的独特地位。后世史家推断，刘劭大约是180至245年的人，他在三国时代生活了六十五年，而他的学术思想是不朽的。

1.17（6）才智文士傅嘏（上）

文士傅嘏是高门世家，他才具出众，料事精准，在魏国后期的军政活动中提出过不少卓越的见解，赢得了应有的名声。适逢曹氏与司马氏权力争夺的紧张关头，傅嘏因为受到过司马懿的职场扶持，他的政治行为及其谋划活动也带有了明显的倾向性。《三国志·傅嘏传》记述了傅嘏一系列出色的政治活动，展现了他分析判断具体事情的上流才质和他真诚对待司马氏集团的行为态度。

傅嘏字兰石，北地泥阳（治今陕西耀州东南八公里）人。他是西汉名臣傅介子的后代，祖父傅睿曾任代郡太守，伯父傅巽在曹丕执政时为侍中尚书，父亲傅充曾为黄门侍郎。傅嘏二十岁时就在当地出名。司空陈群征召他为属官，当时散骑常侍刘劭制定了考核官员的《考课法》，朝廷下发到三府作讨论，傅嘏提出质疑说：“设置官吏分担职责并管理百姓事务，这是治国的根本；依照官职考察官员的工作效果，按规章进行督促检查，这是治国的细枝末节。纲未举而抓目，不考虑国家大政而将考核方法置放前面，恐怕区分不出人的贤愚，考察不了人明处与暗处的不同。”（参见1.5.15《一场选官定制的讨论》）傅嘏大概是想到了职场中两面人的现象，认为条例化考核方法具有不可克服的缺陷，这应该是指出了官员管理考核中的实际问题。

少帝曹芳239年在位之初，傅嘏被任命为尚书郎，升任黄门侍郎。当时曹爽执掌朝政，何晏担任吏部尚书，傅嘏对曹爽的弟弟曹羲说：“何晏外表沉静而内心奸巧，做事贪图得利而不致力根本。我担心他会首先迷惑你们兄弟，有仁德的人将被疏远，使朝政荒废。”这话应该传到了何晏那里吧，何晏于是同傅嘏不和，借小事罢免了傅嘏官职。后来傅嘏在家中被拜任荥阳太守，但他没有赴任，太傅司马懿请他担任从事中郎。249年高平陵事变后曹爽等人被杀（参见1.10.8《曹爽如何失政》下），傅嘏遂担任河南尹，这相当于河南郡太守，不久升任朝廷尚书，傅嘏的重新被启用应该是得到了司马懿的助力。

傅嘏常常认为：“自从秦始皇开始废除分封，设官分职，不同于古代的制度。汉、魏沿袭秦制，一直沿用至今。但是儒生学士都想把三代的礼制综合起来，致使礼仪弘大广远，与当下的实情不适应，制度和事务相违背，名不副实，这也是历代都不能达到大治的共同原因。而想要大力改定官制，就应依据古代制度来对现行制度正本清源，但是正值帝室多难，所以没法予以实施。”傅嘏看到了古今制度的不同，发现了古代礼仪与当今制度的不相适应，表现了一种敏锐的政治文化观察力，这都是他的过人之处；但处置这样不相适应的矛盾，他主张正本清源，希望恢复古代的政治制度，这种主张似乎是不切实际的。在傅嘏看来，恢复古制这样宏大的社会改造工程，本来是可以完成的，只是由于帝室变故太多，不能稳定下来，所以才难以付诸实施。这一认识其实是把事情不可能的必然性，用偶然性的原因去理解。

当时朝廷商议征伐吴国，征东、征西、征北三位将军献的方案各不相同。朝廷征询傅嘏的意见，傅嘏在回答中列举了春秋时吴王夫差逼齐胜晋而终于败给勾践、战国齐闵王拓地千里而最后几乎亡国的例子，借此表达说："历史事实说明，有始者未必有终。孙权临终时把国事托付给了诸葛恪，新的执政人如果能纠正孙权的苛政，实行惠民政策，完全可以在长江以南继续存在。现在提上来的伐吴方案，有的说要泛舟径渡而横行江南；有的说要四路并进而攻其城垒；有的说要大猎疆场而寻机以动，这些都是对敌的常用办法。现在几次用兵，证明我军的力量尚且不足。吴国在边疆为寇已近六十年了，上面的办法并不能保证战胜敌人。过去樊哙提出自己率领十万军队去攻打匈奴，季布当面指责了他不能胜敌的短处。现在想要渡过长江战胜吴国，也和以前的樊哙一样。不如申明法令训练士兵，在可以取得全胜的地方实施我们的计策，用长远的策略来逐步制服敌人，这才是应该要做的事情。"傅嘏客观地分析了双方的战略形势，认为当时尚不具备消灭吴国的条件，主张打消不切实际的幻想，踏实地做一些具有长远战略性的准备工作才最为实际。当时司马氏刚刚掌控了国政，需要有一个巩固的时间，傅嘏这一主张其实也是考虑了当时魏国最高统治权正在调整变化的特殊情况，不是一个单纯的军事方略，其政治谋划的成分更大些。

252 年，吴国大将诸葛恪刚攻克了东关（参见 1.7.4《再起的对外战争》上），他乘胜扬言要进攻青州、徐州，魏国君臣准备做些防备。傅嘏认为："淮海不是贼军轻易行动的路径，过去孙权派遣军队进入海上，船翻沉溺，几乎不剩一人，诸葛恪怎敢倾尽兵力，把战胜的希望寄托在洪流中，以求侥幸取胜呢？他不过是派遣熟习水战的部属从海上逆行进入淮河，佯装攻打青州、徐州，诸葛恪自己会集中兵力进攻淮南的。"后来诸葛恪果然包围新城，因为攻不下来就撤退了。傅嘏不仅能准确估计到魏国自己的力量，同时能看到吴国其实也不具备大规模进攻魏国的力量。当诸葛恪用声北击南的战术迷惑魏国君臣时，傅嘏认定他们其实只能在淮南边境做些骚扰而已，不必为他们的虚假声势所迷惑。

傅嘏经常谈论人的才质与心性的同异关系，钟会把这些话汇集起来进行评论。大约253年，执政的司马师赐给傅嘏关内侯的爵位。次年曹髦接替曹芳为皇帝后，进封傅嘏为武乡亭侯。255年春，毌丘俭、文钦发动叛乱（参见1.8.2《淮南的两次平叛》），当时有人认为司马师不应亲自出征，可以派遣太尉司马孚前往，只有傅嘏和王肃劝司马师应该亲赴前线平叛，这里牵扯到军队权力的掌控问题，司马师接受了他们的意见，他任命傅嘏代理尚书仆射，一起东征。毌丘俭和文钦被打败，傅嘏在其中是作了谋划的。平叛后司马师去世，皇帝曹髦让傅嘏领军队返回洛阳，让司马昭留住许昌，而傅嘏则和司马昭直接返回洛阳，司马昭得以接替兄长而辅佐朝政（参见1.14.3《钟会的成长与作为》上），这里司马昭能够顺利接班，就有傅嘏真诚配合的功劳。

钟会在淮南平叛和司马昭接班上大有功劳，故此有自傲的神色，傅嘏告诫他说："你的志向大过度量，这将难成勋业，难道不该谨慎吗！"傅嘏因功劳被封阳乡侯，增加食邑六百户，加上以前所封共一千二百户。这年傅嘏去世，当时四十七岁，朝廷追赠为太常，谥号元侯，儿子傅祗继承了爵位。265年晋朝代魏之时，国家建立五等爵位，因傅嘏在魏功勋卓著，傅祗被封为泾原子。傅嘏的功绩一直被司马氏所认可，这是对他才能功绩的嘉奖，同时也是对他生前政治立场的认可和赞扬。

1.17（6）才智文士傅嘏（下）

傅嘏出身北地泥阳大族，家族兴盛，本人早年受到过良好教育，他是曹魏后期与司马氏关系较为密切的高级官员，后代在晋初多有高官。族人傅玄（217-278年）为晋初极有影响的学人，撰写过原本一百二十篇几十万字的《傅子》一书，涉及经学、政论与人物等，也曾论及对自然社会的看法，批评过玄学空谈，至今有少量被辑录流传。在《三国志·傅嘏传》中，史家裴松之引注了《傅子》中关于传主的人物记述，其中对某些事迹有更为详细的叙述。后世有学人认为这种自家人记自家事的文字"似是家传之类"，大概是觉得会有点偏袒和不可靠吧，而傅玄的整个撰著并非"家传"，他的文字也是严谨的。在陈寿史书记述之外，看看引注资料中的相关记录，对傅嘏会有更多了解。

对何晏等人的议论　傅嘏刚被司空陈群征召为掾属，正逢大将军曹爽辅佐小皇帝曹芳执政，其时何晏以才敏好辩而显贵；邓飏善于变通并能聚合党徒，喜欢追求社会名声；而夏侯玄出身高贵，自年轻时就有声望，为几个人所膜拜，他请求与傅嘏结交而受到辞绝。傅嘏的友人荀粲是荀彧的儿子，颇有清纯远大的志向，他对傅嘏的行为感到疑惑不解，说："夏侯玄为当世俊杰，他虚心与你结交，能结交就有好事，不能结交就会生出怨恨。你们两位贤才如不和睦，对国家也没好处，这就像蔺相如卑谦地对待廉颇一样啊。"傅嘏回答说："夏侯玄志大而量小，有虚名而无实才；何晏言辞高远而心思浅近，喜好论辩而无诚心，这就是所谓'巧嘴利舌危害国家'的人。邓飏做事有始无终，在外追求名利，内心没有韬略，贵同恶异，说话多又嫉妒人；说话多会是非多，嫉妒人就不会有亲近者。在我看来，这三人都会失德而败亡，远离他们尚且怕惹上灾祸，怎么还能亲近呢!"何晏、邓飏和夏侯玄当时是朝廷炙手可热的人物，但傅嘏对他们各人做了具体分析，从外表言行中看到了他们人生败亡的结局，因而辞绝交往，在政治上拉开了距离，也属于一种消灾免祸的智慧之举。只是，他对三人做出判断的结论是如何得出？具有那样特性的人物就必然没有善终？这里似乎有许多玄乎之处。

在河南尹任上的作为　傅嘏被何晏免职，后来司马懿重新起用他，高平陵事变后他出任河南尹。河南尹属于特殊的郡守职位，其内掌帝都，外统京畿，又兼管外地王国等特殊区域，辖区民众居住地方不同，包含许多豪门大族，还有商贾和夷族。而利益往来较多的地方容易生出奸邪事端，前任河南尹司马芝（参见 1.13.6《大理司马芝的司法理念》上）只抓大政而治理简略，接着主政的刘静关注细节方面而过于烦琐，后来任职的李胜则改变了恒长做法只追求一时名声。傅嘏在任上，他重新确立司马芝的大政纲统，裁撤了刘静的细目而加以综合，把李胜取消了的制度恢复起来。当时郡里有七百个官吏，过半都是新人。河南职场的惯例，做太守助手的五官掾主持选职，他们都选本地人任职，不用外地之人，傅嘏则把本地人和外地人对半使用，为各人职务作出明确分工，其后分别考核。他对地方的治理以教化为根本，法规政策保持稳定，简单却不可触犯；审案斟酌情理，刑事案件不用逼供就能得到实情。不施小惠，为百姓做的好事，他都故意隐瞒事情的原委，假装不是自己做的。因而他的治理在当时并没有显赫名声，但时间长久吏民则得到了安宁。这里通过前后各任的比较，对傅嘏在河南尹任上的治理特点及其效果作了详细介绍，人们从中能得到自己的判断和认识。

对伐吴的设想 朝廷商议征伐吴国，征南大将军王昶、征东将军胡遵、镇南将军毌丘俭均提出了自己的方案，朝廷征询傅嘏的意见，傅嘏并不赞成他们的方案，他论证和提出了用长远策略来逐步制敌的设想。西晋史家司马彪所撰《战略》中记述了更多的内容，傅嘏接着提出："现在边境上两军相距较远，吴军设置了烽燧，使我们的侦察兵无法通过，军队信息闭塞，不知道敌军的动向，每次出兵都是侥幸取胜。现在应该在边境上广为屯垦耕种，让王昶、胡遵等人选择地势，将军队向前推移，据险而守。这样的好处一是能占有肥沃的耕地，二是防止敌寇进入边境，三是便于接应归附的人口，四是防止敌人的间谍混入境内，五是能方便我们的垦田和侦察，六是军队可以就地解决吃粮问题，七是若敌人前来，我们可以立即对付。"傅嘏提出了边境守军广占土地以垦田的诸多好处，认为只要坚持三年，就会削弱瓦解敌军，加强己方军队的力量对比。但朝廷没有采纳傅嘏的建议。252 年十一月，王昶等奉命征吴，次年正月，吴将诸葛恪领军出战，大破魏军于东关。按照该资料的记述，因为傅嘏的建议未被采纳，吴军因而一时在战场占据了上风。

对司马师的劝谏 255 年毌丘俭、文钦在淮南反叛，《汉晋春秋》中记述，当时傅嘏坚持劝司马师必须随军出征，司马师一开始并没有听从，傅嘏对他强调说："淮、楚一带军队强悍，毌丘俭凭借力量而反叛，兵锋不容易抵挡。如果其他将军前去作战发生问题，大势一失，您的事情就全完了。"当时司马师刚做完眼瘤手术，伤口没有痊愈，但听到傅嘏这话，他马上坐起来说："我乘车抱病东征吧。"当时国家的平叛关乎司马氏事业的成败，对终局未定的司马氏容不得半点闪失，傅嘏看到了问题的症结，所以能说服司马师，他是对司马氏的长远利益作了极为周到的考虑。

与钟会、李丰的关系 傅嘏处事公正，看问题能抓住要害，喜欢议论才质与心性的关系，他的论述精到而细微，很少有人企及。当时司隶校尉钟会年龄尚轻，傅嘏以他的明智通达而与钟会结交。史家裴松之对这一简短记述提出疑问说："前面曾说傅嘏料定夏侯玄必败，所以拒绝与他结交，这里却说傅嘏与钟会结交相好。夏侯玄是以名重而致患，钟会后来是谋利而取败，祸由己出。傅嘏为什么能料定夏侯玄必危，而看不见钟会将败呢？这里是说不通的！如果说能看到他们的人生都是有始无终，只是感情上厚此薄彼，那就说明他的交往完全是出于感情爱憎，而与对方的人生成败无关。"裴氏似乎借此是要说明《傅子》对傅嘏记述中含有有意识的夸大抬高。

中书令李丰是冯翊（治今陕西高陵西南）人，傅嘏所在的北地郡治所在汉末寄寓冯翊，均属雍州，两人属于同州老乡。李丰年轻时就有名声，出仕颇早，受到朝廷内外之人的称赞，傅嘏在这方面赶不上李丰，他对友人讲："李丰虚伪而多疑，计较小失而昧于职权利益，如果是普通人也没有什么，但他执掌机要，如果碰上聪明的上司必遭死亡。"李丰后来作了中书令，与夏侯玄一同受祸（参见 1.7.6《君臣结怨》），这与傅嘏预料的完全一样。这里的资料中是要表明傅嘏对人认识预料的精准性，但能够看到的，只是他在不断地向第三者述说对方德行方面的差失以及危险的人生结局，似乎不像一个忠诚和智慧之人的所为。傅嘏可以称之为魏国后期杰出的才俊，《傅子》等引注资料补充了傅嘏某些事迹的具体细节，可以将其作为了解人物的参考，但应该对其中的某些内容及其表现出来的价值理念作出必要的甄别判定。

1.17（7）桓阶的为人与处事

曹魏名臣桓阶智识过人，志节高远，从年轻时就想建功立业，干出一番事业，他为人仗义，虑事周详，先后在孙坚、张羡、刘表手下做事，后来选定和归顺了曹操，最终在曹操属下成就了自己的宏图大志。《三国志·桓阶传》及其引注介绍了桓阶的曲折人生，记述了他一生的重要事迹，显示了他对曹操早年的向往和多年的忠诚，展现了他在职场上为人与处事的不俗才智。

桓阶，字伯绪，长沙临湘（治今湖南长沙）人。他的祖父桓超，父亲桓胜，都曾在州郡主政，桓胜曾担任东汉尚书，闻名于南方。桓阶早年任长沙郡功曹，孙坚在 187 年任长沙太守时推举他为孝廉，朝廷任命他为尚书郎，为四百石的六品官职，因父亲去世返回乡里。正逢孙坚攻打刘表而战死（参见 0.6.5《将星的暗淡与坠落》下），尸体被刘表军队获得，桓阶于是冒着危险到刘表处请求安葬孙坚，是要报答孙坚的恩遇，刘表赞赏他讲道义，就同意了他的请求。仗义是仗义者的通行证，刘表与孙坚是为敌的双方，他看到桓阶为了孙坚而冒险行义，应该是对桓阶和孙坚同时生出一种敬重之心，他已经没有理由拒绝这位年轻人的义气行为了。

后来曹操与袁绍在官渡对峙，刘表以荆州呼应袁绍。桓阶劝说长沙太守张羡说："举大事不遵从道义，没有不失败的，所以齐桓公率诸侯尊崇周天子，晋文公驱逐了叔带来接纳周襄王。现在袁绍与此相反，而刘州牧却响应他，这是招致灾祸的做法。您想要建立功业昭明道义，保全福禄远离灾祸，就不应该与他相同。"张羡说："那么我应该支持哪一方才好呢？"桓阶说："曹公虽然力量弱小，但他依仗道义而起兵，这是挽救朝廷的危难，奉行天子诏命讨伐罪人，谁敢不服从？现在如果占据四郡据有三江，等待曹公来到后为他做内应，不是很好吗？"张羡赞同他的意见，于是联络长沙周边零陵、桂阳及武陵三郡以抗拒刘表，并派遣使者去北方与曹操联络，曹操非常高兴。长沙太守张羡抗拒荆州牧刘表的事情是有的，而《刘表传》中叙述了另外的原因（参见 0.7.2《刘表的保境与安民》），没有提到桓阶的劝说，且时间发生在 198 年，与这里的叙述略有不同，但张羡的行为至少与桓阶的政治主张是相合的，其客观效果上对曹操的支持也不能否认。桓阶对张羡的提议，完全是从传统道义出发而作出的政治选择，在他看来，只有合乎道义的事情，才值得献身而为。

当时因为曹操与袁绍长期作战，军队不能南下荆州，而刘表组织军队进攻张羡，张羡病死后，长沙城陷落，桓阶则隐藏了起来。时间一长，两人大概心结开解、得到和解了吧，刘表任用桓阶为从事祭酒，准备把妻妹蔡氏嫁给桓阶为妻，桓阶坚持说自己已经结婚，拒绝而没有接受，后来借口有病辞职。看来桓阶当时非常不赞同刘表的政治选择，他拒绝娶刘表的妻妹，后来又借病辞职，应该都是这一原因，他是不愿意把自己的人生捆绑在没有前途的刘表身上，这也是才志高远之人的当然选择。应该提及的是，相关资料说，刘表的岳父蔡讽有两位女儿，小女儿嫁给了刘表，长女嫁给了诸葛亮的岳父黄承彦（参见 2. 3. 14《诸葛亮的家庭》），这里又出现了刘表为妻妹择夫而被桓阶拒绝之事，难以辨其真伪。

曹操 208 年平定荆州时，听到桓阶曾为张羡提出过建议，觉得惊奇，于是任用他为丞相掾主簿，这应是丞相掾与丞相主簿两职合一的职务，为丞相府七品官员，综理府中诸事。后来升任赵郡（治今河北邯郸西南）太守。213 年曹操受封冀州而初建魏国，任用桓阶为虎贲中郎将侍中。当时太子还未确定，临菑侯曹植受到曹操宠爱，桓阶多次向曹操陈说曹丕品优年长，应立为太子，他公开述说也私下密谏，态度都十分恳切。《魏书》记载桓阶劝谏说："如今太子在您所有儿子中仁德最优，名扬海内，仁慈圣明都合于节义，天下没有不知道的，但大王方才拿曹植来问我，使我感到迷惑不解。"曹操知道桓阶恪守正道，对他更加看重。在关乎曹魏事业发展的重大问题上，桓阶的态度明确而坚定，并敢于向主政人坚持表达，表现了他对曹魏事业的高度责任心。

毛玠、徐奕因为性格刚强和不喜结交，西曹掾丁仪对他们不大友好，多次在曹操面前说他们的短处，两人全靠桓阶协助才得以保全。桓阶还做过许多这样帮助别人的事情，他被升任为尚书，主持官员选举事务。另有史料记述，219 年初曹操征讨汉中时，魏讽等人谋反，中尉杨俊被降职，曹操叹息说："魏讽之所以萌生叛乱的心思，是因为作为我的大臣们没有能遏制内奸防备阴谋的人，怎样能得到像汉代诸葛丰那样的人，让他来替代杨俊呢？"桓阶说："徐奕就是这样的人啊。"曹操于是任用徐奕为中尉。

他在主管选举的职务上也做了不少有益的事情。

219年曹仁被关羽围攻，曹操派徐晃前去救援，一时没有解围。曹操准备亲自南征，为此征询群臣意见。大臣们都说："大王如不赶快行动，就要失败了。"桓阶一人坚持说："大王你认为曹仁等判断和处理战事能胜任吗?"回答说："能。"桓阶再问："大王担心他们二人不尽力吗?"曹操回答说："不。"桓阶问："既然这样，那么你为何要亲自出征?"曹操说："我恐怕敌人人多，徐晃等力量不够。"桓阶说："如今曹仁等人处于重围之中而死守城池没有二心，那是他们把大王您作为他们远方的后盾。处于必死之地，一定有以死抗争的决心，加上外部有强大的援救，大王您远驻六军以对外表示尚有余力，何必忧虑失败而亲自前往?"曹操认为他说的很对，于是驻军于摩陂（今河南郏县东南），后来徐晃取胜，关羽果然败退。在这里，桓阶是认为，魏军在樊城前线与关羽军队作战的现有力量已经足够了，曹仁和徐晃也是足可信任的统军大将，只要曹操率军队屯驻远方，保持对敌人足够的战略压力就行了。

曹丕登基称帝后，升桓阶为尚书令，封高乡亭侯，加侍中，他向曹丕提出了追尊曹嵩为帝的建议，被采纳。桓阶生病时，曹丕亲临探问，对他说："我已经把我自己和国家的命运托付给了你，你一定要保重!"后改为安乐乡侯，封邑六百户。桓阶的嫡子桓祐病卒，曹丕遂赐给他三个儿子关内侯之爵，并追赠桓祐关内侯。后桓阶病重，曹丕当即遣使者去拜他为太常，逝世后，曹丕为他伤心流泪，谥为贞侯，儿子桓嘉继承了他的爵位。桓阶的弟弟桓纂被任为散骑侍郎，赐封关内侯。后来儿子桓嘉娶了皇室升迁亭公主为妻。252年，桓嘉同乐安太守与吴军战于东关，军败而逝，被谥壮侯，儿子桓翊继嗣。243年七月，魏国朝廷把一批开国功臣祭祀在曹操庙庭，其中就有太常桓阶。桓阶应该是在自己早年向往和追求的事业上忠诚奉献了一生，最终壮志得酬，实现了圆满的功德。

1.17（8）刘备错失的贤臣陈群（上）

天下政局的变化扰乱了人们的生存设定，同时也给当世所有人物提供了发展与选择的更多机会，各人前景和命运的把握完全取决于自身的认知和眼光。《三国志·陈群传》记述了魏国名臣陈群一生的职场历程与主要活动。陈群是刘备早先错失了的贤良之才，后来自觉追随曹操，在曹魏三代君主属下发挥了重要作用并取得几乎顶格的政治功业，属于自我选择积极奋斗的人生赢家。

陈群字长文。颍川郡许县（196 年八月汉献帝迁都于此后改为许昌）人。他的祖父陈寔、父亲陈纪、叔父陈谌曾先后在地方或朝中任职，号称“三君”，都是当时很有名望的人物。陈群幼小时，陈寔常认为此子奇异，向宗族父老说：“这孩子必定兴旺我们宗族。”当时鲁国人孔融因为才高而倨傲，他的年纪在陈纪、陈群两父子之间，因此先与陈纪为友，后又与陈群结交，由此他们都很出名。陈群大约在年轻时代就开始了自己的职业活动。

受到刘备看重而中途分手 194 年，刘备受徐州牧陶谦荐举担任豫州刺史时，任用州内人物陈群为别驾，别驾是协助主君处置外部事务的重要助手。不久陶谦病死，徐州主政人决定迎接刘备继任徐州牧（参见 0. 8. 1《陶谦保徐州》中），刘备准备前往，陈群劝刘备说：“袁术的力量还很强大，如果现在东进徐州，必定会与袁术发生争夺。如果吕布袭击后方，那时将军即便得到徐州，结果也不一定很好。”刘备没有听从，他东去做了徐州牧，后来与袁术争战，吕布果然袭取了下邳（参见 2. 1. 2《在徐州的艰难岁月》），又派兵协助袁术，大破刘备军，刘备悔恨没听陈群的劝告。陈群是希望刘备暂时守定豫州，等待更好的时机再出手，刘备没有听从，果然得到徐州后又失掉了地盘，这里表现了陈群非凡的见识与眼光。

刘备在豫州主事期间陈群被举为茂才，后被任用为柘县（治今河南柘城北）令，大概是临去徐州的任用吧，但陈群并没有前往就职，他应该是料到了当时地方局势的恶化，因而并不愿意前去赴险，他由此与刘备中途分手，随父亲陈纪前往徐州郊野避难。

主动归身曹操展现识人之才 198 年底，夺占了徐州的吕布被曹操所破，陈群父子前来拜见曹操。曹操应是久闻其名，他任命陈群为司空西曹掾属，陈群自此成了曹操属下的官员。当时有人向曹操推荐乐安人王模、下邳人周逵，曹操一并任用了这两人。陈群写信给曹操，认为王模、周逵二人德行污秽，终究会坏事，曹操没有听从，结果后来王、周二人果然犯罪被诛，曹操为此向陈群认错致歉。陈群则推荐广陵人陈矫、丹阳人戴干，曹操加以任用。后来东吴为叛，戴干因忠义而死难；陈矫最终成为朝廷名臣，世人都认为陈群颇能识人。通过识人处事这类具体事务，陈群把自己的才华逐渐展露了出来，在集团内部赢得了很好的声誉。

不断向核心人物靠拢取得信任 其时曹操安排名士镇抚诸县，因为陈群有很好的名声，于是被选任萧（治今安徽萧县西北）、赞（治今河南永城西）、长平（治今河南西华东北十公里）县令。199 年陈纪去世，陈群因此离职。后来担任朝廷司徒掾，为朝廷司徒的助理，因政绩考核优秀，被提升为治书侍御史，为负责依法处置疑难案件的六百石六品官员，不久转任参丞相军事，协助丞相曹操的军事事务。从这些职位变化上可以看到，陈群是在地方治理上取得了极好的政绩，受到了曹操的高度信任，曹操于是把他调到了自己身边工作，这与曹操的关系更为接近。213 年丞相曹操封邦建魏后，陈群又升为御史中丞，他由朝廷官员转换成了魏国执掌文书奏章的重要属官，表明曹操已把他视作自己的亲近属员。

对法律改革的中肯建议 其时曹操正考虑是否该恢复肉刑，下令说："怎样才有通达古今法理的人物，协助解决此事呢！过去陈鸿胪（指陈纪）以为死刑有可加于仁恩的作用，正是在说这方面的事。御史中丞（指陈群）可以发挥父亲的论述吗？"在十分看重的国家事务上，曹操点名让陈群首先发表意见。陈群说道："我父亲认为汉朝废除肉刑而增加鞭打、杖击等刑罚，本是出于仁爱恻隐之心，但结果是死去的人更多了，这正是名义上减轻而实际加重了。因为减轻了刑罚，人们更容易忽略而犯罪，实际上百姓更易受到伤害。《周易》上记有割鼻、断足、砍脚趾的刑法，这些都是辅助政教、惩治邪恶的，况且杀人偿命也合乎古代的制度；对于残毁别人身体的罪犯，只是用髡刑（剃去头发圈住脖颈干活服役），就不合道理了。如果沿用古刑，使奸淫者受宫刑，使偷盗者受刖刑，那么就不会发生淫乱盗窃一类奸邪事情了。汉朝法律规定的诛死大罪，是不能顾及仁义的；其他可杀可不杀的犯人，可以施加肉刑。这样，所受之刑与所犯之罪可以相当了。如今以鞭打、杖击处死的刑法代替这类不杀的刑罚，实在是只重视人的肢体而轻视性命啊！”陈群的意见中体现了仁爱精神和求实的原则，这应该反映着他平时处事为人的基本风格，当时钟繇也赞同陈群的议论（参见 1.14.1《钟繇的建魏之功》下），而王朗等人则认为不可恢复肉刑。曹操对钟繇、陈群的看法表示赞同，只是因为战事连绵，又顾及众人的议论，所以将此事暂时搁置。

救人之命而拒绝认领私情　陈群后来转为侍中，已成为曹操身边掌实权的高级官员，兼任丞相东西曹掾。陈群的为人，在朝中对人没有厚薄偏向，看重人的声名与道义，不会将不合道德的事施加于人。219 年，魏讽谋反时，黄门侍郎刘廙之弟刘伟被牵连了进去，按罪连坐，刘廙也应当受诛。陈群便向曹操进言，曹操说：“刘廙是名臣，我也想要赦免他。”于是只调任了他的官职。刘廙为此非常感恩陈群，陈群回答说：“当时议论如何量刑本是为了国家，不是为了私情，况且赦免出自明主，我怎么能参与呢？”他是在特别敏感的事情上把功德归于君主，要从名分上坚决拒绝对自己的私情感恩，避免陷入用公事处置私情的君臣纠葛，这的确是极其明智的行为。史书上说，陈群心胸博大，从不骄矜自夸，处事一直都是这样。

拥戴曹操首先提出代汉立魏　219 年十月，孙权上书称臣，称说天命。曹操拿出孙权的书信说：“这小子想把我放在炉火上啊！”（参见 1.3.6《曹操的自白》）陈群与尚书桓阶上奏，他们与夏侯惇等人则借天命转换来说事，要求代汉立魏。尽管曹操仍然拒绝了这一请求，但事情本身则表明了陈群在曹魏与汉朝廷的政治纷争中是坚定地站在了曹魏一方。在曹操晚年，陈群已成了朝中政治态度最为明确、极得掌政者信任的高级官员。

1.17（8）刘备错失的贤臣陈群（中）

颍川才士陈群自 198 年底归身曹操，因为业绩突出、忠诚君主和善于处事，逐渐成了曹魏集团中深受君主信任的中坚人物。曹操晚年他在朝廷担任侍从天子、地位尊贵的侍中，又兼任丞相东西曹掾，为曹操身边的重要属臣。《三国志·陈群传》记述了陈群在高层职位上辅佐曹魏诸位君主的事迹，他的某些政务活动对当时社会政治产生了应有的影响，其中也展现了个人的出众才能。

对曹丕的辅助和劝进 当时东宫太子曹丕对陈群深为敬仰并特别看重，对他以交友之礼相待。曹丕谈起陈群，经常会应用孔子的原话感叹说："自从我有了颜回，学生们更加亲近了。"年龄稍轻的曹丕是把陈群视作自己身边极有亲和力、能促使诸臣更加协和的人物，由此足见他对陈群的器重。220 年春曹丕继位魏王后，封陈群为昌武亭侯，调任为尚书，使他更加位尊权重。陈群曾在曹操生前首先提出代汉建魏，曹丕继位后他与桓阶、陈矫等尚书台官员，以及魏王府的侍中刘廙、辛毗、刘晔等大臣再次推动和支持了汉献帝禅让活动（参见 1.4.6《一场禅让的大戏》上），陈群作为尚书，是对曹丕作劝进的重要官员。这一活动直接导致了汉朝历史的终结和魏国政权的建立，曹丕由此登上了皇帝之位，成了"率土之滨"的天子。

制定九品官人之法 在曹丕继位魏王而未称帝期间，担任尚书的陈群大概是主管用人事务吧，他为了规范国家的人事管理，制定了九品官人之法，亦称九品中正制。这一制度主要解决各级官员的选拔和管理问题，主要方法是：在各郡县，由政府择定具有识鉴之能的官员兼任本地中正官，按德能评定本地的人才，并分为上上、上中、上下、中上、中中、中下、下上、下中、下下九个等级，以供吏部按品位级别授官。另外这一评定还可以有动态的升降性，据《通典》中相关记载，评定后如果一个人的德行有所变化，可在原有的基础上有升有降。如以五升四，以六升五；或者自五退六，自六退七等。

班固在撰《汉书·古今人表》时，将秦以前的先代历史人物按上面九个品级作了划分，这在他属于"盖棺论定"，陈群借用了这种品级划分，将其用于当世各级职场人物的品鉴上，并以此服务于各级官员的选拔任用。这一方法的某些细节方面当时还有一些不同的资料记录，它属历史上有名的选人方法。应该说，在当时职场升迁无序可循、官员任用全凭长官意志，以至不得不借助“月旦评”等私人议论为任用根据的社会背景下，陈群的九品官人法当然有积极的意义，它至少表明了用人上规则和秩序的必要。但这一方法在后来的执行中也积累和暴露了它的严重弊端：如品鉴人物的中正大多是由地方官员充任，摆脱不了个人的主观色彩；对人物的品鉴更多看重其出身门第而非德才等，以致后来造成了“上品无寒门，下品无势族”的局面。陈群制定的这一九品官人之法出发点是良好的，也曾发挥过正面的作用，而最后滑向了贻误贤才选拔的一面，这当然是初创者本人开初没有预料到的。

劝阻曹丕追封母族爵位　曹丕220年十月底称帝后，陈群迁尚书仆射，加侍中，调任为尚书令，晋爵颍乡侯。《三国志·魏书·后妃传》记载，曹丕称帝后想为卞太后的父母追封爵位，陈群上奏劝谏说：“陛下承受天命建立了新的国家，应当创立为后世永远可以遵循的制度。按照典籍文献，从来没有妇人可以分土命爵的制度。妇人可以随从享有丈夫的爵位，秦国曾违背古法，而汉朝则沿承了古例，给母系追封爵位，这可不是先王的令典啊。”曹丕大概是想到了母系皇亲过于强盛会给皇家执政带来的危害，于是立即表示说：“你的话很有道理，那就不要追封了。你把这个意思写成诏书，珍藏于台阁，让后世遵照执行。”陈群熟悉典籍文献和历史教训，懂得开国君主的作为对后世的引导意义，这一建议及其被接受体现着他们君臣对魏国政治建设的某些设定，只是后来继位的魏明帝曹叡并没有真正遵守（参见1.4.25《尊贵富裕的皇后家族》）。

对曹丕军政事务的辅助　深得信任的陈群对开国帝王曹丕的军政事务有多方面的协助，其中包括对蜀国丞相诸葛亮的政治攻心。223年诸葛亮在刘备逝后主持蜀国政务，这位年轻丞相的政治态度当时并不被外界所了解，于是尚书令陈群与司徒华歆、司空王朗、太史令许芝、谒者仆射诸葛璋几个年龄为长的魏国大臣分别写信给诸葛亮，向他陈述天命和人事，劝说诸葛亮向魏举国称藩，附带有向年轻的蜀国掌政人陈说事理的意味。

诸葛亮没有回复，他写了一篇《正议》的文章，坚定地表明了蜀国反魏抗曹的政治态度，以此作为对蜀汉大臣进行思想教育的指导性材料。陈群等人的政治攻势并没有起到任何效果（参见 2.3.3《初掌国政》上），但由此能看到陈群为曹魏大业而不懈努力的良苦用心，也能多少窥见他 194 年任职豫州别驾后选择与刘备分手，应该属于他早年人生的自觉选择。

陈群还同时参与掌管国家军政事务。225 年曹丕亲征孙权，军至广陵，使陈群领中领军，中领军是魏国掌控禁军的三品官员。次年出征军队返回寿春，曹丕以陈群假节，都督水军。到了许昌后，陈群被任为镇军大将军，为二品官员，并兼任掌禁军并统领诸将的中护军，另有录尚书事，这是执掌国家中枢要务的职位，陈群已经成了曹丕身边同时兼管军政和最为权重的高级官员。

曹丕临终的托孤之臣 206 年五月，40 岁的曹丕病重，陈群与曹真、司马懿一同接受曹丕的遗诏辅政（参加 1.4.23《生命戛然而止》），曹丕去世后太子曹叡即位为帝，陈群进封颍阴侯，增邑五百户，加上以前的所封共计一千三百户，陈群还与征东大将军曹休、中军大将军曹真、抚军大将军司马懿同时开府治事，这种待遇实质上是官员位高任重的象征。这年十二月，在新任君主的朝廷，陈群又升为司空，录尚书事。

1.17（8）刘备错失的贤臣陈群（下）

年轻的豫州别驾陈群 194 年与赴任徐州牧的刘备分手，四年后主动选择追随曹操的创业活动，先后在曹操、曹丕两位君主的属下任职干事，凭借自身的才华和忠诚，他在曹魏事业的发展壮大和魏国的建立，以及新政权的多项规范性制度建设方面均做出了卓越成就，成长为曹魏政权中枢最得君王信任的高层官员。《三国志·陈群传》记述了 226 年曹叡继位执政期间陈群的重要活动，能够看到，作为前任皇帝的重要托孤人和重要辅佐大臣，陈群对国家治理和一些重要事务都深沉考虑并谨慎对待，他为此对曹叡有过多次上奏进谏。

上书提出了治国的根本任务 曹叡刚开始临政时，大概是考虑到新皇帝对政务活动的生疏，陈群向曹叡上疏表达了自己的治国主张，其中提到了应该首先抓住的根本方面。他应用和发挥古代典籍中的相关思想，认为君主的治国都要效法先贤，以身作则；他从曹叡所负政治使命的意义上强调了在国内实施道德教化的重要性，指出这一事情必须要从身边开始由近及远，才能最终广布于天下。同时陈群还提出应该认真解决朝廷大臣们拉帮结派，以人划线，是非混淆而没有原则的问题，认为君主对此应该加以提防，并认真教育引导。陈群在这里并没有形成一套清晰而完善的治国思想，但他这些主张应该是针对当时魏国朝政的实际状况而做出的提前思考，也是对年轻皇帝掌政之初的负责提醒。曹叡其实是一位颇有主见而刚愎自用的皇帝，但他执政十多年间在思想教化方面做得还是较好的，也有效地防止了内部派系势力的壮大，陈群这里的上疏提醒也许不无作用。

劝阻曹真冒险伐蜀 230 年，魏国大将军曹真上表欲起兵数路伐蜀，从斜谷（褒斜道在今陕西眉县段的山谷）进军。陈群认为早年曹操到阳平攻张鲁，已经多收豆麦以增添军粮，然而张鲁没有攻下而军粮已经缺乏。如今既不能就地取粮，而且斜谷阻险，难以进退，转运粮草必会受到截击，但若要留兵据守险要，则劳损战士，提出对此应慎重熟虑。曹叡依从了陈群的意见。不久，曹真再次上表坚持要从子午道出军，结果行军中大雨连绵，下了三十多天不停，入蜀的栈道很多地方断绝。陈群又上书建议召回出征军队，曹叡于是这年九月下诏撤军（参见 2. 3. 8《与魏军的两次交锋》）。陈群为劝阻这次冒险行动多次上书，他对事情的正确预料和对国家事业的高度负责精神，使魏国减少了冒险行动的损失。

向国家推举出众人物 作为国家高级官员，陈群把推举人才看作自己的重要职责，魏国后期名臣傅嘏就是陈群担任司空时从地方上征召的属官（参见 1. 17. 6《才智文士傅嘏》上），在魏国后期政治活动中发挥了重要作用。陈群娶了荀彧的女儿为妻，他曾发现妻弟荀顗颇有才能，因而对其极为赏识，荀顗先后担任过骑都尉及朝廷的尚书仆射、吏部尚书。陈群还曾上书举荐过当时著名隐士管宁，认为其“德行为世人表率，学识足以成为人师，清廉俭朴足以荡去污浊，坚贞端方足以匡正时弊”。在他看来，推戴这些富有影响的学识之士，即便取得不了什么功利，也对社会的道德教化极有益处。

劝谏曹叡厚葬少女 曹叡有一位非常喜爱的女儿曹淑，在232年出生三月就不幸早逝，曹叡为此极其悲痛，追谥其为平原懿公主，在洛阳建庙，最后安葬于南陵。曹叡想要亲自送葬，司空陈群规劝说："八岁以下的孩子死亡，没有丧葬的礼仪，何况还未一岁，就以成人丧礼送葬，满朝都穿白衣服，日夜在棺前哀哭，自古以来没有这样做的。"陈群劝阻曹叡不要亲自去送葬，认为这是有损无益的事情（参见1.5.10《对族内事务的处置》）。还有其他官员也都予以劝阻，但曹叡并未接受他们的劝谏，最终还是按他的心意去参加了葬礼。

建议曹叡放弃宫室营造 235年，曹叡感到诸葛亮逝后魏国外部压力减少，于是在都城洛阳大建宫室，开始追求个人的享乐生活（参见1.5.12《心志突然沉沦》）。司空陈群为此上书谏言，他以古代先圣的俭朴生活作比照，认为时下魏国并没有太平安宁，尚处于危机时代，必须继续珍惜民力，加强国防，而不能过早地沉溺于个人享乐。针对曹叡回复说帝王之业和帝王宫殿应该并行建立的说法，陈群再次以楚汉争霸时的历史事例，说明帝王的一切治国活动应该为国家百姓考虑。陈群这里对君主追求享乐的行为及其自我辩解进行了反复诘难，大概是曹叡感到他说的有道理吧，于是削减了一些工程（参见1.5.13《对忠臣劝谏的圆通处置》上），陈群的劝谏应该是起到了部分作用。

236年二月，陈群逝世，朝廷为他谥号为靖侯，他的儿子陈泰继承了爵位。陈群在辅佐曹叡的十年间已经身居高位，当时国家政权的运行机制和一些重要制度已经基本成形，他在国家政治生活中主要是以上疏谏言的方式影响君主的决策和国家大政方针的实施。《魏书》中说，陈群前后多次陈述意见对君主作出劝谏，他每次都是封好奏书后当即毁掉底稿，其他人包括儿子都不知道上书之事。当时有人讥讽陈群身居高位，却对朝中的事情默然无言，十多年后魏国执政人从国家档案中选取群臣上书编纂《名臣奏议》，人们才知道了陈群的多次进谏，看后都赞叹不已。在曹叡的朝廷，陈群是以特殊方式尽可能地发挥了一位高级官员的作用，他由此对自己参与开创的曹魏事业尽到了应有的忠诚和责任。曹叡追思陈群的功德，给陈群增加了户邑，并封他的另一儿子为列侯，以此作为对这位功臣的最后奖赏。

因为资料中没有提及陈群去世时的年龄，所以他的出生时间难以确定。如果刘备在豫州任用他并将其举茂才时的年龄为二十岁，那他应该最迟生于174年，终年不低于六十三岁。陈群逝后第三年（139年）曹叡去世，243年曹芳的朝廷下诏令将曹魏创业以来二十位功臣祭祀于曹操庙庭，陈群位列第五（参见1.7.1《十年政局的走向》）。陈群富有学识，眼光敏锐，处事看重规范，是三国时代的杰出人物。史家陈寿称陈群做事以道义为根据，为人“有清流雅望”，即在人们心中有清高名望，而魏国朝廷对他辅佐三位君主的功绩也有不低的认定。

1.17（9）斗胜姜维的陈泰（上）

蜀相诸葛亮去世十多年后，蜀国将军姜维成了威胁魏国西部边境安全的真正敌手。历史小说中演绎和描写了郭淮、邓艾等魏将与姜维的许多战术较量，给人们留下了深刻印象，其实在关中祁山一线阻击姜维侵扰的更有魏国名将陈泰，他在与姜维的多次较量中保持了战场不败的纪录。《三国志·陈泰传》记述了陈泰的职场生涯及他在魏国后期的诸多政治活动，其中在西部边境抗击姜维并屡次取胜的军事用兵更是他人生出彩的华章。

陈泰字玄伯，颍川许昌（今河南省许昌市）人，出生于200年，司空陈群的儿子。因为父亲的高官地位，年轻时的陈泰在洛阳生活，他与司马师、司马昭等官二代都有不少交往。陈泰三十多岁时在曹叡的朝廷担任散骑侍郎，237年父亲去世后承袭了颍阴侯爵位。

守境返京后巧辞请托　陈泰240年后在少帝曹芳的朝廷任游击将军，后出任并州（治今山西太原西南）刺史，加封振威将军、持节、护匈奴中郎将，主持并州军政事务，及负责与北方匈奴的军事活动。并州周边的民族事务众多，陈泰对诸多夷民采取怀柔政策，在当地有很高的威信。当时京城洛阳的很多权贵人物都给他寄送宝物和钱财，托他在边境市场上购买奴婢，陈泰将所送的钱物都挂在墙上，从不开封。几年后他被调回京城任尚书，将权贵所送财物全部退还。陈泰应是对当时的奴婢买卖制心有芥蒂，也是不愿把这种不可倡导的行为带进自己的辖区，但又不好立即拒绝权贵们的请托，于是采取了一种事后还礼辞托的方式。

回避朝政而主政雍州 249年初，因为司马懿与掌政人曹爽的政治纷争而发生了高平陵事变，司马懿率军控制洛阳后上书送给在外祭陵的曹芳，要求随行的大将军曹爽回京交出兵权，另一方面又派遣尚书陈泰和侍中许允去劝说曹爽，督促他尽早返回认罪（参见1.7.2《高平陵之变》上）。事变后司马氏掌控了国政，据说陈泰为了回避复杂的朝政矛盾要求外出任职，于是朝廷安排他接替郭淮为雍州（治今西安西北）刺史，加奋威将军，陈泰成了主管西部关中事务、直接面对蜀国军事侵扰的一方将官。

麹山之战中击败姜维 陈泰刚到雍州就任后的249年秋，蜀国大将军姜维二伐中原，姜维领军进入雍州后，依麹山（今甘肃岷县东南）筑二城，使牙门将句安、李歆等驻守，聚集羌胡人为质，进犯周边各郡，陈泰与征西将军郭淮指挥军队防守。陈泰认为麹城虽然坚固，但离蜀国道险路远，运粮不便，而羌胡对蜀国也并不忠心依附，于是陈泰率领讨蜀护军徐质、南安太守邓艾进兵包围了麹山，切断了蜀军的运输道路和城外流水。句安等人出城挑战，陈泰按兵不动。城内将士困窘不堪，仅靠不多的粮食和聚集起来的雪水度日。姜维率兵前来救援，出了牛头山（今甘肃岷县南）就与陈泰事先安排的军队相遇，陈泰让各军坚守营垒不与交战，又请郭淮部队快速靠近牛头山，准备截断蜀军退路。姜维害怕断了回路，于是迅速撤兵，句安等人孤立无援，最终投降，郭淮于是向西重新安定了各羌人部族（参见2.9.2《九伐中原》上）。陈泰在这里抓住交战之地路险道远和运粮困难的特点作了精到的战术安排，很快击败了蜀国姜维的两股部队，取得了地方保卫战的胜利。

率领关中军驰援狄道 姜维在费祎去世后执掌了兵权，253年初他统领兵将数万人第四次进军中原，围攻狄道（今甘肃临洮）。当时吴国执政诸葛恪也统帅军队在东线进攻魏国，魏国掌政人司马师认为姜维的军队孤军深入，但战线太长，军粮难继，于是让魏军坚守勿战，同时命令郭淮、陈泰率领关中全部军队去解救狄道之围。陈泰至洛门（今甘肃甘谷西），姜维部队已经粮尽，因惧于陈泰的援军，只好撤退。

以过人胆识扭转危局 255年正月郭淮去世，朝廷即任命陈泰为征西将军，假节都督雍、凉二州的军事，陈泰成了曹魏西部的最高军事长官。这年七月，蜀将姜维督车骑将军夏侯霸、征西大将军张翼等数万人攻魏，这是他第六次进军中原，也是用兵规模最大的一次侵扰，陈泰组织各方军队阻截进击，在战场形势极为严峻的情况下凭借过人的胆识出奇制胜，最终击败了姜维的大军，展现了他非凡的军事用兵才能。

当时魏国新上任的雍州刺史王经对陈泰报告说，蜀将姜维、夏侯霸率军分三路向祁山（今甘肃西和东北）、石营（今甘肃武山南五十公里）、金城（治今甘肃兰州西北二十公里）攻来，他建议分兵迎击。陈泰分析认为蜀军不会分兵数路而来，于是指令王经坚守狄道，待他率主力自陈仓（今陕西宝鸡东）到达后，再钳击蜀军。八月，姜维到达枹罕（今甘肃临夏东北），遂向狄道（今甘肃临洮）进军，王经不等陈泰大军前来即擅自出击蜀军。陈泰闻讯后，料到战事会有变故，立即督促各路部队迅速赶往支援。果然，王经先后败于故关（今甘肃临洮北）、洮西，部队死伤逃亡严重，仅剩残部万余人退保狄道，姜维则乘胜包围了狄道城。

陈泰星夜驰报朝廷，同时收编王经的残部，做好进攻准备。不久，朝廷大将军司马昭命长水校尉邓艾出任安西将军，与陈泰并力抗击蜀军，并遣太尉司马孚为后援。邓艾等人对陈泰说："王经的几万精兵大败于洮水以西，蜀兵士气大振，这样的乘胜之兵势不可当，而将军以乌合之众，继败军之后，士气低落，陇山以西已经难以保守了。古人说：'蝮蛇螫手，壮士解其腕。'《孙子》也主张'兵有所不击，地有所不守'，讲的都是舍小保大的道理。现在陇西之害超过蝮蛇，狄道之地难以固守，而姜维的兵马锋芒正锐，应该有所回避，不如割险自保，静观待机，然后再图进兵救援狄道，这才是可行之计啊。”陈泰则不赞同这种消极避战的应敌方式，他坚持说：“姜维轻兵深入，正要与我军平原旷野争锋，以求速战之利。王经本当凭借高壁深沟，挫伤敌人的锐气，可他过于恋战，使敌人的计谋得逞，作战失败，被姜维围困在狄道城中。倘若姜维攻克狄道，乘胜向东进兵，占据栎阳，得到足够的粮食，再收罗降兵，招纳羌胡，然后东争关中、陇右，进逼陇西、南安、天水、广魏四郡，这对我们是极为不利的。但姜维要是被挫败在狄道城下，锐气消失，力量衰竭，那时候就会攻守易势，形势也就完全翻转了。兵书上说：‘攻城用的器械需要三个月才能制成。’这些都不是轻兵远入的军队靠姜维的诡计仓促间就能办到的。现在蜀军孤军深入，粮草不继，正是我军速进破敌的时机，所谓迅雷不及掩耳，这是必然之势。洮水在外围环绕，姜维之军被围在内部，只要我们占据制高点和有利地形，卡住蜀军的要害处，他们定会不战而退。对敌寇不能姑息放纵，狄道也不可长久被围，各位怎么能说出那样的话来！”陈泰说罢，就带领人马越过高城岭（今甘肃渭源县西八公里），一路悄然急行，当天夜里赶到狄道城东南的高山上，然后燃起一堆堆烽火，让士兵鼓角齐鸣。狄道城里王经的将士见救兵到了，士气大振。

姜维起初以为陈泰把各路人马聚集起来才会发兵救援，于是安排在敌人经过的险要地方预设了埋伏，他计算半路阻截后敌军最早三天可以到达，那时早已攻下狄道城了。但陈泰进军前料到蜀军会在途中设伏，于是绕道从南路秘密行进，最终躲过了蜀军的埋伏，并且提前到达。蜀军忽然听说魏军已经杀到，便认为情况发生了意外变化，于是全军上下震惊。姜维惊慌间带兵绕过山峰追杀过来，两军交战，蜀军败退返回营地。这时，凉州的魏军已从金城赶到沃干阪（今甘肃兰州南三十五公里）。陈泰和王经秘密约定日期，计划一同攻击蜀军返回的通道，姜维听到消息，慌忙率军逃走，狄道城中的将士旋被解救出来（参见 2.9.2《九伐中原》下），魏军救援取得了意外的成功。陈泰在战后慰劳将士，又重新调度人马，派军驻守险关要隘，并整修城垒，然后带兵继续屯驻上邽（今甘肃天水）。

战后王经当场感叹说：“粮食供应不足十天，出击方向不合时机，险些全城遭屠、丢失了秦州（指陇西、略阳、天水、南安之地）啊!”他是感叹战前魏军所面临的险恶形势，进而是在表明此战取胜的重大意义，借此赞叹陈泰扭转战局的用兵才干和不凡功绩。

1.17 (9) 斗胜姜维的陈泰（下）

颍川才士陈群的儿子陈泰作为成长于魏国的官二代，具有非常出众的军事才质，他在父亲担任司空时为朝廷一般官员，并没有显山露水的业绩，父亲去世后先后被派往并州、雍州任职，负责边境军事防守，尤其是组织军队屡次击败了蜀国大将姜维的多次侵扰，创造了主要依靠地方军队在山地战中扭转危局、出奇制胜并成功扼制外敌的新鲜战例，展现了他非同寻常的用兵之能。《三国志·陈泰传》及其引注还记述了这位当世名人其他政治与军事活动，展现了他不同寻常的个人心性和政治操守。

狄道败敌引发的议论 255年八月的狄道阻击战一举扭转了魏军在战场上的被动局面，战后魏国各层有不少的议论。当初，陈泰听到王经被围困的消息后，认为雍州军队的将士向来团结一心，如果齐心协力坚守城池，姜维不可能很快攻下。于是他一面将情况向朝廷上报，一面迅速率军西进，昼夜兼程前往援救。朝廷接到陈泰的报告后召集大臣们商议，大家认为王经如果被打败，狄道城很难自保。倘若姜维切断通往凉州的道路，兼并陇西、南安、天水、广魏四郡，占据关中和陇西以西的险要之处，就肯定能够全歼王经的部队并夺取陇右，因而应该立即征召四方兵马，集合大军前去攻讨。大将军司马昭说：“当年诸葛亮就常有这种志向，最终也没有实现。他们的这一计划规模盛大，需要深谋远虑，这不是姜维的才智所能办到的，而且狄道城也不会那么快被他攻破，只是城内粮食短缺，甚为急迫。征西将军陈泰迅速救援，这才是上策。”陈泰的处事方式是，每次某个地方有事，总是先作出声势以扰动天下，然后简明扼要将情况上报。

司马昭据此对尚书荀顗说：“陈泰一向沉着勇敢，善于决断，这次担负一方重任，解救将被攻陷的城池，上书中没有请求朝廷增兵，而且把情况讲得很轻淡，看来必定有办法平定敌寇。身为都督大将，不就是应像他这样吗!”这里披露了陈泰战前上书中的相关内容，介绍了他每临大事的处事风格，表现了他出战时的坦然自若和战胜敌人的内在自信，尤其表达了高层执政对他行事能力和担当精神的高度赞许。

在淮北都督抗吴兵马 256 年，司马昭将陈泰调回朝廷任尚书右仆射，负责选举任命官员，并加任侍中光禄大夫，给了他更为尊贵的职位。不久吴国大将军孙峻率军出淮、泗，准备以大军攻魏，司马昭即调陈泰为镇军将军、假节，都督淮北诸军事，并诏命徐州监军以下的官员皆受陈泰节制调度。孙峻这次暴死于军中，吴军退还（参见 3.3.3《孙峻孙綝的专权》上），朝廷随后召回陈泰，改任左仆射。陈泰这次出征并没有发生实际交战，但能看到朝廷是把他作为抗御外部强敌的王牌来使用。

淮南平叛中总管行台 257 年，魏国征东将军诸葛诞因为不满司马氏的专权，他连结东吴，拒守扬州（治今安徽寿县）起兵反叛。司马昭亲率二十万部队征讨，大军屯驻丘头（今河南沈丘东南），由陈泰总管行台，负责行营内部事务，最终取得了平叛的胜利（参见 1.8.2《淮南的两次平叛》）。回京后，陈泰前后以功增加食邑至二千六百户，子弟一人被封为亭侯，两人为关内侯。陈泰这次出征中的具体活动资料中没有记录，而朝廷对他的功绩是给予了高度认可的。

两位少年朋友的评价 陈泰自幼与司马师、司马昭为友，与沛国（治今江苏沛县）武陔的关系也很好。有次司马昭问武陔说：“陈泰和他父亲司空（指陈群）比起来如何?”武陔回答：“通达儒雅，博识顺畅，以天下教化为己任，赶不上父亲；但明练简捷，做事建功，则超过父亲。”武陔也是一位官员子弟，年少时喜欢品评人物，司马昭多次与他评论当世之人，对他颇为器重。两人对陈泰的评论，《世说新语·品藻》中也记录了这件事情，这里表明了两位少年朋友对陈泰个人才质的高度认可，陈泰的长处在于能看中事情的要害，以简捷的方式建立事功，这的确是与父亲陈群偏重不同而同样出众的辅国大器。

因朝政混乱忧忿而逝 260 年春，在位六年的皇帝曹髦不能忍受大将军司马昭的专权，在五月中旬的一天带领数百官僮仆役前往讨伐，不幸被护军贾充手下的成济刺杀于南阙门下。东晋学人所撰《晋纪》中记录说，当时皇帝被刺的消息很快传开，太傅司马孚前来伏尸痛哭，大将军司马昭进入殿中召集群臣商议。尚书左仆射陈泰作为重要官员却没有前来，司马昭打发他的舅舅荀顗去叫，陈泰不得已而入宫，司马昭在旁边小房间见到陈泰，问他说："陈公，你将怎样对待我呢?"陈泰说："只有杀掉贾充，才能聊以谢罪天下。"司马昭很久才说："你再想想另外的办法。"陈泰说："我说的只能比这些更进一步，不知有退一步的办法。"（参见 1.8.7《曹髦的拼争》下）司马昭默然无语，他显然不愿意为此抛弃心腹人士贾充，最终把责任推给了操戈动手的成济，将其处死以卸责。

当时荀顗受司马昭委派前来家中叫陈泰出面时，询问陈泰的态度，陈泰说："世人都以我陈泰比舅舅，现在看来舅舅不如我陈泰。"陈泰是认为对敢于伤害皇帝性命的人物，根本不能在政治上予以认可，他对舅舅这时候模棱两可的态度是极不赞同的，同时也表明了自己绝不与司马氏同流合污的态度。事后陈泰深感朝政不堪，他过于悲恸，不久即去世，时年六十一岁。另有《魏氏春秋》中记录说，当时陈泰随同司马孚前去曹髦受难处伏尸痛哭，同时向司马昭提出了诛杀贾充的建议，其后即呕血而死。两处资料记录的情节有所不同，但都表明了陈泰去世的时间，也展现了陈泰在这次宫廷事变中的政治态度，他对司马氏在朝廷的专权是有所不满的，在政治上报以不合作或疏离的态度。

陈泰是魏国后期并未投靠司马氏而同情曹氏的高级官员，他死后被朝廷追赠为司空，谥号穆侯，被厚葬，他的儿子陈恂承袭了爵位。陈恂无子，去世后由弟弟陈温袭爵。在魏国末期政治意识和价值理念混乱驳杂的时代，陈泰非但才质出众，并且在政治上坚守了应有的道德操守，而这类心性不俗、处事迥异的特立独行人物是不多的。

1.17（10）君主持护的陈矫

在庞大的曹魏集团中，既有依靠个人才智和时势机遇而建功立业、取胜职场的非凡英俊，也有因勤勉恭敬、做事谨慎和踏实努力而博取君主信任，借助君主的支持保护而成就功名的人物，陈矫就是这样一位追随曹操颇早而渐次升迁，并一直走到后期的高级官员。《三国志·陈矫传》及其引注记述了陈矫早年的职场选择，及先后在曹操、曹丕、曹叡属下勤恳踏实埋头做事的经历，介绍了君主在关键时候对他的信任和保护，展现了别样的人生成功。

陈矫，字季弼，广陵郡东阳（治今安徽天长西北二十公里）人。他早年为避乱在江东东城（治今安徽定远东南）一带居住，当时孙策和袁术都曾想礼聘任用，陈矫没有应命，后来返回广陵郡（治今江苏扬州），由此在家乡开始了他的职业生涯。

在广陵受到郡守的敬重 当时被曹操推荐为广陵太守的陈登197年上任后正在招募官员，他任用了回乡的本地人陈矫和徐宣做助理。陈登有次对陈矫说："许都人大多谈论我的不足，您去那里了解一下，回来后能让我有些教益。"陈矫返回后告知说："听到各方面议论，都以为您有点骄而自矜。"陈登列举了他心中敬慕的陈纪陈谌兄弟、华歆、赵昱、孔融、刘备等人，说："我这样敬佩他人，怎么能骄傲起来！只不过太多的人过于庸俗，不值得提起而已。"（参见0.8.4《陈登的多副面孔》下）从陈登的回答的确能看出他的骄傲自负，但是他对陈矫这位朋友却非常敬重。

出使时得到曹操的赏识 后来广陵郡受到东吴军队的围攻，军情告急，陈登便令陈矫前往曹操处求救，陈矫见到曹操说："我们广陵虽然是小郡，但却是一个地理位置优越的地方。如果得到您的救援，敝郡将成为您的藩国，这样吴人就毫无办法，徐州也就长久安宁了。如此一来，您的声望远震四方，您的仁爱得以传流，那些尚未征服的地方也将会望风来附。"听了陈矫的谈论，曹操应该是很佩服他的智识论辩之才吧，于是提出任用陈矫，但陈矫予以婉辞，他认为故土广陵正有危险，自己是来告急求援的，不能忘了所负的使命。曹操于是派兵救援，成功击退了东吴军队，保存了广陵。陈矫在出使中得到了曹操的赏识，他在这里婉拒了曹操任用，并非内心不情愿，而是为人做事的忠诚理念所要求。在这里，陈矫把自己不能接受任用的理由公开说出来，不但为曹操所理解，而且得到了其更多的人格敬佩。

归身曹操及其职位变迁 200年五月孙策被刺客射杀，身在官渡的曹操即改任陈登为东郡（治今河南濮阳西南二十五公里）太守，陈矫则受曹操征召任司空掾属，在自己的司空府干事。其后不到十九年间陈矫被调任过多个职位，这包括相县（治今安徽濉溪西北十五公里）县令、征南将军（曹仁）长史、彭城郡（治今江苏徐州）太守、乐陵郡（治今山东乐陵东南）太守、魏郡西部都尉、魏郡太守、丞相长史、魏郡西曹属、朝廷尚书。陈矫离开司空府后十多年中调任九次，在县、郡两级多处任职，并在军政两界长期历练，史书上没有过多记录其间的工作事迹，他似乎能上能下，兢兢业业，任劳任怨，由此展现了他的一种优良品格，在曹操晚年他被调回朝廷任尚书。

爱民唯实的处世品格 陈矫担任魏郡西部都尉时，曲周县（治今河北曲周东北）一位百姓因父亲患病，未能治愈，于是杀牛祭牲作祷告。当时国家为了促进农业发展，法律规定民间不得私自杀牛，结果这位百姓被县官判处死刑。陈矫说："这是位孝子啊！"下表赦免其罪。后来他担任魏郡太守时，郡中等待判决的犯人有数千人，而且有的被囚禁已达数年之久。陈矫认为周代有三典之制，汉初有三章之法，都体现的是一种简约精神；现在法律繁苛，人们只是一味考虑判决的轻重根据，因而判决难以确定，但却忽视了关押时间太长的祸患，可以说是走偏了方向。于是他自己翻阅案卷审阅犯人的罪状，对这些案子很快做出了判决。他的判决当然可能有不合法律规定之处，但其中的爱民意识和唯实风格是显而易见的，这里也体现了他面对事情颇有主见和勇于担当的精神。他曾跟随曹仁参加209年的江陵守卫（参见1.10.3《智勇辅魏的曹仁》下），曾在211年跟随曹操西征马超，都有很好的表现。

受到诋毁时得到曹操保护 《魏氏春秋》中记录说，陈矫本姓刘，早年过继给舅舅陈氏，但他成人后又与本族刘氏结姻。当时法律上是禁止同姓为婚的，因而同僚徐宣多次在公共场合议论陈矫的过失。曹操喜爱陈矫的为人，为此下令说："战乱以来风俗教化有所淡漠，不要用这方面的诽谤议论来对人进行褒贬。以后建安五年（200 年）以前的事情不要再提起了。有谁以前面的事情诽谤议论别人，按同样的罪名追究他本人。"陈矫许多年间的认真做事展现了他的良好品性，更加赢得了曹操的信赖，因而在关键时候曹操宁愿主动出手保护。

以非常规方式处置危机 220 年曹操出征汉中，返回至洛阳逝世。当时太子曹丕在邺城，汉帝在许都，群臣们拘守常法，都认为要让太子曹丕承袭曹操爵位，必须等待天子的正式诏命才行。陈矫反对说："大王在外逝世，天下人人惶惧，太子应该放置哀痛立刻继位，以便安定天下人心。而且大王的其他儿子都在附近，难免生出变化，危害社稷。"于是当即设置礼仪，只做了一天准备，次日大早以魏王太后（卞夫人）的命令安排曹丕袭爵，并大赦天下，很快完成了权力交接，避免了节外生枝。陈矫面对重大的危机事件处变不惊，他仍然心有主见，主张从实际情况出发，以非常规的方式处置危机，一切以国家安全和事情的顺利为目标，同时在关键时候发挥了担当精神。曹丕事后说："陈季弼面临重大事变时，明智和筹略超过他人，真正是当世的俊杰!"数月后曹丕代汉称帝，陈矫负责吏部事务，封高陵亭侯，升任尚书令。

与曹叡的亲密直率关系 226 年明帝曹叡继位为帝，陈矫因为自己做事处人的一贯风格，与这位年轻君主的关系也是十分亲密的，他不久晋爵为东乡侯，食邑六百户。一次曹叡乘车到尚书台门前，对陈矫说："我只想查看一下文书。"陈矫听罢直率地说："处理这些文书是我的职分，不是陛下您的事情。如果是我做得不称职，就请罢免我的职务。陛下现在最好回去才是。"曹叡听后有点惭愧，便乘车回宫。曹叡因为信任陈矫，有一次询问他说："司马公（指司马懿）忠诚正直，是可以托付社稷的重臣吗?"陈矫回答："在朝廷有威望；是否可以托付社稷，就不知道了。"曹叡询问陈矫来了解司马懿，他对两位臣僚的亲疏关系应该是非常明显的。陈矫应是本着不言人之恶的原则做了回答，但这里也有意显示了他对司马懿的某种保留态度。

遭受诋毁时君主再次保护 《世语》中记录说，陈矫任尚书令时，当时资格更老的刘晔担任侍中，他在皇帝跟前诋毁说陈矫专权，陈矫为此心中恐惧。过了几天，曹叡单独召见陈矫，君臣两人谈了一整天，曹叡对陈矫说："刘晔构陷你，我考察过，已知道你没有什么问题。"曹叡听到刘晔的诋毁之言后不是马上予以处置，而是在私下进行了考察了解，确认陈矫并没有什么大的问题，事后还特地对他进行了安慰。这次谈话后曹叡赐给陈矫五瓶金，告诉他说："因为你已知道了我的心思，考虑到你的妻子儿女都还不知道啊！"（参见 1.5.18《曹叡的用人和处事》中）他是让陈矫拿回这些赠品，以便安抚家人的惶恐情绪。这里能看到曹叡对陈矫在遭受诋毁时的特别保护与用情之深。陈矫后来升任侍中、光禄大夫。

237 年陈矫逝世，谥号贞侯。他的儿子陈本承袭了爵位，同时继承了父亲的品格，在魏国曾任郡守、九卿。陈矫是以他的勤勉工作、踏实为人与爱民忠诚等高尚品格赢得君主的信任，在关键时候能受到特别的保护，避免了人生过大的曲折，一路走到了人生的高点。

1.17（11）三朝功臣徐宣

曹操当年创业时征战南北，吸纳各地贤才，组织了一支极有朝气的团队。其中有些年轻人物参与其间，他们协助曹操创立了宏大的基业，其后又连续辅佐了曹丕、曹叡两位帝王的创国治政活动，可以称得上是曹魏集团的三朝功臣。《三国志·徐宣传》记述了徐宣几十年间追随曹魏三位君主履职干事、获取功名的事迹，介绍了他的处事风格和心性特点，从中能看到三国时代一种职场上升的特别样式。

徐宣，字宝坚，广陵郡海西（治今江苏灌南东南）人。徐宣早年为躲避战乱来到江东，其间拒绝了孙策的任命，后来回到广陵郡，与陈矫一同在本郡任职，二人齐名但私下关系并不好，广陵太守陈登对他们都很器重。

对偏远故乡的平叛积极支持 200 年徐宣与陈登一起被曹操任用，后来海西和淮浦（治今江苏涟水西）二县县民作乱，当地都尉卫弥、海西县令梁习难以应对叛乱，他们连夜跑到徐宣的家中，被密送出境，才免于被杀。曹操派遣督军扈质前往讨伐，但扈质认为自己兵少不能进击，徐宣私下见到扈质，对他深加责备，并向他说明形势，扈质于是领军前进，最终讨平了叛乱。徐宣在这次事件中并无担负责任，但他关心家乡的事情，对将军扈质的畏敌不前心有愤懑，于是以私人身份前往责备说服，鼓励了将军的作战信心。平叛成功，徐宣是有功劳的。

在大军西征时稳定东南边境 后来曹操先后任命徐宣为司空掾属、东缗（治今山东金乡）令、发干（治今山东郓城与鄄城之间）令，后被提拔为齐郡（治今山东临淄）太守，之后入许都任门下督，这是将帅府的七品属官，不久跟随曹操领军到寿春。211 年，马超、韩遂在关中叛乱，大军准备西征，曹操对属下官员说："现在应该远征马超，但此地也尚未安定，这会成为后方的忧患，需要一位清明公正有大德的人统兵镇守。"于是任命徐宣为左护军，留在寿春统领诸军。大军返回后，徐宣被任命为丞相东曹掾，后又出任魏郡（治今河北临漳西南）太守，郡守为二千石的五品官员，而魏郡在东汉末是接近邺城的中心区域。

于紧要关头心有主见 220 年，曹操在洛阳逝世，群臣都到大殿哀悼，有人建议将各城的守将都换成沛国和谯县的人，因为这些是曹操的家乡人，大概觉得这些人在关键时候政治上更为可靠，不会节外生枝闹出乱子吧，这其实包含着对沛国和谯县以外军士的不信任态度。徐宣严厉地表态反对说："现在远近一统，人人都怀着忠诚守节的心情，为什么要将守将都换成沛国和谯县人，而伤害长期宿卫守将的心呢!"徐宣是于紧要关头沉着不乱，他心有主见，众人赞同他的看法，后来各城的守将都没有置换。曹丕后来听到了这话，赞叹道： "这就是人们常说的那种社稷之臣啊!"

为君主的安全奋不顾身 曹丕称帝后，任用徐宣为御史中丞，成为廷御史大夫的佐吏，并赐爵关内侯，这是次于列侯、有号无邑的爵位。其后调任他为城门校尉，为掌管京师城门屯兵的二千石四品官员，一月后改任司隶校尉，为纠察京师及所辖畿辅地区各类官员的职务，又转任散骑常侍，这是侍从皇帝左右以备顾问的三品官员。徐宣随从曹丕去广陵，大军乘船，忽然风浪暴起，曹丕的船直往回倒，徐宣的船在后面，他非常着急和担心，于是顶着波浪尽力驱船向前进行护卫，其他大臣的船没有比他先到的。这里充分展现了他对皇帝曹丕的忠诚，曹丕感动于他的勇敢豪壮之气，提拔他为尚书，这一职务的权位更重些。

被荐举担任更重要职位 226年曹丕逝世后曹叡继位为帝，徐宣被封为津阳亭侯，食邑二百户。中领军桓范推荐徐宣说："臣下听说帝王用人，根据时代的不同任用不同的人才；争夺天下时，首先任用有谋略的人；平定天下后，首先任用忠义之人。高祖刘邦生前重用足智多谋的陈平，临逝却把善后的事托付给周勃。我觉得尚书徐宣品行忠厚，秉性刚直，清雅独立，不拘世俗，且刚劲坚强，有扶持社稷的大气节，他历任州郡主官，在各个职位上都很称职。现在朝廷仆射之职空缺，我觉得这个关键的职位责任重大，没有比徐宣更合适的人选了。"曹叡于是任命徐宣为左仆射，这是尚书令的副手，其后又被任命为侍中光禄大夫，为朝廷中枢的重要官员。

受君主曹叡的信任挽留 曹叡有次要去许昌，命徐宣留在京城洛阳总管留守政务。曹叡返回后，主管文书的官员把奏章等呈递上来，曹叡说道："我处理这些和左仆射处理难道有什么不同吗？"对递来的奏章竟然一眼不看。主管制作皇室兵器玩物的尚方令犯了过错，徐宣上疏给曹叡，说明给尚方令的处置过重了，又劝阻曹叡不要大建宫殿穷尽民力，曹叡都亲笔下诏赞扬了他的意见。这些事情足见曹叡对徐宣的信任。后来徐宣上书说："七十岁就该举行'悬车'之礼，辞官回家，我今年已经六十八岁，可以离职了。"他以身体有病为由，坚决请求辞去官职，曹叡却始终没有允许。

236年，徐宣去世，时年应该接近七十岁。临终时他嘱咐家人，入殓时穿与平时一样的粗布衣服就可以了。曹叡下诏说："徐宣为人做事都很实在，内直外方，历任三朝，坦率正直，有托孤寄命的节操，可以称为国之柱石。我时常想提升他主管尚书台，还没来得及任命，真正是太遗憾了！人的生命不会永在，现追赠他为车骑将军，按照公爵的礼节安葬他。”又谥封他为贞侯，他的儿子徐钦继承了爵位。三朝老臣徐宣应是在荣耀中走完了他最后的生命路程。

1.17（12）四世名臣卫臻

早年跟随曹操创业干事的不仅有陈矫、徐宣等后起之秀，还有更为年轻的人物，如果他们的年寿稍微长些，那在经过曹操、曹丕、曹叡三代君主之后，会继续在239年曹芳为帝的朝廷任职为官，可以算是曹魏的四世大臣。《三国志·卫臻传》及其引注就记述了卫臻这位名臣约五十年间在曹魏集团任职干事的经历与重要事迹，介绍了他分析事情明察智识的特点和为人处世上忠诚守义的品格，展现了曹魏四世名臣卓越的个人心性。

卫臻，字公振，陈留郡襄邑（今河南省睢县）人。他的父亲卫兹具有高尚的节操，曾拒绝东汉三公的征召。曹操189年底开始创业初次到陈留（治今河南开封东南），卫兹就对人说：“平定天下的，必是此人。”曹操也觉得卫兹很奇特，好几次去见他商议大事。后来卫兹跟随曹操讨伐董卓，战死在荥阳，曹操每次路过陈留，必定派使者前去祭扫卫兹的陵墓。因为父亲的关系，卫臻较早加入了曹操的创业团队。

与夏侯惇的私人恩怨　夏侯惇194年担任陈留太守时，举荐卫臻担任计吏，这是参与本地官员考课并向上汇报的职位。有一次夏侯惇命卫臻带着夫人参加宴会，卫臻认为这是末世才有的习俗，不合乎世间正礼。夏侯惇为此发怒，把卫臻抓了起来，没过多久又把他释放了。跟随夏侯惇做陈留郡计吏，这应该是卫臻职场生涯的开端，其时卫臻已经结婚，他的年龄应该是接近20岁，推测他可能是175年前后出生的人。至于与郡守夏侯惇发生的矛盾纠葛，其间已表现出了年轻人卫臻对传统道义的坚守和为人做事的直率。

曹操给了他格外关照　卫臻后来做了朝廷的黄门侍郎，为侍从皇帝出入宫禁的六百石官员。东郡（治今河南濮阳西南）朱越谋反，供认卫臻参与其事，但事实说明卫臻是清白的，朱越的供词只是一种诬陷。后来曹操对他说："我和你父共同举事，对你格外提拔看重。开始听到朱越的供词，我自然不相信，等收到荀令君（指荀彧）的书信，才说清楚了你的忠诚。"这里表明了曹操对他的关爱态度。适逢213年曹操奉诏为献帝到魏聘娶自家女儿为贵人，他顺便上表提出留下卫臻担任参丞相军事，即为丞相府幕僚。曹操为追念其父卫兹的功勋，又赐封卫臻为关内侯，转任户曹掾，为主持民户和农桑事务的官员。

在颂扬魏国时赞美汉室 220年曹丕继任魏王后，卫臻被任命为散骑常侍；曹丕称帝后，又封卫臻为安国亭侯。当时群臣都在称颂魏国的功德，其间有好多人贬损前朝，而只有卫臻深明禅让相授的大义，称赞汉室的美德。曹丕几次看着卫臻说："天下的珍宝，应该和山阳公（汉献帝刘协禅位后的称号）共同享有。"于是升卫臻为尚书，转侍中，兼吏部尚书。在这里，魏国的政权是从汉朝受禅让而得到的，如果贬损汉朝，实际上就是诋毁魏朝得以产生的正当性，眼光短浅的偏狭之人看不到这点，以至于为褒魏而贬汉，而当时只有卫臻看到了汉魏禅让关系的实质所在，得到了曹丕的认可和肯定，他是一位思维敏锐而深邃的智者。

战场上对敌情作出正确判断 224年，曹丕出巡到广陵，安排卫臻做执掌禁军的中领军，让他陪同前往。征东大将军曹休给曹丕送来表章，说吴军降将的口供称"孙权已经来到濡须口"。卫臻说："孙权虽然有长江作依靠，但也不敢与我军抗衡，这一定是敌军因害怕而散布的谣言。"后来严厉审问降将，果然是吴军守将制造的谎言。

为官员考任制作辩护 魏明帝曹叡226年即位后，卫臻被晋封为康乡侯，后转为右仆射，主管选拔举荐人才，加封侍中。其后朝廷采用官员考试任用的选拔制度，中护军蒋济致信说："汉高祖拜亡虏韩信为大将，周武王任用渔父姜尚为太师，那些喂马、做饭的平民都可以为王公大臣，何必一定要墨守成法，先考试然后再任用呢?"这一问题应该代表了朝廷许多官员的看法，卫臻回答说："古人凭借智慧量才而用，也必须经过考核实绩才能决定罢免还是升迁；如今你说的就如同要求周朝的成王、康王战于牧野，汉代的文帝、景帝斩断白蛇，这种不合常理的行为一旦推行实施，天下人做事就会失去准则啊。”他对这种制度做了辩护说明。

正确分析蜀吴战场形势 228年蜀汉丞相诸葛亮率军首出祁山，前军到达天水，卫臻建议说：“应该派奇兵进入散关（今陕西宝鸡东南的关隘），截断蜀军的运粮道路。”曹叡任命他为征蜀将军，假节都督诸军事，卫臻到达长安时诸葛亮已经兵败街亭后撤退。他回朝复职，被加光禄大夫。

234年，诸葛亮又出兵斜谷，南方报告军情说：“吴国的朱然也领兵过了荆城。”卫臻说：“朱然是东吴的一员猛将，他出兵必然有孙权相随，是要造出声势绊住征南将军。”没过多久，孙权果然召朱然进驻居巢，发兵进攻合肥（参见3.2.18《配合诸葛亮的一次作战》）。这次蜀吴两国相互配合同时出军，曹叡打算亲自东征吴国孙权，卫臻说：“孙权外表上响应诸葛亮，内心只是想观望，况且合肥城池坚固，不足为虑。陛下用不着御驾亲征，也好节省大军出征的费用。”曹叡还是坚持出征，但到达寻阳（治今湖北黄梅西南）时，孙权的军队因战场不利竟已退兵。

对曹叡内政的真诚劝谏 不久曹叡对营造宫殿很感兴趣，为此动用民力大兴土木，卫臻几次恳切规劝。有一次负责监督建筑工程的殿中监官员擅自拘捕了皇家图书机构的长官兰台令史，卫臻把这事报告了曹叡，要求追查官员的越权行为，他说：“古代有禁止官员侵权的法规，不是制止他们勤于办事，实在是因为这种行为利小弊大。”他认为放纵官员越职行权，就会造成皇权的衰颓（参见1.5.13《对忠臣谏言的圆通处置》下）。

幽州刺史毌丘俭上疏曹叡说：“陛下即位以来，尚无可以史载的业绩。吴蜀倚仗地势险要，不是短时间就能平定的，不如用闲置的兵力前去克定辽东。”卫臻对曹叡说：“毌丘俭所说的都是战国时代使用的细小计谋，并非成就王业要做的大事。东吴连年举兵，进犯边境，而我国所以仍旧按兵休养，没有寻机讨伐，实在是因为百姓疲惫的缘故。况且辽东公孙渊从小生长在海上，统治辽东已经延续了三代，他们对外安抚胡人，对内整修武备，而毌丘俭想用一旅偏师就长驱迎战并很快取胜，他的设想难以实现。”其后毌丘俭草率出兵果然失利（参见1.5.11《应对南北两面之战》）。

在大是大非面前的原则态度 当初曹操长时间未立太子，许多人都看好临淄侯曹植，丁仪等党羽劝卫臻主动结好曹植，卫臻坚守道义拒绝了他们。文帝曹丕在位时，皇子东海王曹霖有宠，而甄夫人所生的长子曹叡因故被贬为平原侯（参见 1.5.1《迎来命运的转折》）。当时曹丕询问卫臻说："平原侯怎么样?"卫臻称颂他的德行之美，而再不多说什么。在曹家两代君主先后都要废长立幼的大是大非问题上，卫臻都绝不参与其间，并以自己独特的方式抵制了违反礼制的行为，表现了他坚定的原则性。237 年，卫臻迁任司空，后任司徒。

对曹芳的朝廷因失望而辞职 少帝曹芳 239 年之后在位时，卫臻晋爵长垣侯，并有一子被封列侯。当时辅佐国政的大将军曹爽曾让夏侯玄传话，想让卫臻入朝担任尚书令，并为自己的弟弟向卫臻家求婚，卫臻都没有答应。大概卫臻是感到了当时朝政中隐含的危机，并对朝廷产生失望吧，不久坚决请求辞职逊位，最后朝廷下诏勉强同意了他的请求。诏书自然是以皇帝曹芳的名义发布的，但照例应是曹爽等人的意思，不排除他们对消极合作者卫臻的借机抛弃之意。朝廷赐给了卫臻一套宅邸，加位特进，秩如三司，给了他表面上的尊荣。

史书上说，卫臻死后，朝廷追赠为太尉，谥号敬侯，其子卫烈承袭了爵位，后担任执掌宫殿门户的光禄勋。卫臻在曹芳的朝廷不下六十五岁，这位最有资格的四世老臣，应是看到了国家政权内含的问题，未料他以消极回避的态度对待江河日下的朝政，放弃了任何积极的建议和有为的努力，最终导致了司马氏篡政的现实，这是曹魏集团和卫臻本人双重的悲剧。

1.17（13）五朝贤臣卢毓

曹魏建国于传统文化丰厚的中原地区，群臣中有对儒家典籍非常熟悉且能应用自如的才俊人物，他们善于把其中的思想大义推衍应用到具体的治政活动上，并能收到显著的效果，五朝贤臣卢毓就是这样的典型。《三国志·卢毓传》介绍了卢毓先后在丞相曹操属下，以及曹丕、曹叡、曹芳、曹髦诸位皇帝的朝廷任职干事的事迹，记述了他在国家司法判案、地方治理和官员选拔等方面的突出成就，展现了一位贤良才士在政界的不朽业绩。

卢毓，字子家，涿郡涿县（治今河北涿州）人，汉末大儒卢植的幼子。卢植曾任九江太守，做过同县青年刘备的老师，后率朝廷军队与黄巾军作战，因失利而抵罪，辞职隐居至192年去世。卢毓十岁失去父亲，当时正值天下战乱，他的两位兄长先后死难。当时袁绍与公孙瓒多次交战，幽州和冀州发生饥荒，卢毓照顾哥哥的妻子和儿子，本人以学业和德行而见称。曹丕211年任五官中郎将后召用卢毓为门下贼曹，主管捕盗事务，其后崔琰推荐他为冀州主簿。

发挥儒家经典判决司法罪案 当时天下秩序尚未恢复，法令并不完善，士兵作战中逃亡很多，国家法律因而对逃亡加重惩罚，其妻儿也会被判罪。当时有一位叫白的逃兵妻子，才到夫家数天，她并未见到丈夫而丈夫就逃亡了，负责司法的大理上奏要处她死刑。卢毓驳斥大理的意见说："女子对于丈夫的感情，以见到而生恩，成为他的妇人而重义。《诗经·召南·草虫》中说：'未见君子，我心伤悲；亦既见止，我心则夷。'这是说嫁出的女子在路上未见丈夫时，心里是思念父母的悲伤；及至见到了丈夫，内心才平静下来。同时《礼记·曾子问》中说：'新娘未进宗庙行礼而死，则归葬娘家的墓地，表示他没有成为男家的媳妇。'现在这位女人，活着没见到丈夫，心里尚有思念父母的悲伤；死了她要葬在娘家的墓地，却要因为丈夫的逃亡而受极刑，那对成婚以后的夫妻，其同样罪责该如何对待呢？况且《礼记·王制》中说：'附从轻'，认为判案量刑以轻者为比。又《尚书·大禹谟》中说：'与其错杀无罪的人，宁可犯执法失误的过错。'这都是恐怕判刑过重啊。如果认为这位女子接受了婚姻聘礼，已进了丈夫的家门，那可以给她判刑，但杀掉她显然过重了。"

针对一位女子的特殊罪案，卢毓引用了《诗经》《礼记》《尚书》中的相关言论，对案情做出了细致入微的分解剖析，充分论证了案情性质与法律规定的不相符合；同时他刻意发挥了经典文献中提及的礼仪关系和内含的仁爱思想，将其应用于法律判决中，竟推翻了司法官员据以判决的成文律条，彰显了传统典籍中的理性精神及其普遍适应性。曹操听了卢毓的一席话，当场表态说："卢毓的看法是对的。他引用了经典中的大义，使我很有感触。"对卢毓的经典发挥给予了充分肯定。

曹操应该是非常欣赏卢毓应用经典理论来分析法律事务的能力和方法，于是任命他为丞相法曹议令史，为丞相府掌司法的属官，后转任西曹议令史。213 年曹操受封魏公，建魏国，卢毓升任吏部郎，为掌管官员任免考核的四百石六品职位，曹操应该是希望卢毓在为国选材用人的重要事务上照样能有更多的创造性发挥。

看重百姓利益而不媚上　220 年曹丕称帝后，卢毓任黄门侍郎，又先后出任济阴（治今山东定陶西北）相和梁郡（治今河南商丘南）、谯郡太守，这里从事了较长时间的地方治理。曹丕因为出生在谯郡，因而此前向该地大量移民，想要充实屯田的人力。卢毓发现谯郡土地贫瘠，他怜悯百姓穷困，于是上表请将之前徙居谯郡屯田的人迁到梁郡肥沃的土地，为此违逆和激怒了曹丕，他被降职为睢阳典农校尉。卢毓一心看重百姓获利，他顾不上考虑主君的个人心意，在职任上经常亲自查看屯田，为百姓选择更好的土地和住所，深受民众信赖。其后被调任安平（治今河北冀州）、广平（治今河北鸡泽东南）太守，所到之处都给当地百姓施予恩惠。

以善谏敢言为曹叡所赏识　十多年后的 234 年，卢毓入京在曹叡的朝廷担任侍中，这是侍从皇帝身边以备顾问的二千石三品官员。侍中高堂隆屡次因修建宫室的事情劝谏曹叡（参见 1.5.14《与老师高堂隆的互动》），曹叡很不高兴，卢毓进言说："我听说'君明则臣直'，古代明君唯恐听不到臣子指出自己的过失，因此设置敢谏之鼓。现在有近臣尽力规劝君王，这正是我们这些人不如高堂隆的地方啊！"卢毓担任侍中三年，和曹叡有过多次辩驳和争论，但他的谏言和做事深得君王的赏识，237 年曹叡发诏令对其作了表彰，同时认为国家需要更多德才兼备的官员，于是任命卢毓担任吏部尚书，专管人才的选拔任用。

推动人才选用制度的讨论　先前散骑常侍刘劭受诏制定选拔官员的

律条，未能成功。卢毓也曾上疏论述有关古今科律的意旨，认为律法只应当有一种统一的思想理念，不能持有两端。他担任礼部尚书后，非常看重国家人才选用制度的建设，在他的推动下，曹叡发诏书让散骑常侍刘劭制定任用官员的考核方法。刘劭接受诏令后制定了《都官考课法》七十二条，又写了一篇《说略》，朝廷为此对人才考核问题进行了一次百官参与的大讨论，司隶校尉崔林、黄门侍郎杜恕、司空掾傅嘏、右仆射卫臻、黄门郎李丰，及曹叡本人都曾发表了很好的意见（参见 1.5.15《一场选官定制的讨论》）。这些理念与讨论在很大程度上丰富了古代的人才思想。

当时夏侯玄、诸葛诞、邓飏等人极有名声，被称为“四聪八达”，而曹叡因为他们浮华而贬抑不用。有一次中书郎一职出缺，曹叡为此下诏说：“能否得到合适的人选，完全决定于卢生（指卢毓）。选拔人不要考虑他的名声，名声就好像在地上画的饼子，是不能吃的。”他是认为画饼充饥，难以解决事实上的饥饿，认为选举人才，特别要注重真才实学才对。卢毓掌选举，用人上先看性格品行，其后才考虑他的言论和才智。他曾解释这种方法的理由说：“才能是为了用来成就善事，因此大才成就大善，小才只能成就小善，有些人有才但并不能为善，这样的才能就不适合为国做事。”通过讨论和思想交流，魏国君臣选才用人的思想理念看来都有了显著提高。

在权力斗争中遭遇到迫害　239 年曹芳在位为帝，辅政大将军曹爽为了树立自己的党羽，任命侍中何晏代卢毓掌管官员选举事务，调任卢毓做尚书仆射，后又改任为廷尉。当时司隶校尉毕轨又枉奏免官，与何晏等人对迎合的人升官进职，违抗他们的人则被罢黜斥退。许多官员对他们的做法提出过意见，被免去官职；卢毓一度丢掉了职务，因为舆论为其辩冤，才又任命他为光禄勋（参见 1.7.1《十年政局的走向》）。249 年高平陵事变后，曹爽等人被收捕，司马懿任命卢毓兼任司隶校尉，审理曹爽等人的案件。后复任吏部尚书，加奉车都尉，受封高乐亭侯。转任尚书仆射，再次掌管选举之事，加封光禄大夫。

在曹髦的朝廷获得了极大尊荣　254 年，曹髦继位为帝，这是曹魏集团中从曹操算起的第五位君主，卢毓被封大梁乡侯，又有一子被封为列侯。次年，镇东将军毌丘俭不满司马氏的专权，在寿春起兵反叛，司马师亲自领兵出征，安排卢毓统管后方事务，加任侍中，这里表明了国家执政者对卢毓的高度看重。256 年卢毓提出病辞，朝廷调任他为司空，卢毓坚持推荐骠骑将军王昶、光禄大夫王观、司隶校尉王祥三人，《资治通鉴》中称朝廷没有允许，还派使者立即送给他官职印绶，进封容城侯，赐邑二千三百户。这位五朝贤臣在晚年获得了极大的尊荣。

257 年卢毓去世，终年 74 岁，谥成侯。他的儿子卢钦、卢珽，魏末时分别为尚书和泰山太守。卢毓是一位能创造性应用传统经典理论以规范司法建设的贤能才俊，他尤其在国家选材用人上做出了突出的成就，其中的理念和方式对后来之人的相关实践活动都会有极大的启发借鉴意义。

1.17（14）持理纠偏的和洽

一个团队都有众行成习的风气和文化，这与团队主要组织人的思想观念和行为偏好直接相关，而其后参与的人物既可以逐步适应它，也可以以自己的理念与行为影响改变它。三国才士和洽参加曹魏集团稍迟，但他以自己的学识见解和无畏精神带给了集团新鲜的东西。《三国志·和洽传》记述了和洽的职场选择和在曹魏集团中的重要表现，介绍了他面对问题时持理论辩、纠偏扬正的事迹，表现了他待事处世上的见识和胆勇。

和洽，字阳士，汝南郡西平（治今河南省西平西五十公里）人。早年举孝廉，受到大将军（何进）征召，被他谢绝，其后和洽开始了他自主的职业选择和人生道路。

避开袁绍与刘表而南居武陵　袁绍 191 年占据冀州，派遣使臣迎接汝南（治今河南平舆北）的士大夫，士大夫都欣然前往，唯独和洽认为："冀州土地平坦，民众强悍，英雄俊杰能够利用，是四方都可出战的地区。袁绍依靠自己的条件虽然能够强大，但英雄豪杰正在蜂拥而起，他未必能够保全该州。荆州的刘表没有其他志向，爱惜人才并乐于交结士人，地势险要，山中的民众软弱，容易作为依靠。"于是和洽与亲戚故旧都向南投靠了刘表，刘表以对待上宾的礼节接待他们。和洽说："之所以不投靠袁绍，是为了避开群雄争战的地区。而昏聩的主人，也不能轻易接近，时间长久后定会受到危害，因为必定会有进谗言的人离间挑拨啊。"于是又向南到了武陵（治今湖南常德）。

在天下大乱的社会环境中，和洽保持着清醒的认识，他并没有轻易投身眼前冀州、荆州的君主，而是综合当地的地理、民情和治理人的个人才质，以此考察所在区域的治理者是否能成功保守该地的平安，并能给人应有的安全。他认定袁绍不能，接触后认为刘表也不行，为此他先后避开了这两位表面风光的人物，居住到了荆州南部的武陵等待时机，待价而沽。

反对过分节俭主张合度适中 208 年，曹操平定荆州，征召和洽为丞相掾属。当时毛玠、崔琰都以忠正清廉受到重用，他们选拔官吏首先看是否节俭。和洽进言说："国家政治，在于权位与人才，不能只凭节俭一个方面选人。过于俭约朴素的人，他自己以此处身是可以的，但若以这样的方式处事待人，损失一定会很多。如今朝廷议论，官员若穿件新衣或乘坐好的车子，便认为不清廉；长官进入官府中，仪表面容不加修饰、衣服破旧的，则称之为廉洁，致使士大夫有意弄脏自己的衣服，把车马服饰藏起来；朝廷各府的长官，有的自己提壶携饭来官署办公。其实设立教令，引导风俗，贵在合度适中，这样才可以持续。如今一概推崇难以做到的行为，以此检核约束各类不同的官吏，即使勉强能够做到，也一定会有很多弊端。古代推行的教化，务必使其通达人情，凡是偏激怪异的做法，其中会有不真实的虚伪行为。"

大概是由于战乱年代生产物质的匮乏吧，曹操军队中推行了过分节俭的生活方式，这一做法几乎已经被众人认可甚至形成风气。初来乍到的和洽从中发现了问题，认为这种违背了人情和真实的偏激做法，不合于中庸的方法，既包含了虚假，也不会持续长久。最为不易的是，他敢于把自己独特的想法公开讲给主持军政事务的人，认为治政的原则包含着节俭，但不能简单地归结为节俭一个方面。他是赞成节俭的，但不主张把事情做得过头。和洽的这一思想得到了后世史家的赞赏。

与曹操论辩请求核实毛玠谤言 213年，曹操封魏公，建魏国，和洽被任命为侍中。其后尚书崔琰因受人诬陷而被曹操赐死（参见1.13.1《被屈死的崔琰》），不久有人告发尚书仆射毛玠为崔琰之事曾非议曹操。曹操把近臣都召过来，他十分震怒，和洽陈述说，毛玠素来遵礼行事，应该把事情调查确实再作处置。退朝后，曹操下令说："现在言事官员报告说，毛玠不但诽谤我，而且又为崔琰的事打抱不平，这都有损于君臣恩义，狂妄地为死友表达怨忿，实在不可容忍。侍中和洽请求把毛玠的非议言论调查确实，之所以没有同意，是要表明我重视臣下的报告。"和洽坚持说："如果报告者所说的为实，毛玠的罪过确实深重，就不是天地所能承载的，为臣我不敢不顾天理人伦而偏袒毛玠。只因为毛玠当年从群臣中脱颖而出，被君主特别提拔，放置众臣首位，多年受到宠信，他刚直忠君，被很多人所忌惮，不应该有这种事情。然而人心难保，应该对事情考察核实，对两种情况作出验证。现在不这样，会使曲直难以分清。"曹操说："所以不调查，是想让毛玠和报告的人双方都好。"这明显是要保护告发人，和洽说："毛玠如果真有诽谤的言论，就应该把他处死并暴尸街头；如果毛玠没有诽谤之言，那就是告发的人诬陷大臣，欺骗君主。如果对事情不加核实，为臣心里就非常不安。"曹操又推脱说："正有军事行动，怎么可以接受了告发后又加以复查？春秋时晋国狐射姑将阳处父刺伤在朝堂上，这是君主应该警戒的事。"

曹操所以坚持不做调查核实，应该是不愿意把告密的人公布出去，要为报告人守密，但这样只会助长集团内部的互相告密和不负责任的诬陷事件发生，使正直的人蒙冤受屈。和洽当然是有解救毛玠的动机，他在论辩中采用了策略的方式，表面上不否认告发的事实，这是尊重了曹操的判断，但另一方面坚持了要用事实说话的原则，几个回合的较量辩驳都是围绕着这一根本目的。资料中没有告诉君臣两人论辩后的情况，而毛玠本传中说，当时的最高司法长官钟繇审理了这一案件，毛玠最终被免官贬黜，不久逝于家中（参见1.13.2《功臣毛玠及其晚年受审》）。无论当时曹操是否做了调查核实，和洽的持理论辩还是对保护毛玠的最后结果起到了一些间接作用吧。

建议内迁百姓并珍惜民力 215 年曹操征讨汉中张鲁，和洽建议趁机调回军队、迁徙百姓，以减省防守的费用。曹操当时没有采纳，后来在 219 年与刘备争夺汉中失利，决定放弃汉中前还是迁徙许多百姓至关中，返回后和洽出任郎中令。220 年曹丕代汉建魏，拜和洽为光禄勋，晋封为安城亭侯。

后来曹叡继位为帝，和洽被封为西陵乡侯，食邑二百户。当时散骑常侍高堂隆上奏说："到了季节，还没有风，却有荒废的气象，一定是官员们不勤于自己的职责，而使天气失去了常态。"曹叡于是下诏，谦虚地引咎自责，并征求对朝政的意见。和洽上书认为："民稀地少，白吃饭的人多。国家以百姓为根本，而百姓又依靠粮谷维持生命，所以一时废弃耕种，便失去延续生命的根本。因此先代君王治国，务必要省减繁杂的费用，以便让百姓专注于农耕。"和洽在上书中借机对曹叡大建宫室、追求享乐的行为作了劝谏，建议他珍惜民力，注重农业生产，并加强备战，强化国防建设。

和洽后来转任太常，他家中清贫，生活简约，甚至卖出田宅以自给。曹叡知道这情况后，加赐给他粮谷绢帛。和洽当年反对过分节俭，但曾告诉众人说，过于俭约朴素的人，他自己以此处身是可以的，看来他正是这样一位处身节俭的人。和洽死后谥号简侯，儿子和禽继承了他的爵位，和禽的弟弟和逌聪明通达，后任朝廷廷尉、吏部尚书。

和洽目光远大，富有主见，且思想敏锐，他早年避开了两位庸主，选择投身于曹操的事业，他以自己的德行理念和思维方式，对集团内部的生活行为及处政失误进行了力所能及的纠偏，张扬了传统文化理念中的正确和正义；尤其是无所畏惧地独身抗击众人成习的团体风气，持理辩驳君主认定的定案，表现了非同寻常的胆勇。和洽不是曹魏中枢机构的高级官员，但他的主张和行为对集团文化及其走向必定发挥了重要影响。

1.17（15）司马懿的同乡常林

魏国后期的朝政充斥着曹氏和司马氏的权力斗争，朝廷的官员在这一斗争中自觉不自觉地要有所站位，这种站位可能决定着魏朝和晋朝正统史家后来对他们各人的不同认识评定。《三国志·常林传》及其引注介绍了魏国名臣常林的出仕历程，记述了他在职任上的业绩与处事特征，同时也表现了魏、晋两朝史家对这位司马懿同乡的不同认定。

少年时就受到乡邻称赞 常林，字伯槐，河内郡温县（治今河南温县西）人。他七岁时，父亲的一个朋友登门造访，问常林："伯先（常林父字）在不在家？你为何见人不拜呢？"常林说："虽说应当下拜客人，但你在儿子面前称呼父亲的名字，我为何要拜你呢？"古代的礼节是不能当人之面称其长辈的名和字，这里当然是客人失礼在先，常林以不施拜礼来回敬客人，并在对方询问责备时说明了原因，当时乡邻为此都赞扬常林。《魏略》中说，常林少年时孤单而贫穷，但即便生活困难，他也不依赖别人，不是自己力量换取的东西他都一概不要。他生性好学，时常带着书籍耕田锄地，他的妻子经常把饭食担着送来，即便在田野，夫妻两人也相敬如宾。

以游说方式救出叔父 190年，郡守王匡起兵讨伐董卓，他派亲信学人在下属各县寻找官员及百姓的过失，发现后加以收捕，然后判定罪责让他们用钱财粮食来赎罪，如果延误期限就灭其宗族，用这种办法树威，大概也想以此解决钱粮不足问题吧。当时常林的叔父因故打了客人几巴掌，被王匡派出的亲信上报，王匡发怒将其逮捕，并关进牢房问罪。常氏家族惶恐不安，不知要责罚多少钱粮，也不知能否救出常林的叔父。常林为此去找王匡的同乡胡母彪，说："王府君凭着文武高才，到我们郡来做太守，如今朝廷主上（指献帝刘协）年幼，贼臣虎踞京师，这正是各地豪杰为国奋力之时。如想要诛杀贼臣，扶持王室，能做到使天下智士望风归附，人心协同，不就可以战无不胜吗？但如果对百姓不施恩德，那么定将失败灭亡，怎么能匡扶朝廷，树立功名呢！"胡母彪认可了上述说法后，常林接着就说了叔父被关押之事。胡母彪立即写信责备王匡，王匡就把常林的叔父释放了。

常林为了解救叔父，通过其同乡友人为其讲述了救国爱民的道理，对其晓之以理，终也达到了目的。常林由此领略了王匡的德行缺失，看到了在这位郡守治理下下层百姓难以避免的灾祸，于是率家人迁居上党（治今山西长治北三十公里）避乱，在山中耕种为生。

援救身边百姓和当地旧族 当时正逢旱灾和蝗虫，只有常林家获得丰收，于是他把周围的邻居都叫来，将自家粮食整升整斗地分了出去。常林的住所紧挨着已故河间（治今河北献县东南十公里）太守陈延家的围墙，陈、冯二姓都是地方上的官宦旧族。邻近的河内郡（治今河南武陟西南十公里）太守张杨（参见 0.2.6《好人张杨》）看上了这家的女人，也想占有他们的财产，大约是在围困勒索。常林为陈、冯两家出谋划策，两家在被围困了六十多天后最终得以保全。

受刺史梁习荐举而入仕 并州刺史高幹上表荐举常林为骑都尉，常林辞绝不受。曹操统一河北后任命梁习为并州刺史，梁习又举荐州内名士常林及杨俊、王淩、王象、荀纬等（参见 1.14.9《梁习的社会治理》上），曹操安排他们都当上了县长。常林拒绝了高幹的推荐，后来接受了梁习的荐举，实际上是拒绝归身袁绍，而选择了参与曹操创业的活动，其中包含着明确的政治选择。常林开始任南和（治今河北南河）县令，他在该县治理教化卓有成效，因而被提拔为博陵（治今河北蠡县南）太守、再为幽州刺史。常林所在之处都有很好的政绩，他的职务也不断提升。

为留守邺城的曹丕分忧解难 211 年，曹丕获任为五官中郎将，常林被选任为五官将功曹。同年曹操西征关马超时，田银、苏伯乘机在河间反叛朝廷，留守邺城的曹丕想亲自带兵去讨伐，常林分析说："我曾任职博陵、幽州，能够猜测推断贼寇的情况。北方的官吏百姓，向往和平安定而厌恶战乱，人们受教化已久，安分守己的占多数。田银、苏伯的队伍就像犬羊相聚，阴谋大而才智小，难成大患。现在大军远离京师，外面又有强敌，将军在此坐镇即可，如轻易出兵远征，即便取胜也军事意义不大。"

曹丕听从了这一意见，派手下将官前去讨伐，果然很快将叛军攻灭了。

与司马懿交往及折射的品格 常林其后出任平原太守、魏郡东部都尉，后入京担任丞相东曹掾。曹丕220年称帝后，常林迁任少府，为掌管皇室财政收支的卿，并受封乐阳亭侯，后又转任大司农。曹叡继位后，常林被封高阳乡侯，升为光禄勋、太常，成为魏国高级官员。

太傅司马懿与常林同是河内温县人，他觉得常林是同乡中德高望重的老者，每次遇到便行拜见之礼（参见1.11.9《司马懿的为人》下）。有人对常林说："司马公位高权重，你应该阻止他向你行礼才是。"常林说："司马公自己愿意行长幼之礼，以此为年轻人树立榜样。他地位高贵，不是我所顾忌的，而拜礼也不是我制定要人做的。"他认为尽管司马懿位高权重，但自己作为年序为长的人，没必要对他的主动拜见之礼刻意阻止，说话的人面有愧色地走开了。陈寿在史书中记载了这一事情，表现了常林为人正直、不畏权贵的气节。

三国时魏国郎中鱼豢所撰《魏略》中记录说，当初常林年轻时和担任京兆尹的司马懿之父司马防关系友好，太傅司马懿每次见到常林，总是想行跪拜之礼。常林制止说："您是尊贵人，不必这样！"后来朝中司徒之位无人，司马懿还想让常林补缺。两处记录正好相反，表现了常林不同的心性与品格。正相矛盾的记录必有一假，这里似乎没有充分的理由来确定究竟哪一记录失真。

《魏略》中另记的挞吏恶政 《魏略》中另外记录说，常林生性清白，当官做事严格谨慎。他在担任少府时，同僚崔林担任鸿胪，为执掌诸侯与四方蛮夷礼仪事务的卿。崔林生性阔达，与常林不同，因为少府寺与鸿胪对门，崔林平常多次听到常林杖挞属吏的声音，他并不赞成这样做。有一天常林夜间杖挞属吏，这位吏员受不了疼痛，嗷嗷呼叫了一整夜。第二天崔林出门，与常林坐车相遇，崔林对常林开玩笑说："听说您调任廷尉了，是吗？"廷尉是掌刑狱的卿，常林回答说："没有这事。"崔林说："您不是廷尉，昨天夜里为什么在拷打囚犯呢？"常林听罢非常惭愧，但却不能改正停止。这里记录了常林为官做事的不良行为，应该属于一种恶政，陈寿的本传中无此情节。

嗣子常岧受诛与表明的问题 史书上说，当时朝臣们都认为常林节操清峻，想要推他列入三公，但常林却称病谢绝了。后来他被授予光禄大夫。常林八十三岁时去世，被追赠为骠骑将军，朝廷按照公爵礼仪安葬，谥号贞侯。其子常岧继承了爵位，后来位至泰山太守。《晋书·文帝纪》中说，257 年诸葛诞因反对司马氏专权而在淮南反叛，司马昭率大军出征平叛时命常岧会兵淮北，常岧称自己病重，被司马昭论罪诛杀。

朝臣们以为常氏与司马家同乡为亲，这次常岧出征平叛前称病，表明他不愿参与或消极对待平叛，事情清楚地表明，常氏父子并不是同乡司马氏政治上的支持者，所以司马昭才将其毫不犹豫地诛杀。但司马昭为了维护表面的关系，又让常岧的弟弟常静继承常林爵位。司马家为了表明自己在魏朝的名望之高，改朝建国后也宁愿默认和渲染与常林的合作友好。

史家的记录何以不同 常林是从普通平民受荐举入仕的，在职任上一路升迁，颇有政绩，他的德才是毋庸置疑的。史家鱼豢是任职曹魏朝廷的官员，他站在曹氏的立场上看待人物，认为常林与司马懿同乡为亲，误认为这位同僚是司马氏的党羽，因而撰述中对他进行了贬抑化处理。史家陈寿处在晋初司马家追捧常林其人的社会氛围中，加之顾及某些政治忌讳，他既对常林的生性缺失有些回护，也可能存有褒扬的态度。两位史家因对常林其人有完全相反的认定，所以对传主的活动资料会作出相应的选择和取舍，由此给人们对历史细节的认知把握带来了迷惑。

1.17（16）受报复自杀的杨俊

曹操当年倡导唯才是举的用人思想，三十年间吸引和团结了一大批军政人才，成为事业兴盛的重要条件。他的继承人曹丕并没有改变这样的理念，但在治国活动中却夹杂更多的个人私情，限制了思想智慧的应用发挥。《三国志·杨俊传》及其引注介绍了名世人物杨俊的识人才情和受聘任职事迹，记述了他对曹操的信赖及后来遭受曹丕迫害难以解脱而含冤自杀的情景，表明了曹魏集团开始出现和积累着的反常政治气氛。

杨俊，字季才，河内郡获嘉（今河南获嘉东北）人。他年少时曾跟随陈留人边让学习，边让是当年陈留地区很有名望的人物（参见 1. 3. 18《与陈宫的恩怨纠葛》），他对杨俊非常器重。杨俊学业有成后即开始了自己的人生选择。

携众避乱更赈济贫困 杨俊因为战乱刚刚兴起，而河内郡（治今河南武陟西南十公里）地处四通八达的要道上，一定会成为战场，就率领众多乡亲扶老携幼来到到京县（治今河南荥阳东南十公里）和密县（今河南新密）间的大山里，同行的有一百余家。杨俊赈济贫乏穷困的人，与他们互通有无。宗族朋友中被人抢去做奴仆的共有六家，杨俊都倾尽家财将他们赎出。杨俊为躲避战乱，他带领百余家宗族乡亲从河内郡到达河南郡，其间互相扶持，帮贫济困，表现出了高尚的友爱精神。

识鉴人物又助困才俊 杨俊颇具慧眼识人的能力，司马懿十六七岁时，与杨俊相遇，杨俊说："这可不是一般的人呀！"司马懿的长兄司马朗早就有了名声，他的族兄司马芝却不被众人所知，只有杨俊评论说："司马芝虽然平时的声望不如司马朗，但实际上的治理才能却比他强。"司马芝后来担任魏国最高司法长官大理，对国家的法制建设和地方治理作出过突出贡献（参见 1. 13. 6《大理司马芝的司法理念》）。杨俊从小到大，以品评人物为己任，同郡人审固、陈留人卫询本来都是兵卒，杨俊称赞助力他们，二人都成了优秀人物，后来审固历任郡守，卫询历任御史、县令。他善于鉴别人物并予以帮助，这些事情颇多。

杨俊后来转到并州（治今山西太原西南）躲避战乱。本郡人王象，从小失去父母没有依靠，给人做奴仆，十七八岁时，主人让他牧羊，他偷偷抽空读书，为此受到主人的鞭打。杨俊欣赏他的才能品质，即将王象赎出带回家，又为他娶妻盖房，然后分手。王象后来在魏国任常侍，封列侯，受诏撰《皇览》四十多部。

任职有绩而开罪曹丕 曹操任命杨俊为曲梁（治今河北曲周西南二十公里）县长，入京出任丞相掾属，被举茂才，后出任安陵（治今陕西咸阳东北）县令，升任南阳（治今河南南阳）太守。他在当地宣扬教化，开办学校，官吏百姓都称颂他，后改任为征南军师。213 年曹操受封建魏，杨俊升任中尉。

当初，临菑侯曹植与杨俊关系友好，曹操还未确立太子，私下征询百官意见。杨俊虽然一并谈到曹丕、曹植二人才质上各自的长处，没有明确说出应该立谁，但对曹植称赞得更美好，曹丕常常为此怨恨他。曹操 219 年征伐汉中，魏讽在邺县谋反，杨俊受到了牵连吧，当时曹丕对事件涉及的人物处理非常严厉（参见 1.4.4《继位为王》），杨俊大概心有畏惧，他自我弹劾，前往曹操营中请罪。杨俊之罪刚被赦免，便写信给曹丕辞职。曹丕不高兴地说：“杨中尉随便就走，做事太过高远了吧！”于是下令将杨俊贬为平原（治今山东平原南二十公里）太守。

屈居南阳受王象推举 曹丕称帝后，杨俊继续在南阳任职。当时王象任散骑常侍，他荐举杨俊说：“我感到南阳太守杨俊具备纯粹的优秀品质，拥有忠诚整肃的宏大气度，实行仁爱足以施及万物，忠厚老实足以感动众人，他敦促后进，对人施惠教导而不倦，外表宽和内心正直，仁慈而做事果断。自从出仕任职以来，所任职的地方都被他治理得很好，两次任南阳太守，恩德流芳，邻地的百姓都背着孩子来投奔。现在境内安定，无处施展他的智慧才能，应该将他调回朝廷，在陛下跟前效力，以光大帝业。”王象是杨俊当年从奴仆赎回来的青年才俊，这一推荐既是要报偿早年所受的大恩，也是出于一种为国荐才、才尽其用的真诚理念，在他看来杨俊这样的人物不能长期屈居南阳为郡守。但曹丕并没有采纳王象的建议。

遭受报复遂含冤自杀 222 年，曹丕车驾到了宛县（治今河南南阳），这是南阳郡治所在地。曹丕见市场上没有丰盛安乐的景象，他一怒之下收捕了郡守杨俊。尚书仆射司马懿、散骑常侍王象、荀纬都为杨俊求情，叩头出血，曹丕仍不赦免。杨俊说：“我知罪了。”于是自杀，众人都因为他的冤死而伤痛。

《魏略》对事情做了更具体的介绍，其中记录说：当时曹丕南巡，到达宛县前发诏告诉随行百官不得干预郡县之事。到了宛县后，县令不理解皇帝巡视的意图，于是关闭了市场之门，曹丕听到后发怒说："难道我是贼寇吗?"下令逮捕了县令和郡守杨俊。同时写诏询问朝廷尚书："汉明帝(东汉第二位皇帝刘庄)诛杀了几位二千石官员?"在逮捕的两人中杨俊正是二千石的官员。那位少年时受过杨俊赎救之恩的王象是曹丕的随行官员，他看到了曹丕询问尚书的诏文，料知杨俊免不了受惩处，于是就在曹丕面前叩头乞求，以至面部流出了鲜血，请求将杨俊减去死罪一等。曹丕并未答应，做了些解释后准备回到住处，王象拉着曹丕的衣襟不放，曹丕对王象说："我知道杨俊与你一直关系很好，今天听从了你的，就是没有我。你宁愿抛弃杨俊，还是抛弃我呢?"王象感到曹丕的话说得绝情，于是放开了手。曹丕进入住所，对杨俊作出判决后才出来（参见 1.4.10《褊狭的气度》下)。杨俊自杀后，王象痛恨自己不能挽救杨俊，不久也发病而死。

杨俊是一位识人知事、极具仁爱并且忠诚曹操的智慧之人，因为在曹操选嗣问题上过分赞美曹植而开罪于曹丕，魏讽一事上又远走汉中寻求曹操宽免，以致加深了与曹丕的隔阂。在传统社会的政治生活中，君臣双方的矛盾对立，君主始终处在主导的地位。后来执掌了国家生杀大权的曹丕要寻机报复，杨俊的被杀只是一个时间问题。杨俊起先没有将与曹丕的君臣关系把控在良性的范围内，但他在曹丕巡视南阳时已经感到了自身结局的危险性，感到了国家政治的不正常气氛与暗淡前景，因而决绝地与眼前的世界相告别。

1.17（17）明识事体的杜袭

战争年代的官员需要领军对敌，更多的则是要与君臣同僚及身边吏民交往相处，战场上的刚硬不屈需要对身边将士的亲和协力来保证，这愈加显露了以良好心性处事为人的重要性。《三国志·杜袭传》及其引注记述了颍川名士杜袭选择曹操而归身，并在军政两界奋力做事近四十年的事迹，尤其表现了他深明事理，以柔和心性待人处事而成就的诸多功绩。

杜袭，字子绪，颍川郡定陵（治今河南郾城西三十公里）人。杜袭的曾祖父杜安，祖父杜根，在汉末都很有名声。青年杜袭应该是给自己确立了高远的人生目标。

待时而动劝友回避刘表 杜袭避乱到荆州，刘表以宾客礼节相待。同郡人繁钦多次向刘表展现自己的奇能，杜袭告诉他说："我之所以和您一起来这里，只是想着像龙一样屈身伏在幽深的湖泽，等待时机飞腾，难道刘表就是安定乱世的人物，会规劝有能力的人依附他吗？您如果再要显示自己的能耐，就不是我的朋友，我就断绝交情了！"繁钦慨然承诺说："听从您的教诲。"杜袭于是南下到了长沙。

归身曹操后重农惠民 196年，曹操迎接汉献帝刘协迁都许昌。杜袭从长沙逃回许都附近的家乡定陵，这应该是他主动靠近和投奔曹操的行为，曹操任命他为西鄂（治今河南南阳东北二十五公里）县长。西鄂县靠近南部边境，贼寇活动猖獗。当时的县官都聚合百姓守卫城郭，无法从事农业生产，致使田地荒芜，百姓贫困，仓库空虚。杜袭明白应该对民众施行恩惠，于是遣送老弱百姓各自到家乡从事田间耕作，留下强壮的男子防守县城，官吏百姓都很高兴。杜袭为官爱民，为民着想，赢得了百姓的赞誉。

以寡御众的西鄂守卫战 201年，荆州刘表派步骑万人进犯西鄂，杜袭召集县里担负守城的全部官吏百姓共五十多人，和他们订立誓约。其中有亲戚在外想去救护的，听任他们自愿出城；其余人都磕头表示愿意拼死效力。杜袭于是拿起弓箭和石块，带领众人奋力拼杀。官吏百姓十分感动，跟随他舍命杀敌。《九州春秋》上说到这次作战中的一件事情：当时上级府署的官员南阳郡的功曹柏孝长也在西鄂县城，他听到荆州军攻城的喊声非常害怕，急忙入室关门，拿起被子盖住了头，两军作战了半天后，他才稍微敢于露面。次日天明后他立在门后听外面的声音，后一日他出门打问消息，到第四五天时，他自己拿起了楯上去作战，并对杜袭说："勇敢是锻炼出来的。"

却说杜袭带领的守城吏民临阵砍杀荆州军数百人，自己部属也死了三十多人，其余十八人全都负伤，敌寇得以攻入城中。杜袭遂带领负伤的官吏百姓突围出城，他们几乎全都战死，但却没有一个叛变的。杜袭最后聚集逃散的百姓，转移到摩陂（今河南郏县东南）扎营，官吏百姓都敬慕他而纷纷跟随。这是一次众寡悬殊的守卫战，西鄂吏民的英勇抗御极大地消耗了荆州兵的力量，虽然一时失守，应该是严重打击了刘表北上扩张的信心。

在曹操身边受到的信任 后来，司隶校尉钟繇上表推荐杜袭任议郎参军事，其后荀彧也作推荐，曹操任杜袭为丞相军师祭酒，为参与军事谋划的职位。213 年曹操封魏公，建魏国，杜袭担任侍中，与王粲、和洽一同受任用。据说王粲记忆力强，见闻广博，所以曹操出外游览观赏大多是王粲随行，至于受到的尊敬却不如和洽与杜袭。杜袭曾经被曹操单独召见，两人谈论直到半夜。王粲生性躁急，他突然起来坐在床上说："不知曹公对杜袭说些什么？"和洽笑着回答："天下的事难道能全知道吗？您白天做好事情就可以了，为这郁郁不乐，您难道什么都想干吗？"这里表现的是杜袭和曹操的关系已经受到了王粲的嫉妒。

在西部军事留守中的功绩 215 年，杜袭兼任丞相长史，随同曹操到汉中征伐张鲁。次年曹操返回邺城，任命杜袭为驸马都尉，留督汉中军事。杜袭在职任上劝谕开导汉中之地的八万百姓自愿离开家乡迁徙到洛阳、邺城居住，为京畿充实了人口。219 年，征西将军夏侯渊在定军山与蜀军交战中阵亡，军中丧失了元帅，将士们十分惊恐，杜袭与张郃、郭淮商议，决定以张郃为军中都督，以便统一军心，部队才保持了安定。后来曹操率军撤出汉中时，要选定镇守长安的留府长史，负责这事的官员选了多人都不合适，曹操发令说："放着骐骥良马不去乘坐，何必栖栖惶惶在别处寻求呢？"于是任命杜袭为留府长史，驻守关中。

用策略方式劝谏曹操 当时关中之地有一位叫许攸的将军，他拥军自重，不肯归附曹操，且对曹操有轻慢之言，曹操为此大怒，打算出军讨伐。群臣多人劝谏，认为可以招抚许攸，共同讨伐强敌。曹操把刀横放在腿膝上，阴沉着脸不肯听从。杜袭进去准备劝谏，曹操截住他的话说："我的主意已定，你不要多说了。"杜袭说："如果您的主意是对的，我会助您完成这事；如果您的主意不对，即使决定了也应该改变。现在您不要我再说什么，为何不等我把话说完呢?”曹操说：“许攸轻慢我，这怎么能放下不管呢?”杜袭说：“您认为许攸是什么样的人?”曹操说：“平常的人。”杜袭说：“只有贤人才能知道贤人，只有圣人才能理解圣人，平凡的人怎么能了解非凡的人呢？如今豺狼当道却首先去攻击狐狸，人们会说您是避强攻弱，进攻算不上勇敢，退后也不算仁爱。我听说千钧弓弩不用来对小鼷鼠射击，万石重的大钟不会被草茎撞响，现在一个小小的许攸，怎么值得烦劳您非凡的神武呢?”曹操说：“你说得好。”于是以优厚手段安抚许攸，许攸很快归顺了曹操。

精准识人并能柔和劝君　当时曹丕非常看重夏侯尚，他们间的私人情谊也很友好，而杜袭对曹丕说，夏侯尚算不上有用的朋友，没有必要给他特殊对待。杜袭还把这话告诉了曹操，曹丕对杜袭的这些言行很不高兴，他执政后改封夏侯尚为平陵乡侯，任其为总督南方军事的征南将军，并让兼荆州刺史。夏侯尚有一个十分宠爱的小妾，她总想恃宠夺得正妻的地位，而夏侯尚的妻子是曹家的族女，曹丕听到这事后就派人去绞杀了那位妃妾。但夏侯尚对死去的宠妾非常思念，将其又从坟墓中挖出来看视，为此神情恍惚而发病（参见 1.10.10《夏侯尚的遗憾》）。曹丕发怒说：“难怪杜袭瞧不起夏侯尚，看来是有道理的。”尽管是他们两人的行事都有过失，但曹丕看来还是认可了杜袭先前的评价。杜袭对人的劝诫都是这样柔和而不冒犯的态度。

为魏国奋战到生命终了　在曹丕执政的朝廷，杜袭被任命为督军粮御史，封武平亭侯；后又任督军粮执法，入朝任尚书。曹叡继位后，进封杜袭为平阳乡侯，后来蜀汉丞相诸葛亮屡出秦川（即关中），大将军曹真率军抵抗，调任杜袭为大将军军师，分邑百户，并赐其兄杜基为关内侯。231 年曹真逝世，司马懿接替守卫关中，杜袭转任大司马军师，协助司马懿镇守西部边境，增邑至五百户。后来，杜袭因为身体有病而被调回京城，改任太中大夫。逝世后追赠少府，谥号定侯，他的儿子杜会继承了爵位。

杜袭应该属于一种文武兼备的出众人物，陈寿说他“温粹识统”，是指他做人温和纯粹，善识大体。他早年看重政治选择并最终主动投奔了曹操，任职后凭借柔和处人的风格，一直受到君主的信任，在守卫西鄂和留守西部边防上功绩非凡，在军事参议和谏言献策方面也曾大显身手。魏国的建立和强大内含着他的多年奉献。

1.17（18）处事有方的赵俨（上）

三国时代颍川士族中产生了不少出名人物，他们中的荀彧、荀攸、郭嘉等参与了曹操集团的创业活动，为曹魏事业的发展壮大建就了硕大功勋；而被称为颍川“四大名士”的陈群、赵俨、杜袭、辛毗，无一例外地都成为曹魏集团的重臣。《三国志·赵俨传》及其引注记述了赵俨早年的职场选择与投身曹魏近五十年间的主要功绩，介绍了他的刚毅心性和对选定事业的忠诚，也展现了他善于明识、处事有方的聪明才智。

赵俨，字伯然，颍川阳翟（治今河南禹州）人。他年轻时避乱来到荆州，与杜袭、繁钦在财物上共收共支，像一家人一样生活。几位年轻人一同在荆州等待命运的转机。

投奔曹操治理朗陵　曹操196年迎汉献帝到许都时，赵俨对繁钦说：“曹将军顺应天命人心，必定能匡国济民，我知道该去的地方了。”197年，二十七岁的赵俨扶老携幼去投奔曹操。曹操任命他为朗陵（治今河南确山西南二十五公里）县长。县里有许多强横狡诈之徒时常不畏法纪，赵俨把其中最为恶劣的关押起来，审查后都定为死罪。他又把不少歹徒囚禁，然后上表给郡守请求将其释放。赵俨这里是杀了少数为恶者作为震慑，将多数违法者先捕后赦，采取策略的手段树立县令的威势与恩德。

免税惠民稳定郡县　当时袁绍发兵向南侵犯，派使者招降引诱豫州各郡，各郡大都接受他的号令。只有阳安郡（治所在朗陵）不为所动，本郡都尉李通是忠诚曹操的人物，他急于向老百姓征收户税。赵俨面见李通说：“现在天下动荡，各郡反叛，你对归附朝廷的阳安郡急着征收户税绵绢，别有用心的小人就会乐见其乱，这恐怕不好吧？”李通说：“袁绍和曹将军相持决战，周边郡县又纷纷背叛。假如我们没有户税绵绢调送朝廷，人们一定会说我们坐观成败，有所等待。”赵俨说：“您的担心的确有道理，但还是应当权衡事情的轻重。可以暂缓征税，我帮您解决这个难题。”于是他给荀彧写信说：“现在阳安郡应该征收户税绵绢送来，但是道路险阻，会招致敌寇的掠夺危害。眼下百姓生活穷困，周围郡县一并反叛，阳安郡也容易倾覆，这事关乎本郡的安危存亡。对微小的善行给出奖赏，那坚守大义的人就会自勉，善于治国的人，一定要藏富于民。建议朝廷抚慰本郡百姓，将已收取的绵绢退还回来。”荀彧回答说：“我即刻将此事上报曹公，公文下发你郡，将绵绢全部退还百姓。”赵俨这里充分论说了对杨安百姓暂时免税和退绢的意义，竟然启发和说服了朝廷尚书令荀彧。为此吏民们非常欢喜，郡内很快安定下来。

劝阻李通的真假辨析　《魏略》中记录说，曹操与袁绍在官渡相拒时，许多官员私下写信给袁绍互通款曲。赵俨与杨安郡李通的治所在同一城中，李通也曾打算派遣使者去见袁绍，赵俨对他陈说袁绍一定会失败，李通才未写信派使。等到袁绍战败后，曹操派人搜查袁绍军营的文案，唯独不见李通的书信，私下知道一定是赵俨的意见，于是说：“这一定是赵俨的主意。”这里表现的是赵俨对事情的正确预见，以及曹操对他的知心和信任。

后世史家裴松之认为，曹操在攻破袁绍后为了安定人心，对缴获的敌我往来书信全部焚烧，并没有检查给袁绍写信之人，他认为《魏略》这里的记录是不真实的。而清代学人何焯则认为，曹操对这批书信可能会暗中派人搜阅查看，而表面上将其全部焚烧，既审查部下的人情真假，又安抚人心，其这样做是极有可能的。然而人们应该想到，如果曹操真的像何焯所说的那样做事，他就要严守查阅书信的情节，怎么能在事后公开赞扬赵俨呢！如果再明白李通对曹操一贯忠诚的坚定性（参见 1.16.8《坚守节义的李通》），就能看出《魏略》的记述应为不实之词。

参与军事协调各部　后来赵俨入朝任司空掾属主簿，为曹操司空府主管文书的官员。当时于禁、乐进和张辽分别屯驻颍阴（治今河南许昌）、阳翟和长社（治今河南长葛东北十公里），他们互不服气，不相协调。曹操任命赵俨为参军，参与三支部队的军事。赵俨遇事规劝疏导，保证了三位将军彼此间的亲近和睦。208 年，曹操征讨荆州，以赵俨兼任章陵（治今湖北枣阳东）太守，并提升他为都督护军，督领于禁、张辽、张郃、朱灵、李典、路招、冯楷七路部队。赵俨属于文职官员，他似乎善于协调部队各将领之间的合作关系，这在曹操军事活动中发挥了很好作用。

督统诸军保守关中 赵俨后来担任丞相主簿，又调任扶风（治今陕西兴平东南）太守，负责关中的地方治理。211 年曹操平定关中后，调出原韩遂、马超手下兵卒五千多人，交给平难将军殷署统领，再任赵俨为关中护军，让他统率辖区各路军队。其间羌兵多次侵扰，赵俨率殷署等一直追击到新平（治今陕西彬县），大破羌兵。被招募来关中屯田的吕并自称将军，聚集党羽占领了陈仓（治今陕西宝鸡东），赵俨率领殷署前往进击，将这些贼寇消灭。

军队哗变以谋安抚 当时朝廷下书，命赵俨派一千二百名士兵前往汉中协助驻守，由殷署负责监送。被选派的士兵与家人分别，个个愁容满面。殷署带兵出发一天后，赵俨担心士兵有变，就亲自追到斜谷口（今陕西眉县西南终南山中通往汉中的谷口），对士兵一一慰劳，又再三告诫殷署，他返回时借宿雍州刺史张既家里。殷署带兵走了四十里后，士兵果然叛乱，殷署不知去向，吉凶未卜。而跟随赵俨同行的一百五十名步骑兵，都与叛乱士兵在同一军营共过事，有的还是姻亲，得知消息后人人惊恐，披上铠甲，拿起兵器，一时不能安定。赵俨打算追上去平定叛乱，而张既认为："现在你本营士兵也不安稳，你只身去没有好处，可先探听消息。"赵俨说："我虽也怀疑本营士兵会与叛乱者同谋，他们可能会跟着起事。但还有些士兵不愿叛乱却又主意未定，可趁他们犹豫之时，迅速去安抚。况且作为主帅，既然不能平定叛乱，就是身受祸难，也是命该如此！"于是率本营士兵毅然前往。走了三十里后，赵俨让士兵放马休息，然后招集所有随从，向他们论说成败利害，诚恳地安慰鼓励他们，借以稳定本营军心。士兵们都慷慨表示："我们生死都愿跟随护军，绝无二心！"赵俨带兵来到先行的各营，让主将各自召集查检部属，将聚众叛乱的八百余人分散在原野，只将其中带头作乱的抓捕治罪，其余一律不问。各郡县也把收容的逃兵释放了，这些人相继返还回营。

赵俨向朝廷密告："请派大将前来本营，再派朝廷旧兵镇守关中。"曹操接到报告，派将军刘柱带领二千人前往。原设想等刘柱一到再把原来的士兵发往汉中，不料消息走漏，各营士兵极为恐慌，无法安抚。赵俨就对众将士说："这里朝廷旧兵很少，朝廷的援兵尚未赶到，因此各营士兵心存奸谋，如果真发生叛乱，结果难以设想，应该乘他们犹豫之际及早解决。"于是当众宣布要留下一千名温良厚道的新兵镇守关中，其余全部派到汉中。赵俨又去见各营主管官员，让把营中士兵的名册重新分类区别。于是准备留下的士兵放了心，便一心一意服从赵俨指挥，那些要被送走的士兵也不敢轻动。赵俨在一天之内便把欲遣的士兵全部送上路，又将留下的一千多人散布在各营中。十天后刘柱的援兵从东面赶来，赵俨才又开导胁迫把留下来的一千士兵也一起送往汉中。

被遣士兵在前往汉中战场的途中发生了哗变，赵俨以策略的手段作出安抚，又假借要分批对待而作出人众划分，一时稳定了局面。等朝廷刘柱援兵到来后，则采用协逼方式全部遣走，最终解决了全部问题。这里是要表现赵俨处置危机事件时，在勇敢和果决之外的机智策略，其中包含了对所谓"温良厚道"新兵的欺骗手段。但"民无信不立"，这种在危急关头采用欺骗手段的诡计，其实属于极不地道的做法，它会使做事的地方大员信义丧尽。这里尽管体现着赵俨做事的极度谨慎和对朝廷的忠诚苦心，但历来受到后世史家的诟病。

1.17（18）处事有方的赵俨（下）

颍川名士赵俨选择投身曹操后，在治理朗陵稳定地方政局、督领军队协力合作，以及保守关中支援汉中战场等方面都尽心用力，做出了显著成绩。《三国志·赵俨传》及其引注记还述了赵俨其后的诸多军政活动，以及晚年的职务升迁与享有的尊荣，表现了一位长寿功臣完整的一生。

樊城解围中的稳妥筹划 119年秋，驻守荆州的蜀将关羽率军把征南将军曹仁包围在了樊城，赵俨当时以议郎身份南行参与救援曹仁的军事行动，他与平寇将军徐晃领兵一同前往。到达樊城后，关羽把曹仁围困得更加严密，其余援军尚未赶到。徐晃率领的人马不足以解樊城之围，而众将又催促徐晃赶快出兵救援。赵俨对众将说："荆州兵一直把樊城围困得非常坚固，水势又很大，这是完全隔绝了我军城内外的联系啊。现在我军步卒势单力薄，城内曹仁又不能同时发力。不如命援军向前进逼包围，派间谍通报曹仁，让他知道城外救兵已到，以此激励将士。算来北路援军不过十天也会赶到，城内兵将还足以据城坚守。等到援军到达，然后里应外合一起攻击，敌寇一定会被打败。如有救援迟缓的罪罚，我愿担当责任。"众将都很高兴，于是挖地道准备作战，同时用弓箭射信入城通报曹仁。

赵俨到达樊城时看到了援兵不济的实际情况，他分析形势，稳妥筹划，提出一方面积极地准备条件，包括紧逼包围，向城内通报情况，做好各种决战的准备，一方面等待后续援军，并等待敌方情势的转折。几次内外互报军情消息后，北路援军也已赶到，然后各军合兵一处大战关羽。关羽终在后方失守时被迫退兵，樊城之围被解。

关羽败退时的存敌深虑 关羽的兵马被打退时，荆州兵的舟船尚据沔水，襄阳隔绝不通，孙权已乘机袭取了关羽的后方辎重。关羽无可奈何，当即向南撤军返回。曹仁召集众将商议部署，大家都说："现在关羽处境危险，会非常惊慌，我们乘胜追击定能将他活捉。"而赵俨分析说："孙权趁着关羽北上与我们作战，才在关羽的后方取得了胜利；他会担心关羽返回救援时，我们乘他们双方作战而大获渔翁之利，这样他将改变策略，会放弃与关羽作战而观察成败利害。现在关羽已成了拼命自保的孤军，应该存留下他们以作为孙权的祸患。假如我们穷追不舍，孙权就会改变对关羽军队的态度，那将会成为我军的祸患。想来魏王也必定为此而忧虑。"曹仁于是放弃了追击。

曹操听说关羽败走，唯恐众将追赶，果然很快派人传令给曹仁，就像赵俨谋划的一样。这里表现了赵俨面对复杂军事斗争时的深谋远虑：即使交手的荆州兵失败逃走了，也要将其转化为东吴的祸患，而不能让其成为自家的麻烦，他是要最大限度地保护曹魏的力量。

曹丕朝廷的任职功绩 220年曹丕继承王位，赵俨升任侍中。不久曹丕称帝后任命其为驸马都尉，又接替杜畿兼任河东（治今山西夏县西北十公里）太守，后为典农中郎将，这是与太守平级的二千石官员。222年，赵俨受封为关内侯。魏吴关系破裂后曹丕大军伐吴，征东大将军曹休统率青、兖、徐、扬诸州大军防御抵抗，安排赵俨为军师。孙权退兵后大军返回，赵俨被封为宜土亭侯，转任掌管各军兵田调度的度支中郎将，后升为尚书。225年赵俨跟随曹丕再伐东吴，军队到达广陵（治今江苏扬州），他再次留任征东军师。

晚年患病后的军政活动 226年曹叡继位执政，封赵俨为都乡侯，食邑六百户，安排他监督荆州军事，假节。不料身体患病，未能成行，又重新担任尚书，后出京监豫州军事，转任大司马军师，入朝担任大司农。齐王曹芳239年在位后，任赵俨监雍州、凉州军事，假节，后转任征蜀将军，又调任征西将军，都督雍、凉各路军马。243年，赵俨因年老多病请求返回京师，朝廷征召他为骠骑将军，245年升任司空。

赵俨约在五十五岁后相继在曹叡、曹芳的朝廷做事，未料身体患病，因而虽然担任高级职务，但在近二十年间却并没有做出什么突出的成就。《魏略》中记录了一件事情：按应有的待遇和行事惯例，担任四征的官员（指征东、征西、征南、征北将军四位军事总领）有官厨财籍，约为官方配给的厨师和财物，官员在调任迁徙时，可以对其带走或自己随意处置。而赵俨从雍州返回京城洛阳调任骠骑将军时，他空手上车，什么也没有带。走到了长安附近的霸上（今陕西西安东），突然想起忘记了带上平时所服的药物。雍州刺史听到这事后，就派人追送给他好几箱杂多药材，赵俨笑着说："人常说语殊不易，准确地表达非常不易。我偶然问起自己所服的药而已，哪儿用得着这样呢？"他没有带走这几箱药材。这里表现了赵俨个人生活上的粗疏简约以及行事的廉洁，也表明了他身体对药物的长久依赖。在他生命后期，因为长时间身体有病，导致过早发生的英雄迟暮，留下了不小的人生遗憾。

唯上是从的行事风格 赵俨约在202年接替杜畿任河东太守，当时国家征录各地寡妇为部队将士作婚配。先前杜畿主政河东时常常政绩考核第一，只是征取独身寡妇之事，送出的人较少，自从赵俨主政河东后，所送出的人数增多了。曹丕询问入朝任职的杜畿说：“以前你所送的少，为什么现在送出的人多?”杜畿回答说：“我以前征录的都是死人妻，现在赵俨送的有活人妻。”据说各郡多有把已经再行婚配的妇女也强行录夺、啼哭之声充斥道路的事情。曹丕和身边人听到脸色都变了（参见1.15.3《杜畿平治河东郡》下）。

时任河东郡守的赵俨为了将朝廷指令的事情完成得更好，在任务执行中存在不顾实情而拆散百姓家庭的不仁道问题，以至于朝廷君臣听到后也感到吃惊。他先前在任扶风太守时，受命为汉中派遣协助驻守的几千士兵，其间就用欺骗的诡计对付温良厚道的士兵，联系这些事情即能看到，赵俨是一位对朝廷极度负责而宁可罔顾百姓利益和感情的人，生活和做事中他是坚持着在内心仰望君主并唯上是从的风格。他在担任朗陵县长时坚持把上司李通的亲戚按朝廷法令而论处（参见1.16.8《坚守节义的李通》），也是这一风格的另一种体现。

赵俨245年升任司空不久去世，享年七十五岁，谥号穆侯，其子赵亭继承爵位。赵俨年盛时期在地方治理、军将协调、边境守御和军事攻战上都做出了显著成绩，展现了他对朝廷的至上敬仰以及灵活处事的才能智识；他生命的后期似乎受到了身体病况和外界环境的双重限制，但作为曹魏的四朝功臣，仍然享有极高的尊荣，他的一生无负“名士”的声誉。

1.17（19）平稳成事的裴潜

早年从中原避乱荆州，而后选择归身曹魏集团的还有一位叫裴潜的河东才士。裴潜是一位目光远大、不肯轻易低就的人物，直到曹操占领荆州才作出最后的归属选择，接受了任命。《三国志·裴潜传》及其引注用不多的文字记述了裴潜一生的职场历程，介绍了他在曹魏集团三十多年间的几处闪亮业绩，展现了他以卓越才智和坚韧毅力而平稳成事的风格。

裴潜，字文行，河东郡闻喜（今山西闻喜）人。《魏略》中说，裴潜家历世为当地大姓，父亲裴茂，在东汉灵帝时担任过县令、郡守与朝廷尚书。曹操迁都许昌时，裴茂奉使率导关中将领讨伐李傕有功，受封列侯。裴潜年少时不注重细小的德行，为此父亲不大礼待他，而裴潜稍长后即开始了自己独立的人生之路。

避居荆州受曹操任用 裴潜年轻时避乱来到荆州，刘表以上宾之礼对待。裴潜私下对好友王粲、司马芝说："刘牧并无王霸的才略，却想以周文王自居，他的失败等不了多久。"于是南行到长沙居住。裴潜并不看好刘表，虽然来到荆州却刻意回避刘表的任用。曹操208年平定荆州，裴潜被任为参丞相军事，这一任用应该包含着他本人的主动选择。后来裴潜历任三县县令，又回京任主管仓谷事务的仓曹属。

曹操曾问裴潜说："从前你和刘备都在荆州，你认为刘备的才略如何?"裴潜回答说："如果据有中原，他能生乱而不能治乱；如果他乘机守住险要之地，足以成为一方之主。"裴潜在荆州避难时正是刘备依附刘表、先后驻军新野和樊城之时，从他对曹操的回答中能够看出，他们两人在荆州时应该有所接触，裴潜没有选择刘备，当然有他自己的考虑，而他对刘备的认识，至少后半句已被历史事实验证是精准的。

任职代郡并作出正确预料 当时代郡（治今河北蔚县东北）大乱，曹操任命裴潜为代郡太守。乌桓王及首领三人在当地都自称单于，专权控制代郡的政务，前任太守不能矫正，自己竟难以行使郡内职权。曹操想让裴潜带领精兵前去征讨乌桓三王，裴潜回答说："代郡人口众多，大多能骑马射箭，稍微组织就能聚集上万军队。单于自知放肆横行日久，心里也不踏实，如今我若多带兵马前去，他们一定会因害怕而在边境抗拒，兵马带少了他们也不忌惮。应该用计谋解决问题，而不能用军队来威迫。"于是裴潜只身乘车去代郡赴任。单于又惊又喜，裴潜平静地安抚他，单于和他的部下都摘下帽子，向裴潜行施被称"稽颡"的跪拜之礼，并全部归还了前后几次掠夺的妇女、器械和财物。裴潜又在郡中依法诛杀了与单于内外勾结的高官郝温、郭端等十余人，北方边境地区大为震惊，百姓很快归心。

裴潜在代郡做了三年太守，其后被调回朝廷任丞相理曹掾，为执掌刑狱的丞相属官。曹操称赞褒奖了裴潜治理代郡的功绩，裴潜说："我对百姓虽然宽厚，但对胡人却很严厉。现在的主政者一定认为我治理过于严厉，于是对他们加以宽厚慈惠。其实胡人一向骄横放纵，管治过宽必然导致违法松弛；如果松弛了，只能再用法律来惩处，这就是争斗产生的缘由。从现在的形势判断，代郡一定还会发生叛乱。"听完这番话，曹操觉得裴潜对事情的认识非常到位，十分后悔这么快就让他返回京城。几十天后，果然又传来三个单于反叛的消息。曹操只得派鄢陵侯曹彰为骁骑将军前去征伐（参见 1. 6. 1《特能作战的黄须儿》）。有裴潜主政代郡时形成的良好基础，曹彰这次出征讨伐，一时安定了北方。

援救樊城时军阵雄壮 后来裴潜出京担任沛国相，调任兖州刺史。219 年关羽率荆州兵包围了曹仁镇守的樊城，魏军情况危急。曹操分次下达命令，要求附近各州长官与驻军将领领部队前往增援，裴潜听从了扬州刺史温恢对军情的分析和建议，提前做好了充分准备，在曹操最后的出军命令明确下达后迅速赴战（参见 1. 14. 13《温恢的灵活处事》）。这批援军尚未到达时，荆州军队已经溃败。曹操在摩陂（今河南郏县东南）会见了各军，他对兖州整齐的军阵赞叹不绝，特地对裴潜加以赏赐。这里显示了裴潜主政兖州时善听建言的风格和他的治军之能。

生命后期的军政活动 220 年曹丕称帝后，裴潜入朝任散骑常侍，又出京任魏郡、颍川两郡典农中郎将，掌管屯田地区的农业生产、民政和田租。他在任上比照各郡国的做法，经常向朝廷上奏政务并举荐人才，从此农官仕途逐渐通达。后来调任荆州刺史，赐爵关内侯。曹叡 226 年即位后，裴潜入朝担任尚书，其后出任河南尹，转任太尉军师、大司农，受封清阳亭侯，食邑二百户，不久又入朝任尚书令。他向上进言庄正，用人量才分职，甄别人物能名实并重，制定判断官府事件的条文一百五十多条。后因父亲去世而辞官，守孝之后被拜光禄大夫。

在曹丕曹叡执政的二十年间，裴潜调任过多个职务，他主要是在典农中郎将和尚书令两个职位上做出了被记录下来的成就。无论在哪个职位上，他都重视与君主的书面沟通，关注人才的推荐和使用方式，追求处政做事的规范化。史书上没有关于他在这些职位上具体事迹的记录，但能看到他是竭尽心力地去做好属于自己的本职事务，力求使自己从事的职业呈现出不同以往的亮色。而与此同时，他的职位和待遇也在不断提升，朝廷对他的为人做事给了应有的肯定并给了相应的报偿。

244 年，即曹芳在位第五年时，裴潜去世，被追赠为太常，谥号贞侯，其子裴秀继承了爵位。裴潜临终留下遗言，让家人为他从俭办丧，所以安葬时坟墓中只放置了一把座椅和几件瓦器，再无其他陈设。裴潜品行简约而清廉，识人敏锐又精准，做事踏实且负责，陈寿称赞他“平恒贞干”，是说他做事平和而又有毅力，是能身负重任并成就大事的干才，裴潜能在坚持不懈的努力中平稳成事，是一位富有潜质的贤能之士。

1.18　朝廷后期的元老重臣

曹魏朝廷在曹叡执政及曹芳、曹髦、曹奂为帝的时期，尚有一批曹操创业之时遗留下来的元老大臣，他们的职业岗位不同，却都为曹魏事业奉献良多，是极有资历和影响的人物。面对当时国家高层政治斗争的公开化，他们作出了自己的选择，并以各自不同的应对方式影响了国家政治的进程。

1.18（1）做事必出成效的韩暨

曹魏集团中的韩暨是一位特别之人，他个性突出，历事丰富，人过中年之后归属曹操，做过不少有影响的事情，他也被后世认定为三国时代的发明家而深受尊崇。《三国志·韩暨传》及其引注记述了韩暨的人生经历与其中重要事迹，介绍了他一生做事的认真态度，也通过其临终对丧事的安排，展现了他信实为人的不俗品行。

韩暨，字公至，南阳郡堵阳县（治今河南方城东三公里）人。他是西汉诸侯韩王信的后代，祖父韩术曾任河东太守，父亲韩纯曾任南郡太守，出身世宦人家的“官三代”，韩暨后来有他不同的人生道路。

受雇积财结交刺客而复仇　堵阳豪族陈茂，先前诬陷中伤韩暨的父兄，几乎令他们被判死刑。韩暨表面上没有声张，他为人雇佣做工积累资财，暗地里结交侠士刺客，最终找到抓获陈茂，以其人头祭祀父亲坟墓，韩暨因此出名。后来韩暨被举孝廉，受到司空府征召，他都没有应命。

散尽家财化解山寇　后来韩暨改名换姓，隐居于鲁阳山（治今河南鲁山）中。当地山民结党聚众，准备四处抢掠。韩暨散尽家中财产，买了牛和酒来宴请他们的头领，向其陈说安危利害，这些山民听从了他，随即解散，没有为寇作乱。他居处山区贫困之地，但为了挽救山民宁可用尽全部财产，表现了重义轻利的品行。后来他为了逃避袁术的征召，又迁到山都县（治今湖北襄樊西北四十公里）的山中。

从荆州官员归属曹操集团 荆州牧刘表听说了他的名声，又以礼征召，韩暨又逃到孱陵（治今湖北公安南）边界居住，得到了当地人的敬爱，刘表为此非常恨他，韩暨害怕，只好应命，担任宜城（治今湖北宜城南三公里）县长。208年曹操平定荆州，征召韩暨担任丞相士曹属。这里没有讲他属于勉强应命，应该体现出了个人的自愿。按照他的出生时间，归顺曹操时已经是大约五十岁的年龄。大概由于资料的缺乏，史书中对他先前的事情记录都简而少。

发明“水排”以供冶矿铸造 韩暨其后被曹操选为乐陵（治今山东乐陵东南）太守，又调任为监冶谒者，即监掌矿冶事务的谒者。先前冶金铸造，需要用到马排，这是一种用马匹牵引鞲鞴（活塞）转动，以鼓动风力吹旺炭火的器具，每一加工过的熟石器械用一百匹马；后来将马排换成人排，但又耗费功力。韩暨于是凭借水流制作了水排，利用水力牵引活塞以鼓风吹火，计算水排得到的效益，是马排的三倍。韩暨在职七年，使国家所用的兵器械具都很充足，这是他作为发明家而对国家社会的贡献。朝廷对他下诏褒赞，加授他为司金都尉，该职位是曹操在汉末特设主管冶铁事务的二千石四品官职，地位仅次于九卿。

建议移建曹氏宗庙到洛阳 220年曹丕受禅称帝，建立魏国后，封韩暨为宜城亭侯。226年曹丕临逝前升任他为太常，为掌管宗庙祭祀礼仪的卿，封南乡亭侯，食邑二百户。当时魏国刚迁都洛阳，法令礼俗等制度还未完备，而宗庙尚留在邺城。曹叡执政之初，身为太常的韩暨真诚履行自己的本职，建议迎邺城的四庙神主及先祖牌位到洛阳，建立洛阳庙，以便四季定时参祭。他的意见被曹叡的朝廷所采纳，并立即开始实施（参见1.5.3《皇帝的家事》）。两年后的229年十一月洛阳庙建成，朝廷的祭祀由此更加合乎正礼，匡正了当时不合礼仪的做法。

晚年得到的表彰与职位提升 韩暨在太常职位上历时八年，234年他因病辞职，被任太中大夫，为天子的高级参谋。238年春，曹叡下诏说："太中大夫韩暨，看重身心修养，他的心志气节高尚而纯洁，年过八十。遵守道义更加坚定，可以算得上纯粹忠诚，年老而德行愈美的人。"曹叡这里提到韩暨的年龄，据此推算他大约是159年出生。曹叡还在此诏中任命他为司徒。韩暨虽然数年前提出病老而辞职，但曹叡还是给了他另外的荣誉职务，保证他享有更高的尊荣。

临终坚持俭朴安葬的想法 受任司徒不久后的同年四月韩暨去世，遗令以平常的服装入殓，葬于土穴即可，朝廷谥他为恭侯，他的儿子韩肇继承了爵位。《楚国先贤传》中记录，韩暨临终遗言说："社会风俗奢侈，就应展示俭朴以引导，俭朴要用礼来节制以实现。以前总看到前代人送终安葬超越了礼制，过失太大了。你们应恭敬地听我遗言，以平常的衣服入殓，安葬在土穴中，穿罢衣服马上入土，墓中埋上瓦器，切勿再增加什么。"韩暨临终对他的儿子做了郑重的交代，提出用超常俭朴的方式安葬自己，希望借此以引导改变奢侈的社会风俗。

为了保证遗言的实施落实，他又上疏曹叡说："一个人应当生存时有益于民，死后仍然不害民。何况我身居台司高位，在职任上时间短，未能宣扬主上的圣德以带给百姓广泛的利益。现在病重弥留，即将离世。方今百姓农务，不应增加劳役，请求不要让洛阳吏民为我供设丧具。我担心按照国家常规典制，不会随从为臣的私愿，所以冒昧上疏，只盼爱怜和允许。"韩暨为司徒高官，按规定安葬时当地百姓是要提供丧具的。但韩暨认为自己生前并没有做出多少对国家百姓有益的事情，所以向曹叡上疏请求取消这一程式，以简朴安葬的方式减轻百姓的劳役负担，实现死后不害民的心愿。

曹叡对其安葬的态度与做法 曹叡看到他的上表后非常感叹，立即下诏说："原司徒韩暨，为人积德践行，在朝忠诚不贰，到了晚年，正直信实的品格丝毫不减。位至三公，本希望获得他的弼辅之助，如何突发不幸，天命竟不永久？当年曾参（孔子的学生）临逝，换掉大夫才能使用的箦席以尊礼制；晏婴（春秋齐相）崇尚俭朴，安葬时减少规定的车辆。现在韩司徒深明天命大义，留下遗言希望体恤百姓，坚持崇尚简约，他可以称为善始善终的人。其丧礼的设置，都遵循以往的惯例，不要有什么缺少。特赐给温明秘器、寒暑衣一套、五时朝服和玉具剑佩。”

曹叡这里对韩暨一生作了从前至后的赞赏，表彰了他的忠诚品格，表达了对他逝去的遗憾，又公开了他的简葬遗言；而且举例说明俭朴和守礼都不失为贤人。他仍然坚持以过去的礼制与惯例来安葬，似乎并没有听从韩暨关于丧事为俭的遗愿，他是把葬礼作为对一个人一生的评定和应有的待遇来对待的，同时大概也想坚守和保持国家礼制的恒定不变。非但如此，他还特意赐给了韩暨更为高级的衣物器具，其中温明秘器，是专用于大殓中悬尸的葬器，为朝廷少府下设专门做御具的东园府所特制。曹叡本来就是一位并不崇尚节俭的君主，他是以所赠物品来表达对老臣韩暨德行人格的尊崇。

韩暨在曹魏集团任职干事三十年之久，因为高寿而成为曹叡时期的三世老臣。通观他前后一生的经历，能够看到他为人的信实和做事的认真，从早年的家族复仇、化解山寇，到后来的冶矿铸铁、任职太常，无论在任何事情上，他都能通过自身的思考和努力作出显著的成效，在身后俭葬一事上，他依然想通过细致的安排和诚恳的请求来保障，希望以此引导风俗并节俭民力。曹叡对他的多次赞扬表彰，无疑是对他多年功业的肯定，而赢得曹叡和众人内心敬重的正是他那种必出成效的做事精神及其坚强的人格品行。

1.18（2）才智后发的崔林

社会生活中有早慧的才子，他们会像神童一样受到周围人们的欣赏和追捧；也有一些潜质深涵、才智后发的青少年，他们需要等待社会生活的磨炼，经过了一定的人生阶坎，才会开始自我潜能的发挥。《三国志·崔林传》及其引注等资料中记述了崔林的人生发展与职场业绩，介绍了他近四十年间在曹魏集团多种职位上所做出的贡献，展现了他的特出品格和卓越才智以及大器晚成的迥异人生。

贫穷官员而德政受赞 崔林字德儒，清河东武城（治今山东武城西北十五公里）人。他早先在家乡的情况少有资料记录，只知道他年少时没有名望，受到婚亲与本族大多数人的轻视。205年，曹操平定冀州，征召崔林为邬县（今山西介休东北）县长，他因贫穷连车马都没有，只好只身步行前去就任。次年曹操亲征壶关（今山西黎城东北太行山口），出军讨伐袁绍女婿高斡，他在当地询问哪位官员最有德政，并州刺史张陟推举崔林，于是曹操提拔崔林为冀州主簿，又改任别驾、丞相掾属，把他调到自己身边任职。213年曹操受封建魏，崔林被提升为御史中丞。

轻去就重惠民的守境理念 220年魏文帝曹丕称帝后，崔林为尚书，又出任幽州刺史。当时北中郎将吴质统领黄河以北的军务，涿郡太守王维对崔林的别驾说："吴中郎是天子宠幸的显贵大臣（参见1.4.12《公子哥儿的做派》），持节统领军事，州郡官吏都带着信札问候他，而崔使君却不与他往来，如果吴质以不整治边塞的罪名杀你，崔林又怎能保护你呢?"别驾将这话告诉了崔林，崔林说："我把脱离幽州刺史这个官职，看得就像脱去鞋子一样，怎能牵累你呢？幽州与夷狄接壤，应该以温和平静的方法来镇守，如果扰乱就会使民众生出叛逆之心，会给国家平添北顾之忧。"崔林清楚地表达了他看轻官位去留而心忧百姓安定的镇边理念，也反映了他驻守幽州边境的工作重心所在。他任职期间，北方夷寇没有兴兵叛乱。

但崔林最终还是因为不讨好上司，被降为河间（治今河北献县东南十公里）太守，人们都为崔林抱不平。而《魏名臣奏》中记录说，朝廷侍中辛毗曾说："桓阶做尚书令时，认为崔林没有作尚书的才能，所以最后将他调任河间太守。"从当时的情况看，驻军高官可以给地方大员制造些难堪，但他个人无法决定后者的去向，崔林没有讨得好感的那位"上司"应该不是吴质，将其降职使用的上司应该是朝中官员。

定出夷狄使者的接待标准 崔林后来入朝任大鸿胪，为执掌与地方诸侯和周边夷狄礼仪事务的二千石三品官员。龟兹（今新疆库车一带的小国）国王派他的儿子入朝侍奉皇帝（称为侍子），朝廷嘉奖其远道而来，褒赏给龟兹王丰厚的礼物。不久其余各国也都各自派侍子来朝，来往使节络绎不绝。崔林考虑些国家并非真心归附，只是找些疏远亲属或经商的胡人，借他们来充当使者，以此得到封赐的印绶，而朝廷沿途还要护送，给国家带来很大的损失。劳苦自己的百姓，在无益的事情上耗费资财，反被夷狄讥笑，这是过去发生过的祸患。崔林于是发文书到敦煌说明意图，并抄录前代接待各国使者丰厚或简约的旧例，作出新的规定，使接待之礼有恒定的标准。

对官员考核问题发表意见 226年曹叡即位为帝，赐崔林关内侯，又转为光禄勋、司隶校尉。后来散骑常侍刘劭奉命作《考课论》，曹叡诏令将其下达给各级官吏讨论。崔林发表意见说："按照《周官》中的考核官吏的内容，条文已完备了，自周康王以后，国家开始衰落，这说明考课官员的制度，完全是因人而异的。到了汉末，难道是因为官吏的考核制度不健全吗？我认为如今的法令制度，不能说是简略不密，问题在于必须始终如一地去坚守执行而不放弃。"（参见1.5.15《一场选官定制的讨论》）他是认为选官用人不在于制度标准的细密，关键在于人的执行，主张不必用外在的条例框子死套实际工作。

司隶校尉负责纠察京师百官及所辖畿辅地区，后者约包括河南、河内、河东、弘农诸郡。崔林在司隶校尉所管辖的各郡罢除了违法员吏。他在职任上推崇诚信，善识大体，应该是尽力追求良好的人治，所以在离职后，部属官员总是怀念他。

与堂兄崔琰的相互评价 崔林是曹操身边名臣崔琰的堂弟，崔林年轻时宗族的人都看不起他，只有堂兄崔琰很赏识。崔琰曾说："这就是所谓大器晚成的人，最终必定很有前途。"（参见1.13.1《被屈死的崔琰》）崔琰是曹魏集团正直有为的官员，但他在216年含冤自杀。《魏略》中记录说，曹叡在位时，崔林曾与司空陈群共论冀州人士，他称堂兄崔琰为首。陈群提出崔琰"智不存身"，认为拥有的智慧不能保护自身，以此作为反驳。崔林说："大丈夫来到世间要看时运机会，就像你们这些人，难道就很高贵了吗!”崔林年轻时应是最早得到了堂兄的正面肯定，他则在崔琰屈死之后公开给了堂兄最好的坚定评价。

被同僚荐举任司空 237年，司徒、司空的位置都空缺，散骑侍郎孟康上疏推荐崔林说：“宰相，乃是天下人所观察效仿的人，确实应该寻求秉性忠诚、行为端正、崇德仗义，并能为天下作出表率的人来担任。我私下觉得司隶校尉崔林，他秉持天然正气，具有高雅博大的胸襟，其长处可以比之古代贤人，他忠直不阿，清廉守约。担任州郡的长官，所在之地都得到很好治理，辖区内和顺整齐，实在是任职台辅的大器良才。”朝廷在下一年即任命崔林为司空，封安阳亭侯，食邑六百户。三公被封为列侯，就是从崔林开始的。不久，他又被晋封安阳乡侯。

关于祭祀先圣的再讨论 鲁国国相上书说：“汉朝过去立孔子庙，褒成侯（孔子后代封号）每年四季崇奉祭祀，在太学行礼仪，必定祭祀先师孔子，这由皇家提供祭品，春秋两季举行大祭仪式。如今宗圣侯（曹魏时孔子后代的封号）祠奉孔子，国家却没有提供祭祀之礼。应该给予牲畜等祭品，让重臣敬奉祭祀，将孔子尊奉为贵神。”曹叡命太尉、司空、司徒三府讨论这件事情。博士傅祗认为：“按照《春秋传》上提到享祭的典章，孔子是符合祭祀条件的。宗圣侯真正是继绝世，彰盛德，要显扬孔子的学说，崇敬完美的德行，就应该依鲁国国相上书中所说的那样。”

崔林认为：“宗圣侯也是按照皇命祭祀的，不能说没有皇命（参见1.4.7《新皇帝的作为》中）。周武王加封黄帝、尧、舜的后代，设立三恪，夏禹、商汤时，没有给当时的三皇后代封王侯名号，又特意命令没有专职的散官去祭祀。如今周公以上，一直到三皇，忽略而不祭祀，而礼仪也还记载在《周礼》之中。现在唯独祭祀孔子，是因时代相近的缘故。以一个大夫的后代，享受如此祭祀，礼仪上超过了七代的帝王，道义上也超过了商汤、周武，可以说是崇尚光大、报答恩德了，不需要让不是他后代的人再祭祀了。”崔林这里列举了多种理由，总之是认为，有鲁地宗圣侯祠奉和祭祀孔子已经够了，不必要再进行国家承担的祭祀。因为崔林的这一意见，当时朝廷似乎没有采纳鲁相国的提议。

崔林这里的议论受到了后世某些学人的非议，是认为他没有更高地提升孔学的地位。这类问题的争论其实具有复杂的社会背景，也包含对历史、现状及其文化与经济状况的总体把握，不同方案都有得以形成的根由，没有绝对的正误之别。曹叡后来又分给崔林食邑，封他的一个儿子为列侯。

曹芳在位的244年，崔林去世，谥号孝，其子崔述承袭了爵位。崔林完全属于才智后发之人，他被曹操鉴识任用后，开始在地方治理和国务活动上发挥了自己内涵的聪明才智，取得了令人赞赏的政绩。陈寿称他“俭朴知能”，他是一位凭借自身潜质而脱身贫困成就功业的智能才俊。

1.18（3）明于司法的六朝元老（上）

曹魏集团由曹操于190年开始首创大业，随后曹丕于220年接受汉献帝禅让而代汉建魏，其后曹叡、曹芳、曹髦和曹奂先后在位称帝，直到265年曹奂被迫禅位亡国，前后共历六位君主。这其中一件出乎常人意料的事情是，有位大臣从头到尾历经和侍奉了这六朝君主，几乎是曹魏全部创业和整个国家历史的见证人，他就是一生公正持法、推动和影响了当时司法建设的杰出人物高柔。《三国志·高柔传》用较长的篇幅记述了高柔从汉末到魏末历史阶段中非同寻常的人生经历，尤其介绍了他自204年归顺曹操后能够感动君主的出色工作，以及他对重大军政事情的积极建言和正确预料，表现了他鉴识事物的敏锐思维和在国家法治建设上的超前理念。

高柔，字文惠，陈留郡圉县（治今河南杞县南二十五公里）人，他的父亲高靖在东汉末任蜀郡（治今四川成都）都尉，而高柔本人在家乡陈留（治今河南开封东南）生活。汉末董卓乱政时群雄并起，年轻的高柔开始观察政治形势并选择自己的人生道路。

预料到家乡的军事争夺 当时约为192年，曹操为兖州（治今山东鄄城东北二十五公里）刺史。高柔对本乡邻的人说：“现今天下英雄并起，陈留乃四战之地，曹操虽据兖州，他有进图四方的宏图，未必会甘心坐守兖州。而且张邈起兵时首先为陈留太守，现在他跟随曹操，恐怕会有其他变乱，想与大家一起避开此地。”乡邑的人都认为张邈与曹操关系密切，因为高柔年少，大家都不相信他的话。高柔的堂兄高幹是袁绍的外甥，当时身在河北的高幹呼唤高柔，高柔于是与全宗族的人一同前往冀州（治今河北临漳西北）。他们离开家乡一年后，张邈乘曹操出征徐州而东迎吕布为兖州牧（参见 1. 3. 17《一对生死友谊的破裂》），这里发生了两股军事势力持续两年的反复争夺。

归顺曹操并在职任上宽大为怀　适逢高柔父亲高靖逝于益州，其时道路艰险，兵寇横行，高柔不畏路途险阻，冒险到蜀地迎丧，尝尽了各种艰辛，三年后才返回冀州。曹操后来打败袁绍，在 204 年夺取了冀州，高柔归降了曹操，他时年三十出头，曹操任其为菅县（治今山东章丘西北）县长。县中的人以前对高柔有所听闻，有几名奸吏因而自己离去。高柔表示说：“过去西汉时邴吉上任，官吏曾有过错，他都予以宽容，何况这几位官员，对于我不是还没有过错吗？还是把他们叫回来让复职吧。”几位官员返回，他们都自我勉励，后来成了好官。这里展现了高柔为人处政的基本风格。

以勤勉工作解除君主恶意忌恨　当时高幹与高柔同时归降曹操，次年高幹据并州反叛，曹操于是想找个茬子杀掉高柔，就命他为刺奸令史，这是掌司法监督事务的相府属官，大概是工作范围内的是非纠葛较多吧。而高柔在本职工作中处法允当，狱中无滞留的案犯，他日夜做事不曾懈怠，有时候把文书案卷抱在腿膝盖上就睡着了。曹操经常在夜间私下出巡，查看属下各位吏员，一次他看见高柔抱膝而寝，非常哀怜，就慢慢解下自己的裘衣盖在高柔身上后离去。曹操不久任命高柔为丞相仓曹属，主管仓谷事务。

在这里，曹操出于对高幹的忌恨，要寻找便于利用的工作机会诛杀高柔，不能认为高柔看不出曹操的心意，高柔也许认为曹操的这一心思事出有因，如何对待上司非善意的工作安排，应该关乎着高柔的人生进退与性命存亡。在高柔看来，自己既然没有堂兄高幹那样的反叛之心，就不必有过多的顾虑，只要认真做好分派的事情，自己的诚心必能为人鉴识。高柔穿着曹操给就的“小鞋”，就像什么都不知道一样，报以完全无视的态度；同时他更加负责和勤奋地工作，把自己对人对事的诚信用踏实工作的行动和效果体现出来。曹操那次夜巡之后应该是有感于高柔做事的实在勤勉和毫不计较的忠诚，所以为其调换了另一更重要的工作，这表明了对高柔戒备心的解除以及对他重树的信任。

对出兵汉中事态的正确预料 211年，曹操要派钟繇等领兵讨伐汉中张鲁，高柔劝谏说：“现在派大军西行，关中之地的马超、韩遂会认为军事行动是针对他们的，如果受到别人的煽动就容易反叛。现在应该首先安定三辅（约今陕西中部关中之地），三辅若安定了，汉中只要用一纸檄文就可以让其归降。”曹操没有听从，钟繇率军入关后，马超等果然反叛（参见0.5.5《名闻三辅的马腾》）。曹操后来为平定了关中之敌费了很大的周折，而这件事情证实了高柔对复杂军情分析的敏锐和正确。

坚持对逃亡士兵减轻刑罚 213年，曹操称魏公，建魏国，高柔任尚书郎，转拜丞相理曹掾。其时曹操发令提出了“社会教化要以礼为首，整顿弊政要以刑为先”的治政方针，也许是看重刑法，他特意安排高柔执掌刑狱事务。当时军中乐手宋金等人在合肥逃跑了，按照旧法，军队出征时士卒逃亡，要拷问审查他的妻子儿女。曹操担心这样不能止息士卒逃亡，于是要求加重对宋金的刑罚。宋金有母亲、妻子和两个弟弟都在官府中服役，主管官员上奏要将他们全部诛杀。高柔上奏说：”军中士卒逃亡实在可恨，然而我私下听说逃跑的士卒时常有后悔的人。我觉得应该宽恕他们的妻子儿女，这样一可使贼众不相信他们，二可引诱逃亡的士卒产生归还之心。如果按照旧法，就断绝了其归还的愿望，假如再加重刑罚，恐怕现在军中的士卒看见一人逃亡，想到自己会受株连，就会跟着逃走以免被杀。这种重刑不是用来制止逃亡，反而会增加士卒的叛逃。”曹操赞同高柔的意见，当即中止了诛杀宋金的母亲和弟弟，许多人也因此得以活命。

看重刑罚对于消除弊政的意义，并不等于一味地加重刑罚，关键是要针对实际情况，搞清楚刑罚的轻重调整会产生的现实影响，进而作出利害关系的比较和选择。高柔在这里清楚地分析和说明了两种选择所产生的不同效果，坚持用更轻的惩戒方式对待逃亡的士兵，这其中有法理作用的思想逻辑，也出于他一贯仁爱为善的心性。

对校事职务设置的事先劝谏 高柔后来转为颍川太守，又回京任法曹掾，执掌邮递驿传事务并兼管司法。当时朝廷置校事职位，充当君主耳目以刺探官员言行，并安排卢洪、赵达等任职。高柔劝谏说："设置官位和划分职守，各有分管负责的事情。现在设置了校事一职让监察群臣，这不合于上级掌事者相信下级的意旨，而且赵达等人多次凭自己的好恶作威作福，应该作出检查惩治。"曹操说："你对赵达的了解恐怕赶不上我，关键是要能检举他人过失并处置群臣，假如让一位贤良君子做这事，就是不可能的。当年汉初叔孙通把壮士群盗推荐给高祖刘邦，是有道理的。"他没有听从高柔的意见。后来赵达等人的为奸谋利之事暴露，曹操将他们诛杀，为此向高柔道歉致谢。曹操这里惩处了赵达等人，而当时并没有取消校事一职的设置，此职直到司马氏 249 年掌政之后才被罢黜。这里表明了高柔在校事职位设置一事上的先见之明。

1.18（3）明于司法的六朝元老（中）

心性早熟的高柔自年轻时就能正确预察汉末天下的某些政治情势，他自 204 年在冀州归顺曹操以来，在君主的疑忌考验中取得了信任，后对曹操的军政活动屡次建言献策，也为曹魏的司法建设提供了积极进步的理念。《三国志·高柔传》还记述了他在曹丕建国后的朝廷担任重要执法职务后的活动事迹，介绍了他在年轻皇帝属下敢于坚持道义和原则，以及坦直无私的处事行为。

主张抑制吏民间的相互告发 曹丕即位称帝后，任命高柔为治书侍御史，负责依仗法律处置疑难案件，赐爵关内侯，加任治书执法，这是御史台掌奏劾事务的六品官职。当时民间多次有诽谤朝廷的所谓"妖言"，曹丕对此非常痛恨，凡是有告发者就赏，被告者就杀。高柔上疏说："现在有妖言的人必杀，告发的人有赏，这使那些有过失的人没有了归正为善的机会，又为凶狡奸猾之徒相互诬告开了风气，这不是制止奸邪、减少狱讼的办法。过去周公作《诰》，称赞殷朝的先祖不计较小人的怨言，汉文帝也曾废除了妖言诽谤的法律，我认为应该废除对告发诽谤妖言给予奖赏的法令，以发扬光大上天养育万物的仁德。”高柔建议为政者应该宽以待人，主张应允许吏民发表对政府的意见和非议，也保证他们有改邪为善的机会，而绝不能用奖赏手段鼓励相互间的“罪行”告发，他还要求把这种思想精神用法律程式上的抑制性方式体现出来。

曹丕没有采纳高柔的意见，因而互相诬告的人越来越多。事情发展的结果必然会造成民众相互感情上的撕裂，导致社会生活中消极戾气的严重蔓延，引发更大的社会矛盾。曹丕应该是看到了这些不良的社会后果，于是下诏说：”再有告发诽谤之言的人，就用诽谤之罪来处罚。”从此诬告之事就再没有了。当时校事刘慈等人，自曹丕在位之初几年间告发官员犯罪上万件，高柔请求应全部核查虚实；其余轻微违法的人，他让交罚金即可。

判案顾及被告的犯罪动机 223年，高柔接替钟繇升为廷尉（参见1.14.1《钟繇的建魏之功》中）。廷尉是国家专掌刑狱的二千石三品官员，《御览》中引《廷尉决事》记录说，当时发生了一件案子：农民傅晦到附近村民籍牛的晒谷场上偷盗了谷子，籍牛发现后，将一把斧子掷向傅晦，砍折了傅晦的脚，不久傅晦亡故。按照法律，应该处死籍牛并暴尸。廷尉府官员枣超提出不同意见说：“傅晦是夜晚偷盗，籍牛本来没有杀害他的心意，应该减去死罪一等。”这正是发生在高柔担任廷尉时的案件，枣超所提复议应是得到了高柔支持的，其中考虑到了被告当时并无杀人动机，建议免于极刑，这应属于一种进步的司法理念。

建议三公大臣参与国家治理 魏朝建立初期，三公（指太尉、司徒、司空）没有多少事务，又很少参与朝政，成了一种荣誉性职务。高柔上疏说：“天地因为四季而有收获，元首因为有大臣辅佐才治理国家，历史上各朝的明王圣主都是有贤臣良傅的尽力辅佐。三公之臣都是国家的栋梁，为民众所仰慕，现在却被置之一边，不让他们参与治政，使其很少进言献策，这实在不是朝廷推崇和任用大臣的初衷，也不是大臣尽职尽责的办法。古时国家有刑政疑难，官员们总是在一块儿商议讨论。今后朝廷碰上疑难及刑狱大事，应该经常向三公咨询。三公在朔望（指每月的初一、十五）上朝，此外还应适时请进朝中，让他们议论政事得失并讲清事实，这定能启发君主，有益于国家治理。”曹丕赞许并采纳了他的建议。

坚持从法不从君的原则 226年，曹丕因对御史中丞鲍勋有宿怨，借其小过失而要枉法诛杀他，廷尉高柔拒不服从诏命，曹丕于是找借口把高柔召至尚书台办事，然后派使者奉旨到廷尉监狱将鲍勋处死，鲍勋死后才放高柔返回府中（参见1.4.10《褊狭的气度》上）。枉法诛杀鲍勋自然反映着曹丕的狭隘心性与行为过失，但廷尉高柔敢于公开抗拒皇帝的这种枉法行为，而曹丕只有在把高柔调离，使他不在现场时才可以执行自己的错误决定，足见高柔对法律严肃性的推崇，以及他在司法监管职位上所持从法不从君的道义原则。

要求取消对博士任用的职务限定 曹叡继位后，封高柔为延寿亭侯。此时博士都从师受业，高柔应是感到了对博士任用上的问题，于是上疏说：“我听说遵循先王之道、重视学术，是圣人的明确训诲；推崇礼制，崇尚儒学，是帝王坚守的大义。汉末国家衰落，礼乐典章被破坏，雄争虎斗，大家都以阵战为要务，致使文人学士归隐而不彰显。太祖（指曹操）刚兴起时，对这些事情感到忧患，所以在治理乱世之时，让各郡县设立教学之官。高祖（指曹丕）即位后，进一步发展这一事业，恢复兴建学校，各州设有考核。于是天下学士受到了正规的教育，他们亲身践行各种祭祀之礼。现在陛下临政，一定能展现聪明睿智，光大先帝的业绩，即使是夏启、周成王也无法超过。然而，现在博士都通晓经术且品行修美，是国内精选的人才，而升迁任用时却规定不超过县长级别，恐怕这不是崇奉显扬儒学的方法，反而会鼓励怠惰。我认为所谓博士，是传播道义的渊薮，学习六艺的源头，应该根据他们学业和品行的优劣，安排给各种不受限制的职位，用崇尚道德教化的方式勉励学者。”

高柔在这里大略回顾了曹操和曹丕推崇教化并启用儒士的先例，对年轻皇帝曹叡也作了某些适当的吹捧褒扬，他是着重指出目下朝廷对博士儒生的任用仅仅限定在县长一级，主张应打破这种限制，把他们按照学业品行的不同状况，任用到更多的岗位上。在读书人并不普及的传统社会，高柔的提议是有一定道理的，毕竟，拥有丰厚文化修养的博士儒生总能更好地适应多种高级职位的要求。史书上说，当时曹叡采纳了他的建议。

劝诫曹叡节欲以得嗣子 后来，曹叡大建宫殿，百姓劳役繁重；朝廷又广选美女填塞后宫；而后宫的皇子连续夭折，曹叡还没有继嗣之人。高柔上疏说现在后宫人数已远超《周礼》规定的一百二十人数目，并明白地指出曹叡子嗣不盛，就是由宫女太多而引起。他建议曹叡应精选少量贤淑美女，备齐内官数目就行，其余的全部遣送回家，并劝谏曹叡应该育精养神，以专静为贵（参见1.5.13《对忠臣劝谏的圆通处置》上）。

高柔这里是利用自己年龄为长的元老身份，对年轻皇帝曹叡公开进行了关于生殖事务的规劝告诫，提出了用节欲、安静的方法解决问题，表现了对君主一片忠诚而直率的态度。曹叡答复说："知道你忠诚公允，内心牵挂着王室，常常能够无私直言，所言事情已经知道了。"他从表面上是认可了高柔劝诫的。

1.18（3）明于司法的六朝元老（下）

高柔在曹魏集团中担任过多种职务，但他更多的是处在与司法和刑狱相关的职位上。无论对于正在迅速壮大的集团，还是对于初建的国家，都有一个法制建设并不完善的问题，这正好给高柔在司法领域的积极作为提供了很大的空间。《三国志·高柔传》记述了高柔在曹魏后期许多有影响的职务活动，介绍了他推动司法审案公正化的行为努力，以及在高层政治斗争中的基本态度，表现了一位元老大臣对当时国家政治的影响。

坚守司法判决的公正性 曹叡执政时，禁止在天子苑囿狩猎的法令非常严厉。治所在宜阳的典农校尉刘龟曾私下在禁区内射兔，功曹张京就找到校事报告了此事。后来曹叡隐匿了张京的名字，把刘龟收捕入狱。高柔上表请求曹叡说出告发者的名字，曹叡大怒说："刘龟应该处死！他竟敢在我的禁区狩猎。将刘龟送到廷尉处，廷尉就该拷问他，有什么必要打听告发者的名字，难道我会随便抓他刘龟吗?”高柔说：“廷尉，是天下讲公平的官员，怎么能以陛下的喜怒来弃置法律呢?”他再一次上奏表，言辞中肯深切。曹叡心中醒悟，于是告诉了张京的名字。高柔立即回去审讯，刘龟、张京两人各当其罪。高柔这里拒绝曹叡对告发者的隐匿，坚持了判案的公正性。

认定实情而公正定罪 当时的制度规定，官吏遇上大丧，一百天后都要就职服役。司徒府吏员解弘的父亲去世，安葬后遇上军事行动，应该受命前往，而他提出生病作推辞。曹叡下诏发怒说：“你不是大孝子曾参、闵损，竟然称大丧损毁了身体?”要求抓捕解弘。高柔看见解弘身体很虚弱，确实有病，即上奏说明这事，认为应宽恕解弘。曹叡于是下诏说：“解弘果真是孝子，宽恕他吧。”高柔这里不顾君主的主观臆断，他依据被告人的实情来确定事实，拿到事实再审查是否有罪。这里体现着以事实为根据的执法精神，同时也有他一贯与人为善的态度。

主张宽恕反叛人的兄长 当初，辽东公孙渊的哥哥公孙晃，在他叔父公孙恭掌政时到洛阳做人质。后来公孙渊在公孙恭之后掌政，公孙晃几次向朝廷陈述公孙渊有叛逆的情况，及至公孙渊公开反叛，朝廷派出大军将其于238年一举平定。当时按株连法要将公孙晃处斩弃市，曹叡不忍心在街市斩杀公孙晃，想把他在狱中悄悄杀死。廷尉高柔上疏认为，公孙晃虽然是叛逆者的同族，但推其本心，是可以宽恕的（参见1.5.25《对辽东的战争》下）。曹叡没有采纳这一意见，鸩杀了公孙晃和他的妻子儿女，死后给了他们较好的安置。无论事情的结果如何，从现代法理的角度看来，高柔关于宽恕公孙晃的提议无疑是更合理进步的。

建议取消皇苑打鹿的禁令 当时杀死皇家禁地之鹿的人都要被处死，财产没收充公，而有能发觉并告发的人，则厚加赏赐。高柔为此上疏说：“圣明的帝王治理国家，无不看重发展农业，节用积财。蓄财积谷而有忧患，这是从没有的事情。现在百姓徭役很多，种田的人减少，近来又有了狩猎的禁令，群鹿侵害作恶，残食秧苗，处处为害，损失已无法估量。如今天下生财之道很少，而受到麋鹿破坏损失的又很多。一旦发生战争，或遇上凶年灾祸，将无法应付。陛下应该察览先圣的所想，体恤耕种劳作的艰难，放宽百姓耕种的范围，允许他们抓捕麋鹿，取消捕鹿的禁令，使百姓得到长久的利益。”

高柔这里是站在为民请命的立场上为百姓争取利益，《魏名臣奏》上记录了他就此事向曹叡的另一上疏，其中说：“我深思陛下所以不早些获取禁地的鹿，是想让鹿大量繁殖，然后将其作为一笔军国费用。但我认为这些鹿只有每天损耗，最终没法增多。为何这样呢？现在禁地广达千余里，估计其中有大小老虎六百头，狼五百头，狐狸一万头。假使一头大虎三天吃一鹿，那每虎一年需一百二十只鹿，六百头虎一年会吃七万二千只鹿。如果十头狼每天合吃一鹿，那五百头狼一年共吃一万八千只鹿。初生的幼鹿不能走得快，能被狐狸捕捉为食。如果十头狐狸一天合吃一只能捉到的幼鹿，等到鹿子能健走的一月间，那一万狐狸一月共食鹿子三万只。大约一年能吃十二万幼鹿。其他雕鹗所造成的伤害尚未计算。以此推之，最终得不到多少鹿，不如早些获取更好。”他这里用数学方法计算，认为鹿的繁殖并不能够获得多少利益，其整体思路并非全面和完善，但由此反映出了他的价值理念和持论立场。

一次为民申冤的审案 有一次护军营的士兵窦礼外出后几天未返回，长官认为他逃亡了，向上报告请求追捕，同时要将其妻子盈以及全家男女收捕充当官奴。这位妻子盈来到州府，声称冤枉并提出申诉，但没有地方受理，盈于是找到了廷尉。高柔问她说：“你怎么知道你丈夫不是逃亡？”盈哭着说：“他年幼时一个人单独生活，后来养着一位老太为母亲，侍奉她非常恭敬；现在又非常疼爱自己的儿女，养育和看护他们未曾分离，他不是那种轻薄浮华不顾家室的人。”高柔听罢后问：“你丈夫与别人有过冤仇吗？”盈回答：“他为人良善，从未与人有仇怨。”高柔又问：“你丈夫没跟人有钱财上的交往吗？”盈回答说：“他曾借钱给同营士兵焦子文，没有要回来。”当时焦子文因为其他小事犯法正被关押，高柔于是召见了子文，询问了他被关押的事情，然后问他：“你曾借过别人的钱吗？”子文回答：

“我孤单贫穷，不敢借人家的钱。”高柔见他神态异常，于是直接问道：“你曾借过同营军士窦礼的钱，怎能说不曾借呢?”子文奇怪高柔怎么知道这事，他无言以对。高柔于是说：“你已经杀了窦礼，应该趁早承认。”子文连忙叩头，说出了杀害窦礼的过程以及尸体掩埋的地点。高柔派吏卒挖出了窦礼的尸体，真相大白。后来曹叡下诏书恢复盈母子为平民。《通典》中说，曹叡是把这一审案过程作为典型案例昭告天下。

对司马氏的关键性支持 高柔担任廷尉二十三年，在曹芳为帝第七年（246 年）转为太常，十多天后升为司空，三年后又任司徒。249 年高平陵事变中，太傅司马懿奏免大将军曹爽，高柔接受郭太后诏令，假节，代行大将军职务，他领兵占据了曹爽在城中的军营（参见 1. 7. 2《高平陵之变》上），实际上支持了司马氏的行动。司马懿对高柔说：“你成为周勃了。”这是用汉初平定诸吕夺政归刘的第一功臣周勃比喻他。曹爽被杀后，高柔受封为万岁乡侯。254 年高贵乡公曹髦接替曹芳即位为帝，高柔晋封为安国侯，兼任太尉。260 年常道乡公曹奂即位为帝，高柔作为六朝元老，增邑至四千户，前后有二子受封亭侯。263 年，九十岁的高柔去世，谥号元侯，他的孙子高浑嗣爵。两年后，晋王司马昭的儿子司马炎接受曹奂禅让建立晋朝（参见 1. 9. 4《禅让帝位》）。魏国灭亡后，晋朝认定高柔在前朝立有大功，给高浑改封了晋朝爵位。

高柔离开廷尉职位后尚在朝中任职十四年，其间并没有其他突出的事迹被记载，而他的职位与待遇不断提升，这包含了司马氏对他在高平陵事变中绝大功绩的回报，同时体现了他对司马氏专权篡政事态的某种态度，也许有无言的认可，亦或许有对前朝的愧疚。高柔一生是作为一位司法实践家而出名，陈寿赞扬其“明于法理”，他为后世的法制完善做出了广泛探索，闯出了未有先例，提供了超前理念，有资格充当三国时代司法建设的光亮先驱。他在后期政治立场的动摇偏转历来为人们所诟病，但作为一生心系下层黎民百姓的不凡人物，也许理应在内心无视上层集团的走马灯才是。

1.18（4）忠直而倒戈的孙礼

曹操、曹丕和曹叡生前都曾发现和提拔了一批忠诚而有才能的文武之臣，成为曹魏事业兴盛的依托，而其后辅佐少帝曹芳的曹爽则不具应有的德能，不能利用和驾驭这些才俊，导致集团内部的撕裂，也为自身的灭亡埋下了隐患。《三国志·孙礼传》介绍了刚毅正直之士孙礼的人生经历以及他在职场上的正反遭遇，记述了一位忠直做事之人在遭受打击迫害后的政治倒戈，表现了魏国当时朝政斗争的力量变化。

孙礼，字德达，涿郡容城（治今河北容城北八公里）人。史书上对他年少时的经历记录很少。205年曹操攻平幽州后，征聘孙礼为司空军谋掾，参与曹操司空府军事谋划，由此开始了他的职业生涯。

知恩图报的真诚心性 早先孙礼年轻时家乡遭逢战乱，他与母亲失散，同郡人马台帮助和保护了他的母亲，母子得以重逢，孙礼就将自己所有家财全部赠予了马台。后来马台因犯法将被处死，孙礼私自引导让马台越狱逃亡，然后他自己去到掌管司法事务的刺奸主簿温恢那里自首说："我虽犯罪，但没有逃亡的打算。"温恢欣赏他的行为，把事情告知了曹操（参见1.14.13《温恢的灵活处事》），大概曹操对他这种知恩图报的真诚心性和舍己救人的独特方式都很有感触，最后孙礼与马台都免于死罪。

地方治理的经历与功绩 不久孙礼升任河间郡丞，再升任荥阳郡都尉。当时鲁山之地有数百山贼，占据险要，祸害百姓，于是朝廷命孙礼为鲁国相。孙礼到任后，拿出要发给官员的俸谷犒赏吏民，征募山贼的首级，同时又对山贼招降纳附，促使他们回归，当地社会秩序很快好转。其后孙礼先后历任山阳、平原、平昌、琅邪多地太守之职，又在228年以地方太守身份随大司马曹休引军攻打东吴，兵至夹石（今安徽桐城北）一带，孙礼进谏曹休不可深入重地，曹休没有听从，果然导致失败（参见1.10.6《曹家"千里驹"》），孙礼再迁任阳平（治今河北大名东）太守，最后入朝担任尚书。孙礼在地方州郡工作近三十年之久，历经了曹氏三任君主，其间参与过军队阵战，积累了丰富的人生经验。他在任职过的各地均有很高威信，从招降山贼与劝谏曹休的事情看，他也是一位处事谨慎、应对有方的人。

君主曹叡的信任与看重 曹叡刚开始修建宫殿时，节气不和，全国粮食歉收，孙礼力争停止百姓的劳役，曹叡下诏说：“采纳正直的进言，迅速让百姓返回农耕。”此时李惠监管工程，他上奏要求将百姓再留一月，等宫殿完成再说。孙礼径直来到工地，不再上奏请示，声称皇帝已下诏停止劳役，即让百姓返回。曹叡为孙礼的行为感到惊奇，没有责罚他（参见1.5.13《对忠臣谏言的圆通处置》下），这里面当然包含着他们君臣之间的某种信任与默契。后来曹叡在大石山（今河南洛阳东南二十公里）狩猎，有一只虎跑到乘车旁，孙礼立即扔掉鞭子下马，想挥剑斩杀老虎，曹叡下令孙礼重新上马。孙礼是深感君主对他的信任，因此在关键时候敢为君主舍身忘己，这里能看到君臣二人相互爱护的情景。

曹叡临死时，任命曹爽为大将军，认为还应该有一位优良的人来辅助，为此选定了孙礼，他让曹爽在病床边接受遗诏，任命孙礼为大将军长史，加授散骑常侍（参见1.5.26《帝王曹叡之逝》）。曹叡希望能以孙礼的忠诚耿直来匡正曹爽为政的不足，他是把这一安排作为身后曹爽、司马懿等人共同辅佐朝政的补充环节。孙礼为人刚直严厉，曹爽认为他作长史对自己多有不便，就将孙礼改任扬州刺史，加授伏波将军，赐给关内侯的爵位。孙礼在曹叡身后因受到曹爽的忌惮而被外调。

在边境任职中的英勇与无私 241年，东吴大将全琮率领几万军队侵犯骚扰，当时州里的兵士在休假或被外派，留下来的人不多。孙礼亲自率领卫兵抵御，协助征东将军王淩的部队在芍陂（今安徽寿县南）与全琮交战（参见3.9.2《君主信任的“驸马”全琮》），战斗从早晨打到晚上，将士死伤过半。孙礼在兵刃中冲锋陷阵，战马多处被伤，而他手执战鼓，奋不顾身，直至敌人撤退，朝廷下诏慰劳，赐绢七百匹。孙礼为战死的将士举行祭祀，他临场痛哭，心中非常悲伤，又把朝廷的赐绢全部分给死亡将士的家人，没有一点留给自己。

对两郡争地诉讼的决断 孙礼被征召任命为少府，出任荆州刺史，转任冀州牧。太傅司马懿对孙礼说："如今清河、平原二郡为地界已争执了八年，更换了两任刺史，还是没能解决；就像殷末虞国和芮国争夺地界由周文王来决断一样，你应该公正分明地予以解决。"孙礼说："诉讼者以荒废的坟墓为凭证，听讼时请先辈老者做证，而坟墓有的为了居于高敞之地，有的为了避开仇敌都曾迁徙。如今这事，即便皋陶也很为难。如果想要没有诉讼，就应当以烈祖（指魏明帝曹叡）当初受封平原时的地图来决断，又何必要上溯到很远的过去，或者去问老者？当初受封时的地图就藏在朝廷的府库中，现在坐在这里就可以决断，难道还要等到了州郡吗?"司马懿说："对啊，应当去辨别地图。"孙礼去到藏地图的府库查看，根据地图，争执的土地应该属平原郡。

两地的土地争讼各有理由，根本的分歧在于各自依凭的证据不同。可以依据民间的坟墓和老者的记忆，也可以依据曹叡当年划分郡界时的地图。孙礼主张依据后一证据，使问题能够迅速解决，这也得到了太傅司马懿的诱导和支持。但问题既然如此简单，为什么两任刺史都无法解决呢?这里面必然有其他隐情。

发泄情绪而遭受迫害 孙礼以为自己公正地判决了地界争讼，但曹爽偏向清河郡，他下文书说："地图不能用，应当检查相互间的异同。"孙礼上疏说明，并发泄情绪说："管仲是霸王的傅佐，他的气量也很小，尚能夺他兄长的骈邑封地，使永无怨言。我身为州牧之任，拿着圣朝清晰的封地之图，查验二郡土地分界，郡界确以王翁河（今山东平原西南的黄河支津）为界限；而鄃县（治今山东平原西南）却偏要说以鸣犊河（今山东高唐境内的水流）为界，以不能成立的诉讼来疑惑误导朝廷。我听说众口铄金，会混淆真假；浮石沉木，致是非颠倒；三人成虎，使慈母扔掉织梭。如今两郡争讼能一朝解决，就因为有地图和说明的文字。爵隄在高唐西南，而二郡所争之地却在高唐西北，两处相距二十多里，真正令人慨然叹惜并为之流泪啊。现在按照地图和分析断决，而鄃县却不接受，这是我软弱不能胜任，我还有什么脸面再尸位素餐呢!"于是他束好腰带穿上鞋子，驾着车等待解职离任。

曹爽看到孙礼的奏章后大怒，他弹劾孙礼怨谤朝廷，判他五年徒刑，当时五年以下徒刑就不必输作服役，由此让他一直闲置家中。孙礼在家一年后，很多人为他进言求情，于是又将他任命为城门校尉。

站到了司马氏一方 当时，匈奴王刘靖势力渐强，鲜卑族又屡犯边境，于是朝廷又遣孙礼为并州刺史，加振武将军，持节，封他为护匈奴中郎将，主持并州边境军政事务。孙礼受命后，往见司马懿，他面露忿色而无言。司马懿并非不清楚孙礼情绪反常的缘由，但他仍然和善地询问其他事情，诱导孙礼自我表露，直到孙礼说："本来以为明公您能仿效伊尹、吕望，匡辅魏室，上报明帝的托付，下建万世功勋。如今社稷危机，天下纷乱不安，这才是我现在感到不快的原因。"说罢涕泣横流（参见 1.7.2《高平陵之变》上）。作为曹叡临终特意安排辅助曹爽掌政的亲信，孙礼至此站到了司马懿的一边，公开要求他出面解决曹爽个人专权问题，司马懿听罢说："不要哭了，要忍受不可忍之事。"能够看到，因为曹爽的私心和无能，他在与司马懿的朝政较量中做了"为渊驱鱼，为丛驱雀"的事情。

高平陵事变后曹爽被诛，孙礼入朝为司隶校尉，其后升任司空，受封大利亭侯，获邑一百户。250 年孙礼逝世，谥为景侯，其孙孙元承袭了爵位。孙礼曾经深受曹叡的信任，陈寿称他"刚断伉厉"，赞赏他的刚毅果断，忠直无畏，而曹爽的作为促使他成了曹氏势力的首批倒戈者。

1.18（5）高洁清正的王观

在曹魏政权发生内争时，公开支持了司马氏集团的还有当时担任朝廷太仆的王观。王观也算得上六朝老臣，他曾历经了地方与朝廷多种职务，治绩突出，德行卓越，一生以品格高洁而著称。《三国志·王观传》用不长篇幅记述了王观的人生经历和他在重要事件上的诸多活动，展现了他清正爱民的品行和为人处事的高洁操守，也介绍了他在高平陵事变中的行为态度及后来值得人们深思的表现。

王观，字伟台，东郡廪丘（治今山东郓城西北）人。史书上没有记录王观的出生时间与他青少年时的事迹，只是说王观自少孤贫而有大志。王观是在208年曹操担任丞相以后才正式进入职场的。

长期做地方治理颇有政绩 曹操征召王观为丞相文学掾，又先后出任高唐（治今山东禹城西南二十五公里）、阳泉（治今安徽霍丘西）、酂县（治今河南永城西）和任县（治今河北任县东）县令，在当地的治理受到称赞。曹丕220年称帝后，王观进入朝廷任尚书郎、廷尉监，为廷尉的助手。其后出京先后任南阳（治今河南南阳）和涿郡（治今河北涿州）太守。涿郡北境与鲜卑相接，经常有贼寇来犯，王观令边境百姓十家以上集中居住，修筑了瞭望台。当时有不愿这样做的人，王观就假借朝廷官吏，派他们去帮助乡人，不规定期限，但令事情办完后各自返回。于是官吏百姓不用监督就互相勉励，十天之间，就已经全部完成。因为防御有准备，贼寇也就停息。王观在这里结合具体情况，为边境居民制定了联合防御的方式，并设方想法督促大家积极达成，果然收到了较好的效果。

在边境治理中展现爱民情怀 曹叡继位执政后，下诏要求各郡县根据事务的多少，按照繁难、中等、平常三个等级，划分确定出剧、中、平的等次（参见1.5.22《治国特征之窥》），以便朝廷分层管理。涿郡主事者大概看见防守鲜卑已见成效吧，想把本郡列为中或平。王观说："涿郡靠近敌人，经常遭其侵犯，为什么不列为剧呢?"主事者说："如果把涿郡列为外剧郡，恐怕太守要用儿子作为人质。"王观说："作地方长官的人应当为百姓着想，如今列在外剧等次，那在服劳役、征户税方面就要有所削减，怎么能为了我个人私利而有负于一郡百姓呢?"于是涿郡被列为外剧，王观不久送自己的儿子到邺城做人质。当时王观只有一个儿子并且年幼体弱，他一心为公，好多事都是这样。王观自己清廉朴素，给下属作出了节俭的表率，属僚们受他影响，没有不自我勉励的。

任职朝廷时碰到的是非纠葛 曹叡到了许昌，召王观任为治书侍御史，主管行台的监狱。其时曹叡经常喜怒多变，而王观并不迎合和顺从他的旨意。太尉司马懿请求任王观为从事中郎，升为尚书，出任河南尹，转任少府。后来大将军曹爽主政时派主管工匠土木事务的材官张达带人砍伐木材，准备修建住宅及供各种私用，王观听说这事后，将其全部登记没收到官府。因为少府统管三尚方御府内收藏供玩赏的宝物，曹爽等人奢侈放纵，多次前来索取，他怕王观严守法度，就调任他为太仆。这里能看到王观做事的认真与清廉，能看到曹爽为政的私心，也能看到司马懿对王观的看重与笼络。

关键时候支持了对曹爽的罢黜 高平陵事变中司马懿奏免曹爽，派太仆王观代理中领军，率禁军占据曹爽弟弟曹羲的军营（参见1.7.2《高平陵之变》上）。事后王观被封关内侯，恢复了尚书职位，又加授驸马都尉。因为事变中王观很好地配合与支持了司马懿的行动，司马懿给了他政治上与待遇上的丰厚回报。

后期的任职态度及其反思 254年高贵乡公曹髦继位为帝，封王观为中乡亭侯。不久，加授光禄大夫，转任右仆射。260年曹奂为帝后司马昭执掌国政，进封王观为阳乡侯，增加食邑一千户，加上以前的共二千五百户。后来朝廷升王观任司空，他坚决推辞，而朝廷不允许，派使者到王观家中授职。任职几天后，朝廷送上了印绶，王观遂自己乘车返回廪丘老家。

像在朝政争斗中协助了司马氏的太尉高柔一样，大概王观在事变后看到司马氏专权篡政的现实后，他的内心也是极不平静的。曹氏掌政人曹爽等人在位时公权私用，为非日久，固然应该罢黜，而当曹魏政权向司马氏手中逐渐转移时，王观应是难以接受这样的事实。但他已经无力制止，只能听任事情的自然发展了，因此在他生命的后期轨迹上，人们看到的是一个职位与荣誉上不断高升，而行为业绩上无所作为与消极等待的人物。司马氏要对其不断送出更高的职位和荣誉，以衬托自己支持力量的强大，而王观的心情难以言状，他拒不接受司空职位，不得已拿到后即返回老家，这是要用行动表明自己对现实状况的不认可，最后则是要远离这个与自己内心追求不能相容的境地。

王观回老家不久去世，临终留下遗嘱，要求坟墓只需容下棺材就行，不要置放器物，不垒坟头不种树木。这种安排符合他一生节俭的品格，同时也许是显示对自己一生功名的自我抹平。朝廷追谥他为肃侯，儿子王悝继承了爵位。像高柔一样，265 年司马炎代魏建晋，晋朝认定王观在前朝立有大功，给高浑改封了晋朝爵位。陈寿称赞王观“清劲贞白”，可以说，无论一位英俊凡人如何遭到现实世界的捉弄，为曹魏事业献身五十多年之久的王观至死坚守着他内心的高洁与清正。

1.18（6）忠勇刚直的辛毗（上）

颍川“四大名士”之一辛毗早年跟随哥哥在袁绍手下做事，为此错过了曹操的征召任用，但他利用一次受任出使的机会，向曹操展现了自己的才识与诚心，实现了“良禽择木”的心愿。《三国志 · 辛毗传》记述了辛毗的人生经历及他职场上二次选择的不易，通过他在曹魏集团中的诸多重要活动，展现了他与几任君主的相互信任及其刚直磊落的忠诚心性。

辛毗，字佐治，颍川阳翟（治今河南禹县）人。他的祖先在汉光武时代从陇西（治今甘肃临洮南）东迁而来。辛毗跟随哥哥辛评追随袁绍，当时曹操迁都许昌后担任朝廷司空，他曾征聘辛毗，应该是有什么客观原因吧，辛毗不能应命前来。而在袁曹后来决战河北之时，辛毗意外地得到了“跳槽”的机会。

受袁谭派遣向曹操求援 203 年袁尚在平原（治今山东平原南二十公里）包围攻打他的兄长袁谭（参见 0.9.18《袁氏兄弟的窝里斗》），袁谭派辛毗找曹操求援。曹操正准备南下征讨荆州，军队驻扎在西平（治今河南西平西五十里）。辛毗见到曹操，转达了袁谭的意图，曹操十分高兴。过了几天，曹操又觉得应该先让袁氏兄弟继续互相攻打消耗才好，辛毗在宴席间望见曹操脸色，知道他的主意有了变化，于是把袁谭求援的情况讲给了自己的同乡郭嘉，郭嘉转告了曹操。曹操问辛毗：“袁谭可信吗？袁尚一定能被打败吗？”辛毗向曹操周详地分析了当时的形势，一是说袁氏兄弟如果联合起来，青冀二州合为一体将天下无敌；现在袁谭主动求援，正是攻取北方的机会，机会失去不易再来。二是说其时袁尚明知袁谭军队已困顿无力，但却不能径直攻取，说明袁尚的势力也不强大，他对外进攻不利，内部谋臣不和，如果现在出兵前往进攻，战事对袁尚肯定不利。三是说如果现在曹军出兵攻打邺城，袁尚不从平原回师解救，邺城就守不住；但若回师解救，则袁谭又紧跟其后。曹军如果攻击袁氏穷困疲惫之敌，就如秋风吹落叶一般容易。辛毗在这里向曹操论说了出兵进攻袁尚的必胜性与时机的易逝性，还向曹操分析了击败袁氏势力、夺取冀州并占有北方，进而威震天下的可能前景。大概也是有谋士郭嘉前面谈话支持的铺垫吧，曹操同意了袁谭的请求，他转而屯兵黎阳（今河南浚县东南）。次年曹操出兵攻打邺城，最终将其攻克（参见 0.9.20《邺城失守》），其后很快消灭了袁氏势力（0.9.19《他和曹操玩起了心眼》），占有了整个河北。事态的整个进展都与辛毗为曹操的长远设计相符合。

关于“卖主求私”的有关议论　辛毗是受袁谭的派遣来请求曹操救援的，后世史家在这里看到辛毗说服曹操北向用兵的言论，觉得他不是在请求援救，而是完全替曹操着想，筹划让他夺取河北，认为辛毗在这里有卖主求私的嫌疑。应该说，辛毗要在曹操态度并不坚定的情况下说服他出军攻打袁尚，他当然必须站在对方的角度说明出兵的利益所在，这是实现他使命所必需的方式；同时另一方面，他请求曹操救援，这对袁谭只是解救一时的急患，而其分析论说则为曹操有着更为长远的打算，袁谭的长久利益反而没有在他考虑之列。从这一意义上说来，说他卖主成私也不是没有道理。但也有史家认为，良禽择木而栖，完全符合事情的常理。曹操早年就曾征召过辛毗，当时辛毗没有应命前来，应该是受到某种因素制约吧，现在有同乡郭嘉的介绍引导，他对曹操内心折服，在此尽情地吐露他的忠诚之言，也是合乎情理的。曹操攻下邺城后，上表荐举辛毗为议郎，是朝廷掌顾问应对的六百石官员，为郎官中的地位较高者，辛毗实现了职场跳槽，从此成了曹操身边的官员。

赢得了曹操父子的信任　为袁尚镇守邺城的谋士审配听说是辛毗引领曹操来攻城，于是把辛评的家眷关在了邺城监狱，在邺城后来即将陷落前又将他们全部杀害。204 年八月曹军攻克邺城，审配被擒获。曹操见其意气壮烈，有心宽恕，而辛毗在旁号哭不止，曹操遂下令将审配处死（参见 0.9.20《邺城失守》）。曹操拿下了邺城，他明白其中有辛毗的谋划之功，在这里已是非常看重和尊重辛毗的感情需要。

后来，曹操派都护曹洪平定下辩（治今甘肃成县西北十五公里），他特意安排辛毗与曹休参与军事，告诉他们说："当年高祖刘邦贪财好色，而张良、陈平能纠正其过失。今天你们两位的责任不轻啊。"这里表现了曹操对辛毗的高度信任。军队返还后，辛毗被任为丞相长史。先前在曹操确定太子的事情上，辛毗坚持了长子曹丕继嗣的意见，为此也赢得了曹丕的信任。220 年曹丕继位魏王后，辛毗支持了他受禅称帝的建国活动，后升任朝廷侍中，受赐关内侯，其后对国家修改正朔的问题提出了自己的建议，被曹丕所采纳。

对曹丕不当行为的苦谏 曹丕想把冀州的十万户人家迁徙到河南，以充实当地人口。当时连年蝗灾，百姓饥饿，群臣认为不可移民，而曹丕坚持己见。辛毗与朝臣都要求面见皇帝，曹丕知道他们要来劝谏，便阴沉着脸召见，大家都不敢吱声，辛毗说："陛下要移居士民，是出于怎样的考虑?"曹丕说："难道你认为我的移民做错了吗?"辛毗说："确实不妥。"曹丕说："这事我不跟你讨论。"辛毗说："陛下不认为我是无能的，所以把我置于您的身边，专门谋划议事，又怎能不跟我共议此事呢？我说的不是图私利，而是为国家着想，为何要发怒呢?"曹丕不予回答，站起来要进里屋。辛毗跟随着拉住曹丕的衣袖，曹丕用力甩开，不再反顾。过了很久曹丕出来说："辛毗，你抓住我为何如此急切呢?"辛毗说："如今迁徙百姓，既失去民心，又没有粮食供给他们。"辛毗是从怜悯百姓的立场上考虑问题，他明白国家财力等实际情况不能支持如此大规模的移民计划，因而无所畏惧地苦谏君主，表达反对意见。最后曹丕决定只迁原计划的一半，部分地接受了辛毗等人的意见。

辛毗曾跟随曹丕打猎射雉，曹丕说："射雉很快乐啊。"辛毗说："这事对您很快乐，可对群臣下属则是苦事。"曹丕默然不语。以后就很少出来打猎了。辛毗的劝谏直白而无所顾忌，这里既有他对国家和君主的忠诚，也能看出他与君主曹丕相互信任的良好关系。

关于制胜吴国的战略设想 222 年上军大将军曹真在江陵进攻吴将朱

然，辛毗代行军师职务，这是曹丕率军大规模伐吴的一个战场（参见1.4.17《三路伐吴》）。军队返回后，辛毗被封为广平亭侯。一年多后曹丕想调动大军再次讨伐东吴，辛毗劝谏说："吴楚之民，居处险要而难以对付。道义兴盛就服，道义衰微，他们就选择反叛，这种情况自古如此，并非今天开始。现今陛下拥有天下，那些不臣服的人违背道义，毕竟不会保全长久，拥有大德的人才能赢得人们心悦诚服。方今天下刚刚平定，土地空旷，人口稀少，应该先做好筹谋和准备，然后再出兵，否则就不是有利的好事。先帝（指曹操）屡次兴师，但每次只到江边就返回，而今军队并没有比过去增多，却又要出师，是不易取胜的。现在最好的办法是，效仿范蠡的办法休养生息；依照管仲的成法用心治国；采用汉朝赵充国的屯田法；推崇孔子安抚远方的怀柔之策。这样坚持十年，现在强壮的人还没有年老，儿童都已长大参战，而百姓都深明大义，官兵将士会竭力为国，那时再挥师用兵，就无往不胜了。"辛毗这里充分考虑到了吴国的地理形势和战争双方的力量对比，他从更大的战略思路上思考问题，认为首先要把力量放在对战争制胜要素的培植上，这一目标当然只能在时间持续中实现。

曹丕说："依你的说法，是要把敌人留给子孙吗?"辛毗回答说："以前周文王把商纣留给周武王消灭，他是深知时势的。如果时机未到，就应当容忍。"曹丕不听，他坚持率大军伐吴，这次到了江边就返回了（参见1.4.19《长江北岸的两番叹息》）。事实表明急于求成的办法是难以实现胜敌目标的，而辛毗所提制胜敌人的长远战略方案具有更多的合理性。

1.18（6）忠勇刚直的辛毗（下）

辛毗在203年时实现了自己良禽择木的心愿，自此在曹魏集团任职做事三十余年，先后跟随曹操、曹丕、曹叡三位君主。《三国志·辛毗传》及其引注记述了辛毗后期的事迹，介绍了他与君主和臣僚的各种互动关系，也提到他女儿的智识和品格，多方面展现了其为人处事上正直刚毅的心性特征。

宁舍三公不屈佞臣 226年曹叡即位为帝后，封辛毗为颍乡侯，食邑三百户。当时中书监刘放、中书令孙资极得曹叡的宠信，他们专断朝政，群臣都想法与二人交好，只有辛毗不与他们往来。辛毗的儿子辛敞劝道："现今刘、孙主管朝政，众人都相随而附和，您还是应该稍微屈尊，收敛自己的锋芒而随从大众，要不然，您必定会遭受诽谤。"辛毗严肃地说："当今君主虽然说不上聪明，但绝不昏庸顽劣。我立身于世，有自己的行为标准。就算我与刘、孙二人不和，大不了不让我做三公而已，还能有什么危害！哪有大丈夫为了做三公而毁掉高洁的气节呢?"辛毗并非不愿意有职位的升迁，但这种升职如果在忠诚勤奋之外，还要以向奸佞之臣的屈从作赔偿，那他就觉得毫无意义。他是把自己的高洁人格看得比三公职位更为珍贵。

负责宫廷宿卫值守的冗从仆射毕轨上表说："尚书仆射王思是位精明勤奋的旧臣，但是他的亮直节气和计谋筹划比不上辛毗，应让辛毗取代王思的职位。"辛毗在曹丕执政时就担任侍中，这是侍从皇帝的二千石三品官员；尚书仆射为尚书台的副长官，与侍中职级相当，掌文书启封，有时还代行尚书令的职事，负责的事务更加重要。毕轨提出让辛毗改任尚书仆射，是要把辛毗推入朝廷中枢机构。曹叡为此征询刘放、孙资的意见，二人说："陛下任用王思，就是看中了他做事的实干劲，不看重虚名。辛毗确实正直磊落，但性情刚直专断，陛下应慎重考虑。"于是曹叡没有起用辛毗，后来调任他为卫尉，为掌皇宫门卫事务的九卿之一。辛毗因为不与刘放、孙资两人主动附和交好，二人在他职位上进的关键时候寻找借口表达了不赞成的意见，果然堵塞了辛毗的升迁之路。可以说，辛毗对这样的情况是早有预料的，事情真的发生了，他"求仁得仁"，对此应该是坦然接受，毫无悔意的。

劝谏曹叡珍惜民力 曹叡232年在许昌修筑景福殿和承光殿，增加了百姓劳役。辛毗上疏说："我听说诸葛亮讲武治军，孙权到辽东买马，他们的用心，大约是要做军事上的配合。作好准备以防不测，这是自古称道的善政，现在大兴土木，加之连年粮食歉收。《诗经》上说：'民众的劳苦何时到头，他们要求的只是稍微安康；能爱抚京师的百姓，四方的民众就安定了。'（见《大雅·民劳》原文：民亦劳止，汔可小康。惠此中国，以绥四方。）请陛下为国家考虑。”曹叡回答说：“吴蜀二敌未灭，国家大筑宫室，这正是直谏的人猎取名誉的机会。帝王之都，应当让民众分担些劳役，后世就不需再增修了，这是萧何为汉朝建都时的考虑，现在你是魏国重臣，对此应当理解。”

从小生长于皇宫的曹叡其实并不知道百姓生活的艰难，他执政后一直有生活奢侈、为追求享乐而大肆耗费民力的问题。当辛毗对此进行劝谏时，他竟援引汉初萧何大修长安宫的前例为自己的行为辩护。在他看来，做大臣的可以借此事上谏而猎取名誉，事情说到即可，而内心要能理解大修宫殿的必要性。面对这样的君主，辛毗似乎就无能为力，难以对付了。

其时曹叡又想削平北芒（今河南洛阳北，又名北邙山），在上面建造高台楼观，站上去能望见孟津（在河南孟津东北、孟州西南的黄河津渡）。辛毗劝谏说：“天地本来的特征就是有高有低，而现在要把它重新改变，既不合天理，又损耗人功，民众承受不了这样的劳役。何况如果大河泛滥，洪水为害，丘陵都夷为平川，还怎么防御呢?”他提醒这样的工程可能会造成灾难，曹叡这才停止。

受挫不馁善于鼓气 231年魏将张郃在祁山守卫战后受命追击蜀军，为流矢所中，不幸身亡（参见1.16.4《张郃的武战之功》下）。曹叡对张郃的逝去非常痛惜，他在朝廷面对大臣感慨说：“蜀国未平定张郃却逝世了，这该怎么办呢!”司空陈群说：“张郃确实是位良将，是国家的依赖!”辛毗就对陈群说：“陈公，你这是什么话呢！当年在建安之末，觉得天下一天都离不开武皇帝（指曹操）；后来国家变故，文皇帝（指曹丕）受命，当时也觉得根本离不开文皇帝；等他离世后，陛下（指曹叡）龙兴。现在魏国难道还离不开张郃吗?”（参见1.5.18《曹叡的用人和处事》中）辛毗内心也为张郃感到可惜，但觉得既然已经离世，就不应当为此减弱君主的志气，这里表现了他善于鼓舞人气的某种大局观。

坚守君令节制全军 234年，诸葛亮率军兵出渭南，与曹魏军队在五丈原对峙。大将军司马懿多次请求出兵与诸葛亮作战，曹叡并不允许，他唯恐不能禁止司马懿，于是安排辛毗为大将军军师，使持节前往阻战。辛毗在前线节制部队将士，全军肃然，没有人敢违抗命令。《魏略》上记录说，司马懿几次准备向蜀军进攻，但辛毗坚持禁令，不予同意；司马懿虽然能指挥军队，在这里只能听从辛毗。辛毗是作为皇帝曹叡的特使来到前线，其任务是阻止全军将士出击，保证曹叡的作战策略得以实行。几个月后，诸葛亮病逝五丈原，魏国的防御抗蜀取得了巨大成效，这其中不无辛毗的功劳。

女儿宪英的聪明智识 辛毗自渭南前线督军还朝后再任卫尉，不久即逝世，追谥为肃侯，儿子辛敞承袭了爵位。辛毗的女儿辛宪英聪明有才，史料中有多处记录。晋人郭颁所撰《世语》中记述，当初曹丕与曹植争做太子，后来曹丕被立后，他抱着辛毗的脖子高兴地说："辛君知道我内心的喜悦吗?"辛毗回家后把这事告诉了家人，女儿宪英叹息说："太子是接替君主祭祀宗庙、主持社稷的人。接替君父不可以不悲戚，主持国政不可以不忧惧呀，应该悲戚的事情，反而表现得高兴，这怎么能长久呢?魏国可能难以昌盛了!"宪英从传统理念的意义上认为，接替先君和主持国政本来应感到忧戚和恐惧才正常，她听到曹丕在夺嫡之争中胜出后反而是喜悦和高兴，就发出了尖锐的批评指责（参见 1.4.2《在夺嫡之争中险胜》），她这里对曹丕行为的分析评判不无道理。

后来高平陵事变发生时，宪英的弟弟辛敞正担任大将军府参军职务，是曹爽的随从属官，当时并未跟随出城。大将军府的司马鲁芝要违令斩关出城，他招呼辛敞一块去奔赴曹爽，辛敞来询问姐姐宪英是否该去，宪英明知曹爽难以取胜，但她认为忠于职守是做人的大义，而在别人危急之时放弃自己的职责是不吉祥的，所以主张辛敞出城去跟随上司曹爽，以履行自己职分（参见 1.7.2《高平陵之变》中），并让他行为上只要从众就行。这一建议使辛敞赢得了大义，也表现了辛毗女儿宪英在分析对待疑难问题上的智识之高。

一代名士辛毗以真诚而正直的态度为人做事，尽管历经了曲折坎坷，而他终究创造了属于自己的人生辉煌，他培养了一位智识出众的女儿，也为他的人生辉煌增添了光亮。

1.18（7）舍身报国的杨阜（上）

在曹操击破关中军阀收复西部凉州土地的过程中，陇右当地涌现出了一群心有大义、图报国家的豪杰之士，杨阜就是其中的典型代表。《三国志·杨阜传》细致而生动地记述了杨阜的成长经历和他一生的奋斗事迹，介绍了他面对地方强大反叛势力而组织力量、用心筹谋和舍身报效君长的复仇行为及大无畏的英雄气概，展现了他对国家统一和后期社会政治建设作出的积极贡献。

杨阜，字义山，天水冀县人。他年轻时与同郡人尹奉、赵昂一同出名，他们都任凉州（治今甘肃张家川）从事，均为本州负有特定职责的一般官员。大约自朝廷196年迁都许昌后，杨阜开始了自己不同寻常的职场人生。

对曹操的赞赏和肯定　杨阜曾在199年受州牧韦端派遣前往许昌，被朝廷任命为安定郡（治今宁夏固原）长史，这是在边境各郡府设置的太守助理，为掌兵马的六百石职位。当时正值官渡之战的前夕，杨阜自许昌返回，当地将领都询问袁绍和曹操谁会取胜，杨阜说："袁公法度宽缓，虽有计谋却少决断，宽缓则没有威严，少决断就常失机会。他现在虽然强大，但终究难成大业。曹公雄才大略，处事果决，法律严整而将士精练，善于任用人才，使各尽其能，必能成就大业。"杨阜在许昌时显然获取了一些信息，了解到了袁绍和曹操各自为人处事的特点，从中得出了自己的结论，对官渡之战的前景做出了应有的预料。这里完全能看到他对曹操的赞赏和肯定。

得到了刺史的特别看重　杨阜并不喜欢担任长史，就辞去了职务。后来州牧韦端被征用为太仆，朝廷又任用其儿子韦康接替担任凉州刺史。韦康是当世名士，孔融曾称他"伟世之器"，荀彧也将其推荐给曹操而未及任用。韦康主政凉州后，任用杨阜为别驾，为协助韦康处理外部政务的助手。杨阜还被察举为孝廉，不久受到丞相府征召，而凉州向朝廷上表将他留在州里参谋军事，这应当是韦康对杨阜的刻意挽留，表明了凉州刺史对杨阜的看重及他们两人间的相互知心。

曹操撤军后与叛兵的周旋 211年马超在渭南被曹军打败，逃到边塞胡人那里自保，曹操追剿到安定。当时苏伯在河间反叛，曹操只好率军东还。杨阜此时正出使在曹营，他对曹操说："马超有韩信、黥布的勇猛，极得羌、胡等夷民的拥戴，西部边境的人都敬畏他。现在如果大军回师，不作周密防备，陇上诸郡（指今甘陇山以西地区）恐怕就不再为国家所有了。"曹操深表赞同，但军队撤离仓促，并未作出周密的防御布置。

马超率各部胡人首领进攻陇上郡县，各地都对他纷纷响应，只有冀城（今甘肃甘谷东）一郡坚持固守。马超集中陇右兵力，而汉中张鲁又派大将杨昂前来协助，大约万余人围攻冀城。冀城是汉阳郡的治所，也是凉州刺史的治所，杨阜率领官员和宗族子弟中能胜任作战的千余人，又让从弟杨岳在城上修筑偃月营，与马超作战。从正月守到八月，救兵不至。州里派别驾阎温沿水道暗中逃出求救，结果被马超杀害（参见1.16.17《闻名凉州的阎温与张恭》），刺史和太守都非常惊恐，开始考虑向马超投降。杨阜流泪劝谏说："我率父兄子弟以节义劝勉鼓励，死守不降，战国时齐将田单守城，也没有如此坚固！而今放弃即将建就的功名，自陷于不义，我愿以死相守。"他说着号啕大哭。据说韦康不忍本州吏民无辜死亡，因此决定委曲求和，于是派人请降，最后打开城门迎马超入城。马超进城后，在冀城抓捕了杨岳，后来又让杨昂杀死了刺史韦康与太守。马超的行为违背降约，激起了吏民的怨恨。

积极组织反击的力量 韦康对杨阜是上司君长，又有知遇之恩，杨阜痛恨马超，心怀复仇之志，但寻不着机会。不久，杨阜因妻子去世而请假安葬。杨阜的表兄姜叙在历城（今甘肃成县北）屯兵。杨阜从小在姜叙家长大，他见到姜叙和叙母，诉说了前面在冀城发生的事情，非常悲伤。姜叙问："为何这样悲恸？"杨阜说："城没有守住，君长被杀而不能同死，我还有什么脸面见天下之人呢？马超背叛父亲与国家，虐杀州中官员，这难道是我一个人的悲苦与责任，全州士大夫都在蒙受耻辱。你带领军队专管一方，却没有讨杀逆贼之心，这正是史书上所说春秋晋国执政‘赵盾弑其君’的情形。马超强而无义，自身不利因素很多，打败他并不困难。”姜叙的母亲慨然敦促姜叙听从杨阜的计划。定下方案后，又与同乡姜隐、赵昂、尹奉、姚琼、孔信，及武都（治今甘肃西和西南）人李俊、王灵等联络合计，定下共讨马超的盟约，又派从弟杨谟到冀城把情况告诉杨岳，并联络了安定的梁宽，南安的赵衢、庞恭等人，大家盟誓举事。

多方协作打败了马超 在212年九月，杨阜和姜叙在卤城（今甘肃天水）起兵。马超听说杨阜起兵，他亲自率兵出击。赵衢、庞恭等乘机在城中救出杨岳，关闭了冀城大门，并扣押了马超妻儿。马超攻袭历城，抓住了姜叙的母亲。姜母骂道：“你这个背叛父亲的逆子，杀害君长的叛贼，天地岂能长容你！你不早死，有什么脸见人！”马超大怒，杀死了姜叙母亲。杨阜与马超作战，身上五处受伤，宗族兄弟死了七人。马超最后南逃投奔了汉中张鲁（参见2.2.5《声名在外的马超》）。

受到朝廷的表彰奖励 马超逃走，陇右得以平定，曹操封赏讨伐马超的功臣，封侯者十一人。姜叙的母亲、赵昂的妻子王异等女性，都在鼓动人心、出谋划策和反击叛军中发挥了重要作用，受到民众的赞扬。当时杨阜受赐关内侯。杨阜推辞说：“我杨阜在君长（指韦康）生前没有守卫保护之功，君长死后没有尽节报效，在大义上有亏，按法应当受诛。马超又没被杀死，实在无资格获得爵禄。”曹操说：“你与各位贤良共建大功，西部百姓至今赞赏你们的功绩。子贡辞让封赏，孔子认为这是没有奖励善行。你为国家的事情掏出了忠心，姜叙的母亲劝姜叙早日起兵，实在是明智之举，汉时杨敞的妻子也不过如此，这些都实在贤能！良史做记录，这些都是不会被忘记的。”曹操对杨阜等人战胜强敌、平定陇右的功绩给予了充分肯定。杨阜等人坚守大义和平叛复土的不朽业绩被后世详尽地记录在了诸多史册之上。

1.18（7）舍身报国的杨阜（下）

以杨阜为代表的凉州人物都是心系国家、崇尚道义的豪杰，212 年在马超拥兵陷城并杀害州郡长官、据地为叛的险恶环境中，他们暗中组织力量，在朝廷军队缺席的情况下依靠协作配合，最终打败并赶走了马超，收复了凉州之地，杨阜也得到了朝廷特别的看重。《三国志·杨阜传》记述了杨阜此后二十多年间的职业活动，介绍了他追随曹操并对魏国军政事务积极建言的事迹，表现了他对国家事业始终不变的忠诚。

主政武都的策略与功绩　曹操 215 年征讨汉中，任杨阜为益州刺史。回洛阳后，又拜杨阜为金城（治今甘肃兰州东三十公里）太守，还未赴任，改任他为武都太守。武都临近西蜀，杨阜请求依据西汉龚遂治理渤海的办法，立足于“安”而不是“胜”，即以“安定地方”为治理的目标和策略，得到了曹操的认可。杨阜在此采用安抚的方针政策，由此收到了显著的成效。

几年后刘备攻取汉中，逼近下辩（治今甘肃成县西北十五公里）。曹操考虑到武都地处过远，想把百姓迁移至内地，但又怕当地人眷恋故土。因为杨阜在当地很有威望，所以民众都愿跟随他，这使迁徙之事极为顺利，前后迁居到京兆、扶风、天水等界内的百姓和氐民多达万余户。其间扶风郡的治所由槐里（今陕西咸阳西二十五公里）移到小槐里（今陕西武功东南），迁徙百姓在杨阜的劝说下扶老携幼相随前往。

赢得军队将士的敬重　杨阜为武都太守时，刘备曾派张飞、马超等从沮道（今汉中西北的沮水之道）逼近下辩，氐人雷定等七个部落响应马超。曹操派都护曹洪抵御马超，迫使马超军队退还。事后曹洪大摆酒宴，让歌女穿着很薄的衣服踏鼓，满座之人大笑。杨阜严厉斥责曹洪说：“男女有别，这是国家的大节，怎么能在大庭广众之中让女人裸露形体！即使桀纣的败乱，也没到这种程度。”于是愤然辞出。曹洪立即下令停止女乐，又请杨阜还座（参见 1.10.5《忠诚而受屈的曹洪》）。杨阜这里是坚守道义而斥责轻薄，在场的将士对杨阜都肃然起敬。

因政绩和影响而升职进京 杨阜在武都形成了自己的主政风格，史书上说，杨阜做太守仅举大纲、抓大事，下属吏民也不忍心欺骗他。可见他们官民上下处在相互信任的社会氛围中生活和做事，故而杨阜拥有颇高的民望。曹丕问侍中刘晔等人说："武都太守怎么样啊?"大家都一致称赞他有做朝廷公辅的才德，这是向皇帝曹丕荐举杨阜，但还未及被任用，曹丕就于226年去世了。杨阜在西部郡守职位上干了十多年，后在曹叡执政时被召任为城门校尉，这是掌洛阳十二城门的职务，可相当于二千石高官。杨阜在京城任职后接触的人物和碰到的事情与前大不相同，但他报效国家的心志未曾稍减，表现为对朝廷军政事务的积极建言。

对君主曹叡的多次劝谏 杨阜经常看见明帝曹叡不戴特制的冠冕，而像普通人那样戴着绣帽，穿着半袖的绸衫衣服，他就询问曹叡："这在礼制上属于哪种服装?"曹叡沉默不语。从此以后，曹叡只要穿着便装就不见杨阜。杨阜是看到曹叡所穿的便服不合乎礼制规定，所以明知故问，提醒曹叡要遵守礼制，维护君主尊严。

杨阜不久升任将作大匠，掌朝廷宫室、宗庙及园林的修建事务。当时曹叡大兴土木，选美女以充后宫，还不断出宫到禁囿中巡猎。杨阜上疏说，圣明君主都是鼓励群臣直言不讳的谏言，他列举了历史上的正反事例表明：所谓善政，即指崇尚节约，看重民力；所谓恶政，即指随心所欲，任意而为。他劝谏曹叡简约节省，施行善政，主张把刚选进的美女放出宫去。

曹叡口头上肯定大臣的谏言，但并没有实施的行动。杨阜又上书进行了更为直白明了的进谏，并且表示说："我今天言辞不激切，便不会触动陛下；陛下如不体察我的忠言，魏国大业将会衰落。如果我死于谏言对国家有万分之一的补救，那也值得，现在我准备了棺木，沐浴更衣，等待诛杀。"奏章呈上后，曹叡被他的忠言感动（参见1.5.13《对忠臣劝谏的圆通处置》上），他亲笔写诏做了答复。

为皇室亲族关系疏远而进谏 当时魏国朝廷对藩国诸侯王等亲族管束颇严，对他们制定的法禁很多，雍丘王曹植等人经常表示郁闷失落（参见1.6.2《文学天才的失落》下）。杨阜为此上疏进谏，其中用大量篇幅陈述了九族之义，史书仅记载了如下文末部分："《尚书》上称：'九族既睦，协和万国。'事情考虑做的合适，应该遵从于中道，同时应精心筹划。将来等平定了吴、蜀，就会上安下乐，九亲和睦。这样的话，先祖在天心欢，尧舜的时代尚不及此呢。现在应向天下展示朝廷的信义，借以安抚众庶，招徕远方民众。"这一建言是触及了曹魏皇室最敏感的问题，曹叡写诏书回复说："得到了你的密表，前面陈述了往古明王圣主的主张和行为，以讽谏朝廷弊政，至为恳切的言辞，体现着你的忠诚笃实。回头考虑补救过失，将顺从匡救之意。上书中的全部意思都明白了，看到你的良苦之言，我感到非常欣慰。"针对曹魏皇室疏远亲族兄弟的国策直接上书执政皇帝，这样的进谏极少，杨阜对此则无所顾忌，他向曹叡表达应该做到的正确行为和必须坚持的中庸方法，且言辞恳切激烈达到了史家陈寿后来尚不敢直录的程度，这里表明他为了国家的长治久安，把个人安危完全置之度外。

建议皇帝百官减少膳食衣物 杨阜后来改任少府，230年大司马曹真伐蜀，遇到大雨难以行军。杨阜上疏说："过去周文王有赤乌的符瑞，至太阳偏西时尚顾不上吃饭；周武王白鱼入舟，君臣都变了脸色。他们碰上吉瑞之兆，尚且忧惧，何况遇到灾异怎不心生恐惧呢？现在吴、蜀未平，上天屡降灾变，陛下应专心而深刻地考虑此事，侧坐于席，思考对远方民众的德惠，实施节俭。近来部队进军，随之发生天雨之患，将士逗留于山险之地已经多日，加之转运粮草的劳作和负担，耗费极多，如果运输中断，必然有违初衷。《左传》中说：'见可而进，知难而退，这是军队的良策。'现在平白让全军困于山谷，前进无益，退又不能，绝不是用兵之策。当年周武王撤军还师，殷军反而败亡，因为他看清了天数。现今年凶民饥，应该公开下发诏书，官员减少膳食和衣服，巧技珍玩等物一律不准再用。"杨阜这里借用灾异说与天谴说论证曹真出兵的不合道义性，提出用君臣官员的损膳减服来弥补巨大的损耗。曹叡对这次出军本来是举棋不定的态度，由于杨阜等人的谏言，他立即下诏书令全军撤回（参见1.10.7

《养子曹真》）。

以真诚的谏言来履行职责 杨阜后期对朝廷军政活动的建言主要是针对着君主曹叡的个人决策。曹叡在232年出生的女儿曹淑刚满三月就不幸早逝，十分悲痛的曹叡想要亲自送葬，少府杨阜与司空陈群分别做过劝谏（参见1.5.10《对族内事务的处置》），未被听从。杨阜后来坚持想让曹叡削减宫女的数目，但因不知道宫女的现有人数，于是召来御府的吏员就此询问，吏员按照内部规定回答说："这是宫中的秘密，不能泄露。"杨阜听罢大怒，将吏员杖打一百棍，对他说："国家没让九卿守密，能让小吏保守什么秘密？"自此曹叡更加惧惮杨阜。杨阜其后还对曹叡修建许昌宫、营建洛阳殿中观阁的奢靡行为做过劝谏，无论实际效果如何，他是努力在尽一位高级官员对君主国家应负的责任。

史书上说，每次朝廷聚众会议，杨阜总是侃然而论，他以天下为己任。后来屡次谏争，未被听从采纳，于是他又多次请求辞职，未被允许。不久逝世，家中没有多余的财产，孙子杨豹承袭了爵位。陈寿称赞杨阜有西汉名臣汲黯的高亮风骨。杨阜当年组织力量收复凉州之地；其后主政武都守道而恤民，后来在朝廷忠诚事主，直言谏君，无论在什么职位上，他都不乏完美的责任心和无所顾忌、以身报国的高尚气节。

1.18（8）志在匡君的高堂隆

曹叡早年做过儒生高堂隆的学生，两人曾有很好的交往，后来曹叡即位执政后，高堂隆受到了重用，他在地方任职几年后即被调入朝廷，成为曹叡身边颇得信任的官员。《三国志·高堂隆传》记述了高堂隆一生的职场经历，着重介绍了他在返京任职几年间多次向君主上疏建言，力图匡正曹叡执政过失的事迹，表现了他分析认识事物的聪明智慧，及对曹叡始终如一的忠诚。

高堂隆，字升平，泰山平阳（治今山东新泰）人。司马迁在《史记·儒林列传》中提道：汉初"许多学者都解释《礼经》，鲁国高唐生解释最好"。高堂隆即是高堂生的后代，他少年时经过考试录取进入政府学校为诸生，其后顺理成章地进入职场。

斥责督军的无礼 泰山郡（治今山东泰安东二十五公里）太守薛悌任命高堂隆为督邮，协助郡守督察所辖各县治安法纪与长官政绩。有一次，郡里的督军将领和薛悌发生争论，督军直呼薛悌的名子并作斥责。高堂隆按剑对督军发怒说："从前鲁定公受到侮辱，孔子登上高阶呵斥。你当着臣下面直呼君长名子，按礼仪是要责罚你的。"督军惊恐失色，薛悌赶紧制止。这里表现了高堂隆做事的忠诚无忌，不久他辞职到济南（治今山东章丘西）避难。

曾为曹叡的老师 213 年，曹操任命他为丞相军议掾，为丞相府参议军事的属官，后担任历城侯曹徽的文学，转而为曹徽的国相（参见 1.6.10《那些凡常的儿子们》）。曹操死时，曹徽不哀痛反而四处游猎。高堂隆申明道义严厉劝谏，尽到了辅佐的职责。大约 222 年，他担任堂阳（治今河北新河北）县长，后为平原王曹叡太傅。高堂隆因为很有学问，又在辅佐曹徽时显示了极强的责任心，所以曹丕在为长子曹叡确定太傅时选择了他。有资料记载，曹叡一度失宠于君父曹丕，多亏身边文人学士的辅导才保住了嗣子之位（参见 1.5.1《迎来命运的转折》），相信这其中就有高堂隆的功劳。

新朝廷的职位升迁 226 年曹叡继位为帝，即任高堂隆为掌顾问应对的给事中，又任博士、驸马都尉，为皇帝身边近臣。曹叡刚登基即位时，群臣认为应大摆筵宴。高堂隆说："唐尧、虞舜有极静的喜好，殷高宗有不言之政，因此德行深厚，光照四海。"认为不宜大摆筵宴。曹叡恭敬地采纳了这一意见。后来任陈留（治今河南开封东南）太守。郡里有一位叫酉牧的牧民，七十多岁，很有品行，被举任为计曹掾，曹叡非常赏识，特意任其为郎中，以为显宠。不久朝廷征调高堂隆入朝任散骑常侍，赐予他关内侯爵位。

参与历法制定 《魏略》中说，先前汉朝太史所制的汉历与天时不合，魏国太史就重新推算弦望朔晦，制定了太和历，太和是曹叡在位开初使用的年号。曹叡觉得高堂隆学问深厚，又精于天文，于是下诏让高堂隆与尚书郎杨伟、太史待诏骆禄三人共同推算校正该历法。当时杨伟、骆禄两人赞成太史的推算，高堂隆参考旧历法提出反对意见，争论了好几年，杨伟说，骆禄的算法合于日蚀（日食）但不合月晦，高堂隆的算法不合日蚀却合于月晦，朝廷下诏遵从太史的历法。高堂隆的意见虽然没有被采纳，但自此大家都知道他的学识非常精深。

对曹叡的多次谏言 由于和曹叡早年的师生关系，高堂隆大概感到他对其治国负有更多责任，加之两人本来就有的信任关系，因而高堂隆在235年后的几年间向曹叡写出了不少长篇上疏，对国家政治提出了坦诚谏言，《资治通鉴·魏纪五》上均有简略性叙述，这包括：①以火灾劝俭。235年七月，他借洛阳崇华殿发生火灾事件，劝谏曹叡放弃诸多修建工程。②议论鹊巢鸠占。他以陵霄阙喜鹊筑巢事件发挥联想，提出鹊巢鸠占的严肃政治问题，表达了要防止异族政治势力兴起的隐义，也强调了用崇德爱民的行为壮大曹魏政治根基的重要性。③借天象谏君。236年十月，大辰星旁出现异星，他认为这一凡常天象是上天这位慈父在恳切训诫天子，要求曹叡顺应民心，珍惜民力。④改正朔服色。237年正月，地方郡县奏报看见黄龙，在高堂隆的建议下，曹叡下诏更改年号为景初，服色尚黄，并在洛阳城南建造祭天的圜丘。⑤论官员薪酬降低。针对官员参加工程劳作同时俸禄减少的问题，他向曹叡谈到国君的奢侈靡费可能会造成官员对朝廷的怨恨。曹叡对身边人说："看到这一奏章，使我感到恐惧。"⑥谈国家危局。高堂隆在病重时借异类之鸟在燕巢中抚育长大的所谓"怪事"，向曹叡提出应该防备飞扬跋扈的大臣在宫墙之内发难！并明确提出了提升皇家亲族诸侯王地位，让他们统领军队并参与国家政治的纠错补漏方法（参见1.5.14《与老师高堂隆的互动》）。

对学生曹叡最后的嘱咐 高堂隆在他最后口授的上疏中对曹叡说："上天公正无私，只辅助有德的人。百姓如颂扬德政，国运就会长久；如果下层有怨声叹息，就会将国运转传给贤能。由此看来，天下是天下人的天下，绝不是陛下一人的天下。"这更是从传统思想中发挥引申出了一种极为超前的政治理念，他是提醒曹叡要看重百姓的欲求，施恩惠于下层民众，以保持曹魏国祚的长久，这是他留给曹叡最后的嘱咐。他接着表示说："我现在百病缠身，力气很小，已坐着车子返回故里。如果命归黄泉，魂而有知，一定结草报效陛下。"他表达了对君主和国家的忠诚，也是要借此保证君主对自己谏言的思想动机不致发生误解。

曹叡看到上疏后下诏说："高先生廉洁同于伯夷，正直超过史鱼，他的忠心坚定而纯洁，常常为了国家直率谏诤，怎能小病未愈就返回故里呢？从前汉朝邴吉暗中积德，结果病除且长寿。先生应该增加饮食，专心养病等待恢复。"曹叡这里对自己老师高堂隆送上了应有的关爱和慰问，同时也表达了对他以往谏言的肯定和对其高尚人格的推崇。237 年高堂隆去世，家人遵照遗嘱予以薄葬，入殓时穿给他一般的服装。他的儿子高琛继承了爵位。

朝廷被迫放弃的两事 高堂隆似乎不是曹魏朝廷重要的人物，但在他去世后，朝廷不得已放弃了两件事情。一件是封禅。先前在曹叡执政几年时，中护军蒋济提出："应遵照古礼封禅。"曹叡发诏说："听了蒋济的话，使我一身汗流到了脚跟。"事情放下后过了几年又被提起，曹叡让高堂隆修撰封禅的礼仪。高堂隆逝世后，曹叡叹息说："上天不让我成就封禅之事，高先生丢下我去了。"从此封禅的事情就再也没被提起。也许曹叡本来就没有封禅的意思，但高堂隆的去世为他这一心思的明确表达提供了借口，自此彻底地放弃了这一念头。

另一件事是为国家培养精通经典的学人。稍前之时，曹叡觉得苏林、秦静等学者都老了，担心没有人能继承他们的学业，于是下诏说："现在几位宿生巨儒都年事已高，以后传统遗教由谁来继承呢？西汉时伏生将老，汉文帝让晁错继承其学；研习《谷梁传》的人少了，汉宣帝选十位郎官去学习继承。现在应该选出有才能且能理解经义的三十人，随光禄勋高堂隆、散骑常侍苏林、博士秦静学习四经三礼，主管部门应设置科目负责考试。汉时夏侯胜说过：'士人的最大问题是不通经术；如果能通经术，那获取高位就如同弯腰捡拾地上的小草。'学者如能精通经术，爵禄荣宠就不期而至。"曹叡讲明了事情的重要性，对研习和教学经典之事也作出了具体安排，但不久高堂隆等人相继去世，学经的事遂被废弃。

东晋史家习凿齿说："高堂隆可以称得上忠臣。君主奢侈时他总想着劝谏其过失，自己将死也不忘忧虑社稷，正直的言辞感动了君主，明确的警戒被身后事实证实，他坦直的谏诤对人们有足够的教益，其德行在逝后更加彰显，真正是忠诚而富于智慧的人!"陈寿认为高堂隆学业精良，一直有匡正君主过失的志向，这一认识是可信的。在高堂隆眼中，自己的学生在身边称帝执政，其中的过失自己有责任加以矫正，他对曹叡的忠诚和爱护至死未休。

1.18（9）谋划出众的满宠（上）

曹魏后期名将满宠是一位能正确预料敌方用兵动向、由此制定出自己一方作战方案的军事高手，他几十年间一直处在对敌作战的前线，为国家的边防安全做出了少有的贡献。《三国志·满宠传》记述了满宠一生的成长经历和为国奉献的事迹，重点介绍了他在战场形势分析中蕴含的谋略智慧，表现了这位不败将军智勇兼济、谋划出众的才质。

满宠，字伯宁，山阳郡昌邑（治今山东金乡西北二十公里）人。他十八岁时任本郡督邮，即开始展现了与众不同的处事风格。

处置官员的违法行径　当时郡中的李朔等人拥有兵众，迫害平民，郡太守派满宠前去纠察。李朔等人向满宠请罪，答应不再抢掠。后来满宠又代摄高平（治今山东微山西北四十公里的独山湖附近）县令。县里人张苞在郡中任督邮，贪污受贿，干扰破坏官府政令。满宠趁他来到传舍时，率官兵将其收捕，诘问他所犯之罪，当日拷打审问，然后弃官归家。担任郡中督邮的满宠职位并不高，代摄高平县令也只是低职高用的临时代理，但他敢于向两位同级督邮问罪，并能将他们制服，已经表现出了他做事上的勇气和谋划上的出众。

坚守法律而回避人情　曹操占据兖州，征用满宠为从事；及曹操出任司空，又征聘满宠为西曹属，任他为许县（治今河南许昌西南）县令。当时曹洪为曹操的宗室亲戚，他的宾客在满宠辖区内多次犯法，被满宠收捕治罪。曹洪写信给满宠，满宠不加理会，曹洪又报告了曹操，曹操召见许县主管此案的官员。满宠知道将要宽免，于是立即将罪犯处死。曹操大喜说："做事难道不正该这样吗?"满宠大概知道曹操历来坚持以法治政的理念，曹洪把上述事情报告曹操，但曹操未必愿意为此徇情枉法。满宠在没有接到曹操指令前迅速予以处置，这从策略上回避了曹操的参与，既坚持了法律原则，又赢得了曹操的赞赏。

当时朝廷前任太尉杨彪被收捕在许县监狱，尚书令荀彧、少府孔融等人都嘱咐满宠说："只让他出口供，不要拷打。"满宠一概不予答复，照法令行刑审讯。几天之后，他求见曹操，上报说："杨彪经过行刑讯问，没有其他供词，如要处死就应先宣布其罪状，此人在全国出名，如果罪责不清楚，必定大失人心，我内心会为您感到惋惜?"曹操当天便赦免了杨彪（参见 1.3.14《与杨彪家的两代怨结》）。当初，荀彧、孔融听说杨彪受到拷打，都很愤怒；及至这样了结此案，他们更加赞赏满宠的做法。

满宠在这里应该知道曹操对杨彪的怨恨，但他同时收到了荀彧和孔融对杨彪的照顾性嘱托，两边的人情关系谁也得罪不起。满宠的做法是：一如既往地按照先前的惯例办事，在表面形式上毫无瑕疵，而在实际判决中还是坚守法律原则，不因曹操的势大位尊而屈从，进而获得了弱势一方的赞赏。

用擒贼擒王手段安定汝南 当时袁绍在黄河北岸势力强大，而汝南郡又是袁绍的家乡，其门生宾客散布各县，都拥兵拒守。曹操对此深感忧虑，所以任命满宠为汝南（治今河南平舆北）太守，满宠招募了听从自己的五百人，率领他们攻下二十余座寨堡，诱捕没有投降的首领，在座上杀死了十余人，一时间汝南全境被平定，得到民户二万，士兵二千人，令他们回家务农。满宠这里运用特殊手段稳定了汝南局势，从而支持了曹操对袁绍的战争。

208 年满宠随从曹操讨伐荆州，次年大军退回时，曹操留满宠兼任奋威将军，驻屯在当阳（治今湖北当阳东）。后因孙权多次骚扰东部边境，曹操又召回满宠任汝南太守，赐爵为关内侯。满宠在汝南应该是有较高的民望，加上熟悉地方治理，曹操在受到孙权侵扰时又把他放置在这一关键的岗位上。

支持曹仁在危急关头坚守樊城 219年关羽包围襄阳，满宠协助征南将军曹仁屯驻在樊城抗拒关羽，于禁部队因大雨时洪水泛滥而被关羽消灭。关羽急攻樊城，樊城进水，城墙多处崩塌，众人都心中恐惧，有人对曹仁说："今日情况危急，我们的力量难以应对，应趁关羽的军队尚未合围，赶快乘小船夜间潜走，失去了樊城，尚可保全性命。"满宠说："山水来得急速，想必不会很久。听说关羽派偏将已达郏县（治今河南郏县），从许都以南，百姓纷纷响应，关羽之所以不敢迅速进郡，是害怕我军断其后路。如今我们若退走，黄河以南就不再为国家所有了，您应该等待坚持。"曹仁赞成满宠的意见。满宠于是将白马沉入水中，与将士们盟誓守城，正好徐晃率救兵前来，满宠奋力出战有功，关羽退走（参见1.10.3《智勇辅魏的曹仁》下）。战后满宠晋封为安昌亭侯，这是对他坚守樊城之功的报偿。

战场上多次准确料敌 220年曹丕继任魏王后，升满宠为扬武将军。因在江陵打败吴军有功，再拜为伏波将军，驻兵新野。后来曹丕给满宠假节钺，又拜他为前将军。225年曹丕率大军南征东吴，抵达精湖（今江苏宝应南三十公里），满宠率领各军在前面，与吴军隔水对峙。满宠对诸将下令说："今晚风力很猛，敌兵一定会来顺风火攻我军，应该用心戒备!"各军都加强了警戒，半夜时，吴军果然派出十路伏兵前来烧营，满宠率兵掩杀，打败敌军。这次战斗是曹丕该次出军少有的胜利（参见1.4.19《长江北岸的两番叹息》），回军后满宠被晋封为南乡侯。228年，满宠在曹叡的朝廷兼任豫州刺史，次年春，投降的人说吴军正在调发军队，扬言要到长江北岸会猎，孙权要亲自前来。满宠估计吴兵一定会袭击西阳（治今河南光山西南十公里），因此作了准备。孙权听说魏军有备，便退回了。满宠这里以最小的代价取得了防御战的成功。

228年秋天，朝廷派曹休从庐江（治今安徽庐江西南）向南进入合肥，命满宠进兵夏口（夏水注入长江处）。满宠上疏说："曹休虽然聪明果断，但很少用兵打仗，现在他进军的路线，背靠湖泊，沿江而行，这种地势易进而难退，兵法上称为‘挂地’（参见《孙子·地形篇》），对我不利。如果进入无彊口（今安徽庐江西南），应该深度防备。”满宠的上疏还未奏报，曹休已经率兵深入，敌人果然从无彊口切断夹石（今安徽桐城北夹山）的通道，断了曹休的退路，曹休大败退兵。这里只是因为曹休没有得到满宠对战场形势分析估计的确切信息，才未能避免吃亏上当。

能够看到，满宠熟悉兵法理论，他在长期的实战中也积累了丰富的用兵经验，故能根据战场情势的变化，准确预料各种用兵方式的利弊，善于对对方的谋划方案做出精准判断，并在此基础上制定出对自己一方最为有利的战术。

1.18（9）谋划出众的满宠（下）

曹魏名将满宠善于根据战场情势的变化准确预料敌军的作战动向，并作出自己出奇制胜的方案，这一才能愈到后期表现得愈益明显。《三国志·满宠传》及其引注记述了他接替曹休都督扬州军事、与东吴军队直接对峙时的战场谋划，也介绍了他与君民上下相互信任的关系，表现了这位不败将军处事处人的非凡特质。

与君主民众的相互信任　228年镇守扬州的曹休在夹石（今安徽桐城北夹山）战败不久因病去世，曹叡选派满宠以前将军身份都督扬州诸军事。满宠原为豫州刺史，他长期驻守地汝南郡的兵民对他非常敬慕，离别时当地大人孩子相率跟随在道路上，无法禁止。护军上表，要杀掉为首的人。曹叡下诏令让满宠率一千亲兵相随，对其他人不再追究过问，任其自愿。君主曹叡能够理解一位优秀官员与民众相互间的真诚感情，并对此做出了最恰当的处理。

当时王凌任扬州刺史，满宠都督扬州诸军事，一个是地方政府首脑，一个是驻地军事长官，他们两人在共事中不相和睦。几年之后，王凌的党羽诋毁满宠，说他疲弱衰老昏聩，所以曹叡将其召回，想看看他的实际状况究竟如何。满宠回京后进见曹叡，席间饮酒一石也没有什么问题，曹叡知道他身体康强，于是打发他返回扬州。满宠几次上表请求留在朝廷，曹叡发诏用历史名将廉颇、马援的英雄事迹相勉励，鼓励他为国家多作贡献(参见 1.5.18《曹叡的用人和处事》上)。这里能看出曹叡对满宠的高度信任。

预料到孙权的虚假撤退 230 年，朝廷拜满宠为征东将军。这年冬，孙权扬言要率军到合肥，满宠上表调集兖州和豫州的军队，大军集合起来。敌人不久退兵，朝廷下诏罢兵，满宠认为："这次敌人大举退兵，并不是他们的本意，必定是以假退兵而促使我军罢兵，然后再行返回乘虚进军，在我军无备时发动攻击。"为此他上表请求不要罢军。过了十多天，孙权果然率军返回，抵达合肥城，最终不能攻克而撤退。满宠这里再次准确预料到了敌人的行动，挫败了敌对方的军事企图。

识辨吴将的投降诈言 第二年，吴国将领孙布派人到扬州请降，传话说："路远不能亲自前来，请求派兵来接应我们。"刺史王淩送来孙布的信，请求派兵马前去迎接。满宠认为其中必有诡计，没有派兵，以王淩的名义给孙布回信说："能够认清邪正，想要避祸归顺，抛弃暴君而归附明主，深为赞赏。本欲派兵迎接，但考虑兵少了不能保护你们，兵多了事情又会广为传播，因此先秘密谋划，以期实现心愿，临事之时可随机应变。"凑巧满宠接到诏书入朝，临行他吩咐留守的都督府长史说："如果王淩要去迎接，不要给他兵马。"王淩后来索要不到兵马，于是派遣了一名督将，率七百人前去迎接。孙布夜间发动袭击，督将逃走，部下死伤过半。这里由于满宠对吴将孙布诈降的正确预料和用心防范，才避免了曹休受周鲂诓骗那样的重大损失。

粉碎吴军的引诱阴谋 232 年，吴国将领陆逊进军庐江，魏国许多将领认为应迅速前去对付。满宠说："庐江虽然很小，但我们守将强悍，士兵精锐，可以防守很长时间。同时，敌人舍去船只，陆行二百里而来，后面空虚，是想诱惑我军前往，现在应听凭他们进兵，只怕他们退兵时我方追之不及呢。"他整顿军队直奔杨宜口（今安徽霍丘西，古阳泉水入古决水之口)，吴军听说魏军东下，当夜逃遁了。

建议修筑合肥新城 当时孙权每年都有北上谋划，满宠试图长久地消除这一隐患。他经过长时间的分析考虑，提出了修筑合肥新城以引诱吴军的新奇方案。在 233 年上疏说："合肥南面临近江湖，北面远离寿春（扬州治所，距合肥城二百余里），敌人围攻它，可以直接从水上出动，我军若去救援，必须先打败敌人大军，然而才可以解围。而敌人从水上到合肥容易，我们赶到那里却很难。应该移出城内的军队，在城西三十里处，有奇特而险要的地形可以依托，我们在那里另筑新城，可以固守。这样就可以把敌人引到平地，然后切断他们归路，对我们很是有利。"这一方案实际上是要把敌人从水上引诱到远离水域的陆地上，同时让魏军获得易守难攻的地利优势，从根本上改变两军的作战态势。护军将军蒋济认为："我们这样做就是向天下表示软弱，况且望见敌人的烽火便移出城池，这就像敌人还未进攻而城已丢了。如此一来，敌人的攻掠会没有休止，我们只好在淮河北岸防守了。"曹叡没有同意满宠的建议。

满宠又再次上表表达该意见："孙子说：'用兵，必是诡诈方式。'所以能胜反而要显示软弱；不能胜反而要展示威慑，外表与实际不必一致。又说：'善于调动敌人的，要靠外表上的展现。'如今敌人未到，我们移出军士，使城池空虚，这正是在外形上诱惑他们。引诱敌人远离水域，再选择有利时机采取行动。这一做法的变化在外表上，而实际上获利很多。"尚书赵咨认为满宠的方案优点突出，大概曹叡最后也想通了这一问题吧，于是下诏采纳。很快，魏国在合肥城西十五公里的鸡鸣山东麓依山修筑了合肥新城，该城成为曹魏在淮南御敌的前卫阵地。满宠的筑城移兵设想是带有战略性长久应敌的战术方案，谋求的是魏军防守的坚固性和进攻的机动性。

筑城移军方案的成功验证 这一年，孙权亲率大军出动，欲图围困新城，因为远离水域，吴军二十余日不敢下船。满宠对各位将领说："孙权得知我已另筑新城，一定曾在部众中自夸过，如今大举前来，必欲有所成功，虽不敢来到我军城下，但却会上岸显耀兵力，以表明他们有实力。"于是暗中派遣步骑兵六千人，埋伏在合肥城的隐蔽之处等待。孙权果然上岸炫耀兵力，魏军伏兵突然出击，杀敌数百名，吴军有的投水而死。在这里，吴军不敢弃长就短而远离水域，他们并没有远赴新城而进攻，筑城移军方案的成功已经得到了初步的验证，而满宠预料到孙权的某种炫耀心理，作了针对性的部署，反而赢得了一次不大的胜利。

到了234年，蜀相诸葛亮与吴国东西两线配合进攻魏国，孙权号称亲率十万大军，兵抵合肥新城，城内守卫坚固，坚持了数月之久（参见1.5.11《应对南北两面之战》）。曹叡亲自前来赴战，满宠曾率军驱驰增援，他招募数十名壮士，折断松枝做成火炬，灌上麻油，从上风放火，焚烧敌人攻城的器具，射死孙权的侄子孙泰，吴军最终退兵。筑城移军方案被证明是对吴军成功有效的防御策略。

完成了军事御敌的使命　235年春，孙权派遣士卒数千家在江北种田。到了八月，粮食成熟，正在收获，种田的男女布满田野，满宠认为吴军守卫的士兵离城远的有数百里，可以趁机偷袭。于是派遣长吏率领三军沿江东下，破坏了吴军的屯田处所，焚烧谷物而回。曹叡下诏表彰，把掠获的财物全部赏给将士。这是史籍所载满宠对东吴的最后一次出击取胜。238年，满宠年老而被召回，升任为太尉。至此他是完成了自己一生军事御敌的使命。满宠不置产业，家中没有多余财物，曹叡下诏说："你在外统帅军队，一心忧公，有春秋行父、汉朝祭遵的风骨。特赐田地十顷，谷五百斛，钱二十万，以表彰清廉忠诚俭约的节操。"满宠前后增加的封邑共九千六百户，子孙二人被封为亭侯。

242年，满宠去世，谥号为景侯，儿子满伟继承了他的爵位。满宠长期任职于军事阵战岗位，在对敌谋划和攻防战术上做出了不少创新性探索，并取得了显著的成效，曹叡对他的功绩与人格给予了极高的肯定表彰，陈寿称其"立志刚毅，勇而有谋"。他才谋出众、业绩卓著、功满曹魏，是三国时代屈指可数的优秀将领。

1.18（10）北疆制敌的田豫（上）

曹魏政权的北部边境居处着文化状态更为疏远的诸多少数民族部落，

史书中所称的夷狄、胡人是沿用前代历史的称呼，实际上当时的鲜卑族、乌丸族似乎更为强盛些。在社会政治关系上一时难以完全整合这些部族的背景下，他们是以边境地区的隐患而存在的，所幸曹魏集团中有田豫等一批在战争中成长起来的良将，多年守御着北境地区的安全。《三国志·田豫传》记述了田豫的成长经历，介绍了他有效防控北方部族经常性侵扰的战术策略，表现了曹魏北方战线上军事斗争的不同形式，也展现了田豫个人的才能品格。

田豫，字国让，渔阳郡雍奴（治今天津武清东北）人，他年轻时在家乡投军，遇到了刘备与公孙瓒，由此开始了自己的职业活动。

追随刘备而中途离去　田豫的家乡当时为公孙瓒管辖，其间刘备 192 年投奔公孙瓒，田豫当时年龄小，自己托身于刘备，刘备很看重他。刘备 194 年任豫州刺史时，田豫因母亲年老请求回乡，刘备流着泪与他告别说："只恨不能与你共成大业。"能够看到，田豫开始投军公孙瓒时，恰好被分在或者是他选投在了刘备的部队，两人开始是互相欣赏、情投意合的，后来田豫主动离开了刘备，这与陈群脱离刘备的时间正相吻合（参见 1.17.8《刘备错失的贤臣陈群》上），田豫分手的理由也似乎颇有点故找借口的牵强，这里不排除其中含有他个人在人生道路上的二次选择。

以道义斥退王门的进攻　田豫离开刘备后应是回到了公孙瓒的部队，公孙瓒让田豫代摄泉州（治今天津武清西南十五公里）县令。不久公孙瓒的部将王门背叛公孙瓒，为袁绍率领一万余人前来进攻，众人恐惧欲降，田豫登城对王门说："你受公孙将军厚待，却离他而去，原以为你有不得已的原因；现在你回来反攻为敌，可知你是没有情义之人。我接受了公孙将军的委任守城，虽然有浅薄的挈瓶之智，但也不屑使用，你何不赶紧来进攻?"田豫是针对王门其人尚存未泯的道德心性，运用道义而攻心，王门惭愧地退走了。未曾作战就成功御敌，应是显示了他的智慧，公孙瓒知道田豫有智谋，但却不能任用他。

归顺曹操取得治理业绩　公孙瓒 199 年初被袁绍打败后，鲜于辅为属下官民所推重（0.9.2《他对现管动了歪心思》），代行太守之事，他平素与田豫相友好，任命田豫为郡府长史。当时群雄并起，鲜于辅不知依从何人。田豫对鲜于辅说：“最终能够平定天下的人，一定是曹操，应该赶快归顺，不要等到后面遭祸。”鲜于辅听从了他的意见而归降曹操，受到曹操的任用和封官尊宠。田豫这里是属于有功之人，曹操召田豫为丞相军谋掾，后任命为颍阴（治今河南许昌）、郎陵（治今河南确山西南二十五公里）县令，升为弋阳（治今河南潢川西五公里）太守，凡任职之地都得到很好的治理。

协助曹彰平定代郡 鄢陵侯曹彰218征讨代郡（参见1.6.1《特能作战的黄须儿》），以田豫为相。军队进抵易水北岸，敌人埋伏下骑兵偷袭，军人乱成一团，不知如何是好。田豫根据地形，用战车围绕成战阵，弓弩手拉满弓在里面，在空隙中布下疑兵，胡人攻不下来，便溃散了。大军乘势追击，大破敌兵。大军挥师前进，平定了代郡，这些都是田豫的谋划，显示了他的用兵之能。

用抚慰方式安定南阳 其后田豫升任南阳太守。先前，本郡人侯音反叛，率众数千人在山中为群盗，成了郡中一大祸患，前任太守收捕了侯音的党羽五百多人，上表奏请全部处死。田豫召见全体在押囚犯，加以安慰晓谕，启发他们悔过自新，然后打开刑具全部释放。囚犯们都叩头感恩，愿为田豫效命，当即互相转告，各部盗贼一天内都解散了，郡中得以安定。田豫如实向上汇报，得到了曹操的赞赏。山中群匪有不同于代郡之敌的特点，田豫在军事活动中能针对不同的打击对象采取不同的方针，展现了他对军事策略的灵活把握。

对边境各部族的扼制 曹丕执政时，北方部族强盛，侵扰边塞，曹丕任命田豫为持节护乌丸校尉，牵招、解儁同为护鲜卑校尉，均是负责当地少数民族事务的军政官员。从高柳（治今山西阳高）以东，涉貊（占有今朝鲜临津江流域以东至海广大区域的古国）以西，有鲜卑数十个部落，比能、弥加、素利分割地区加以统领，各有自己的地界；他们共同立下誓约，都不能把马卖给中原人。田豫认为，这些戎狄部族联合一起，对中原不利。于是离间他们，让他们自相为仇，互相攻杀。后来素利违反盟约，把一千匹马送给官府，为此遭受到比能攻击，向田豫求救。田豫恐怕那些部族间互相兼并，以大欺小，造成更大危害，认为应该救善惩恶，向各部族显示威信，于是决定出兵。

在北方战场的多次胜利 田豫因素利的请求，他单独率领精锐士兵深入到胡人占据的中心地区。那里胡人很多，对官兵前后抄掠，截断退路。田豫则率军挺进，距胡人十余里扎下营寨，收集许多牛马粪便点燃烟火，从另外一路撤走了。胡人见烟火不断，以为田豫的军队还在，便离去了，走了数十里，才发现田豫已撤走。他们追击田豫至马城（治今河北怀安西十公里），将其重重围困，田豫严密防守，令军中司马竖起旗帜，奏起鼓乐，步骑兵从南门杀出，胡人都睁大眼睛追赶，田豫则率领精锐骑兵从北门冲出，擂鼓冲杀，两面发起攻击，胡人措手不及，阵脚大乱，都丢弃弓马而徒步逃走。田豫率兵追击二十余里，胡人尸体满地都是。田豫这里应是击溃了比能的部队，实现了对素利的援救。

此后，乌丸王骨进对官府奸猾不恭，田豫到塞外调查，自己率百余人进入骨进的部落，骨进出来拜见，田豫命令身边人将骨进斩首，又公布了他的罪恶以号令其部众。部众都恐惧不敢行动，田豫便让骨进的弟弟统领其部众。从此胡人吓破了胆，田豫威震沙漠。

山贼高艾有部众数千人，在幽、冀四处抢劫抄掠为害，田豫引诱鲜卑素利部杀死高艾，传其首级到京城。这次田豫是利用素利的力量除掉了山贼高艾，表现了与上两次不同的策略方式。由于这一连串的胜利，田豫被朝廷封为长乐亭侯。

对付鲜卑各部的策略方式 田豫担任护乌丸校尉九年，形成了自己对付境外部族的思路，史书上说他治理夷狄的方式是：对兼并者打击压服，对强滑的加以离散，对奸邪之人和为胡人出谋划策不利官府的人，田豫都想办法离间他们的关系，使其凶邪之谋不能得逞，互相聚居得不到安宁。在中原政权与境外部族尚未建立明确政治关系、双方文化状态比较疏远的情况下，田豫在实际活动中摸索出了一套掌控边境局面的代价最小的策略方式。

1.18（10）北疆制敌的田豫（下）

曹丕执政之初北方夷狄强盛，其时田豫赴北境担任护乌丸校尉，自221年来的九年间与境外部族斗智斗勇，在军事、政治和外交等方面进行了反复较量，取得了胜利，维护了地方的安定与安全，他也形成了自己独有的一套制敌策略。其时已到了曹叡执政之时，田豫对制服外敌有了更为明确的目标计划。《三国志·田豫传》中说，田豫的事业尚未完成，幽州刺史王雄的党羽想让王雄兼任护乌丸校尉，因此诋毁田豫扰乱边境，为国家生事。朝廷于是调田豫任汝南（治今河南平舆北）太守，加官为殄夷将军。这一特设的将军名号对田豫在北境的制夷功绩给予了明确的肯定，只可惜他本人壮志未酬，就已离开了功业未曾圆满的岗位。

在成山沿海大败吴军　大约232年，公孙渊在辽东反叛，曹叡想征讨他，却找不到合适的人选，中领军杨暨推举田豫，于是使田豫以本官统帅青州（治今山东淄博临淄北）的各路军队，假节，前往讨伐。正值吴国派使臣与公孙渊勾结，曹叡认为敌人众多，加之军队渡海不易，于是诏令田豫撤军。田豫估计吴人船只将要返回，正是年底风急之时，一定惧怕风大浪高，东面又无岸可依，肯定要到成山（今山东荣成胶州半岛东北最东端伸入黄海的山），而成山没有藏船的地方，只能循着海岸行进。他观察好地形，防守各山岛险要处，布置军队等候。他还亲自到成山，登上汉武帝当年拜日的楼观。吴人返回时，果然遇到大风，船只都触山沉没，漂荡到岸边，无处逃窜，全为田豫布置的将士俘虏。当初，各位将领都笑他在空地等待敌人，及至吴人惨败，都争相参与他的谋划行动，请求入海夺取漂泊的敌船。田豫恐怕敌人在穷途末路时拼死反抗，没有答应这些请求。

在曹叡已经下令撤军的情况下，田豫分析预测吴军从海上返还的情势，从中发现了极好的战机，他自己勘察地形，精心布置军队，最终利用优越的地形和自然天气，将海上行进的吴军全部歼灭。吴魏两军长久争战，吴军向来以善于水战而取胜，田豫的这次作战改变了魏军以往逢水必败的前例，振奋了全军的水战信心，表现了田豫极高的用兵之能。

大胜而不得奖赏的分析 成山海域之战中，田豫以太守的官职统帅青州军队，青州刺史程喜心中不服，在商定计划时，两人意见多不一致。程喜知道曹叡喜欢明珠，于是在战后秘密上奏说："田豫虽然立下战功，但军令松弛，得到了许多珠宝器物，都发放给官兵而不交给官府。"因此，田豫的功劳没有受到奖赏。世间没有完美无瑕的将军，田豫的成山大胜没有得到奖赏，不能完全排除青州刺史程喜反映情况的真实性。联系先前田豫在护乌丸校尉岗位上被幽州刺史王雄所排挤的事实，即能看到曹魏官场上人际关系及其相互角斗的复杂性，也能看到田豫本人统军和处事的某些不足处。

对新城攻守方案的考虑 234 年，孙权号称统帅十万大军攻打新城，征东将军满宠准备率兵前去救援。田豫说："敌人全军出动，不是为了小利，他们是要以攻打新城引诱我方出动大军。应该听任他们攻城，使其锐气挫败，他们攻不下新城，士兵必然疲惫，然后我们再出击，可大获全胜。但如果敌人知道了我们的想法，他们就不会攻城，势必自己退走。所以我们如果马上进军，正好就中了敌人的诡计。另外到时候大军出发，应当让敌人难以预料，不应当让将领们自己谋划。"田豫考虑的是如何摆脱敌人的引诱之计，同时又想让敌人在攻城中自我消耗；而对本国大军的最后出击，他考虑到的是时机保密问题。这是一套成熟而严密的行动计划，他把这些意见上奏，曹叡表示同意（参见 1.5.11《应对南北两面之战》），后来魏国的作战部署基本上遵循了这一方案，敌人最后退走了。

不久吴军又来侵扰，田豫前往抵御，敌兵立即退走。许多军士深夜惊喊："敌人又来了！"田豫安卧不动，对全军下令说："敢行动者处死。"此后，果然不见敌兵。这里表现了他对敌情的正确判断和在关键时刻镇定自若的指挥风格。

清廉节俭的品格节操 田豫生活俭朴清贫，朝廷给他的赏赐都分发给部下将士。每次胡人给他个人送来礼品，他都做好登记收入官府，从不拿到家里。他家中常常贫困，但不论什么样的人，都很赞赏他的高尚节操。《魏略》中说：鲜卑部族的素利等人多次来做客相见，给田豫送了很多牛马，田豫将其转送官府。这些胡人以为前面所送的东西会显露，不如送金，于是在怀里暗带着三十斤金，对田豫说：“请让身边的人回避，我有密言相告。”田豫打发走身边人，胡人跪下说：“我看见您家贫，所以先后送给牛马，您都送到官府了，今天私下以此相送，可以作为家中资财。”田豫张开衣袖接受了，并答谢了他的厚意。等胡人离去后，他把金子全部拿出来上交，并将情况向众人说明。于是朝廷下诏表彰说：“春秋时魏绛解开衣服接受戎狄的钱财，现在你伸开袖子接受胡人的送金，这些行为都值得表彰。”朝廷即给他赐绢五百匹。田豫得到这些赏赐，分出一半放在身边府库，后来胡人再来，将这一半送给他。239 年，朝廷增加给他三百户封邑，加上先前所封，共五百户。

晚年的任职与生活 曹芳在位之初，田豫升为使持节护匈奴中郎将，加振威将军，兼任并州（治今山西太原西南）刺史，其辖境包括曹魏靠西段的北部边界，他再次为国守卫边疆。境外胡人闻知他的威名，相继来朝贡献。并州界内清静安宁，百姓归心。不久他被召回朝廷担任卫尉，他多次请求退职，太傅司马懿认为田豫正当干事的年纪，下书不予同意。田豫复信说：“我年过七十，尚占据着官位，犹如计时的钟已响过，滴漏已尽，而黑夜还没有结束，这是罪人啊。”于是坚决称病辞职。当时魏国朝廷的权力争斗异常复杂，田豫一再要求辞职，背后是否还有另外的原因不得而知。朝廷拜他为太中大夫，领取九卿的俸禄。

《魏略》上说，田豫辞官回乡，居于魏县（治今河北大名西）。正好汝南郡派遣信使去见征北将军，因为感念田豫往日在汝南职任上的恩德，信使路过魏县前来拜见，田豫为他杀鸡做饭，吃罢后送至路口，对他说：“人老啦，辛苦你前来看望。不能用更好的东西招待你，如何是好呢?”信使看见他家贫体弱，伤心地流泪而去，回去后对熟悉的吏民说起田豫的情况，汝南郡为他准备了数千匹绢的财物，派人送给田豫，田豫没有接受。田豫晚年的待遇应该不低，也许他把自己的所得用来与乡邻亲戚们共享了。他家中虽不富裕，但他宁愿继续过那种节俭朴素的生活，这是一生养成的品行使然。

对自己一生的高度认可 田豫病重临逝告诉妻子说："一定要把我安葬在西门豹祠旁边。"西门豹祠在今临漳县西十五里，距离田豫住地不远。妻子询问说："西门豹是古代的神人，怎么能葬于其旁呢?"田豫说："西门豹生前做的事与我不相上下，如果死后有灵，必定与我相友好。"西门豹是战国时期的名人，他生前做过许多有益国家百姓的事情，身后得到了人们的推崇和怀念。田豫要求把他安葬在西门豹祠的旁边，认为他与西门豹的功业相当，并自信死若有灵的西门豹一定会与他结为好友，这一切表现着他对古代英雄的崇敬，表明了他对自己一生功业与作为的高度肯定，同时也展现了他生前几十年间为国奉献、建功立业的深层动因，是崇高的英雄主义情怀激励着田豫一生的奋斗与努力。

田豫在八十二岁时去世，儿子田彭祖继承了他的爵位；妻子听从了他的安排，满足了他死后与西门豹相交为友的心愿；汝南郡的人听到他的死讯非常悲痛，为他画了像，又为他立碑作铭，他的功业和名字留在了当世人的心中；司马氏掌政的朝廷在254年发布诏令，对田豫等几位大臣的清廉节操给予了褒扬，下令赐给家属钱谷。无论历史政治的演变如何波折，田豫在中原北境的守边之功、他灵活的制敌策略以及清廉高洁的品格都会长存不朽。

1.18（11）"秉义壮烈"的牵招（上）

为曹魏长期守御北疆的还有智勇兼济的将领牵招，陈寿称牵招"秉义壮烈，威绩显著"。就牵招一生的人格品质和制服北方乌丸、鲜卑的功绩及其影响而言，他不失为一位足令后人肃然崇敬的优秀战将。《三国志·牵招传》记述了牵招一生职场经历的曲折转变及他义气昭彰的品格，介绍了他临敌无畏的英勇气概和以军事政治等手段全面治理边境地区、改善民众生存生活的实践探索，表现了一位不凡人物的未竟追求。

牵招，字子经，安平观津（治今河北武邑东南）人。他十多岁时向同县学人乐隐受学。后来乐隐被车骑将军何苗（朝廷大将军何进弟）任用为长史，牵招遂结束了学业，开始了自己的人生发展之路。

因做事义气而出名 牵招结束学业不久，京都洛阳大乱，何苗、乐隐均被害（参见 0.1.5《189 年的大变局》），牵招和乐隐的另一门生史路等冒着军阵刀枪收殓了乐隐的尸首，并送丧回家。路上遇到强盗抢劫，史路等人全部走掉了，强盗想砍棺拔钉，大概想在棺内寻找珍宝，牵招含泪请求。强盗认为牵招讲义气，就放走了他。牵招在战乱关口为自己的老师收尸送葬，在其他人遇险走散时仍然守尸不离，这种行为连身为强盗的寡义薄情之人都为之感动，宁愿成全他超乎常人想象的大义气节。事情过后牵招由此而出名。

长期效忠袁氏父子 冀州牧袁绍任用牵招为督军从事，为州牧的属官，兼领乌丸突骑，这是乌丸将士组成的精锐骑兵。后来袁绍的门客犯法，牵招先斩后奏，袁绍很欣赏他的果断，没有追究此事。这应该是袁绍认可了他的行为，赞赏他的执法严谨，也表现了袁绍当时对牵招的信任。

袁绍死后，牵招又跟随袁绍之子袁尚。204 年，曹操率军包围了邺城，袁尚派牵招到上党（治今山西长治北）去督办军粮。未等牵招回来，袁尚兵败逃走，到了中山（治今河北定县）。当时袁尚的表兄高幹为并州刺史，上党督粮的牵招正在并州辖地，他认为并州左有恒山为天险，右有大河可固守，又拥兵五万，北边有强大的胡人，所以劝高幹迎请袁尚前来，合力应付时变。高幹不愿听从，反欲暗中加害牵招，牵招知道情况后，悄悄地离开了。他在这里说服高幹迎请袁尚的事情没有成功，但也表现了他对主上袁尚的一片忠义之诚。

在曹操属下出使建功 牵招离开高幹，因道路阻隔不能追上袁尚，于是向东投奔了曹操。当时曹操攻破邺城做了冀州牧（参见 0.9.20《邺城失守》），他任用牵招为从事。曹操准备征讨袁谭，柳城（治今辽宁朝阳南十五公里）的乌丸部队打算派出骑兵帮助袁谭，曹操因牵招曾经做过乌丸突骑，便派牵招前往柳城交涉。牵招是来自北方袁氏集团的人物，过去做过乌丸突骑，曹操派他前去制止乌丸军队对袁谭的救援，既是用人所长，当然也包含对牵招政治立场的考验。

牵招到达柳城时，峭王正集结军队，准备派出五千骑兵救援袁谭，同时辽东太守公孙康自称平州牧，派使者韩忠带着单于的印绶来见峭王，想授其官职。峭王大会各路官长，韩忠也在座。峭王问牵招："昔日袁公说他受天子之命，任命我为单于；现今曹公又说他奏过天子，任命我为真单于；而辽东太守也拿着印绶前来。这样一来，究竟谁是正宗的呢？"牵招回答说："从前袁公承天子之命，可以有所拜封，但中间发生错谬，天子命令曹公代替他。现在曹公说奏过天子，拜您为真单于，这是正宗的，辽东是下属之郡，哪能擅自作出封拜呢？"峭王的提问牵扯到袁绍、曹操及公孙康各自统治北方的合法性问题，三个人都行使对柳城乌丸部族的治理权，但合法的究竟是哪一个，这也是峭王不能明白的问题。联系对袁绍的介绍看，牵招这里是站在他自己的立场上对此做了清楚解释，也反映着他对事情的真实理解及自我政治立场的转变。牵招是彻底否定了公孙康的治理权，全面肯定了曹操政治治理的合法性。

韩忠发难说："我们辽东在大海东边，拥兵百万，又有扶余（在今松花江中游平原上以农安为中心的古国）、涉貊听命为用，当今天下，强者为尊，为什么曹操一家才算正宗呢！"牵招呵斥韩忠说："曹公允恭明哲，拥戴天子，他讨伐叛军而抚慰百姓，安定四海。而你们的君臣只倚靠边远天险，违抗王命，还想擅权封拜，侮弄神器，应该受到屠戮诛灭，竟还敢态度傲慢，诋毁曹公！"说罢便将韩忠头按在地上，拔刀欲斩，峭王惊恐，他光着脚上前抱住牵招，劝其赦免韩忠，身边的人都惊慌失色，牵招退回座位上，向峭王等人陈说成败之理与祸福所归。在座的人都离席跪伏，聆听教诲。峭王于是辞退了辽东使者韩忠，停止了出兵。牵招以他的据理雄辩赢得了舆论道义的上风，又以关键节点上勇敢无畏的出手一搏震慑了论辩对手和在场的听众，所谓理直而气壮，最终取信于峭王，完成了自己的使命。

在曹营祭拜故主袁尚 205年正月，曹操在南皮攻灭了袁谭（参见0.9.18《他和曹操玩起了心眼》），任牵招为军谋掾，两年后征讨乌丸（参见0.9.20《珍惜远方的征战》），当时到了柳城，任牵招为护乌丸校尉。后来大军返回邺城，辽东把袁尚的首级送来，悬挂在马市。牵招看到后十分悲痛，即在首级下面设祭。

在这里，袁尚是曹操的敌人，牵招并非不知道这一情况，但他看到辽东送来的袁尚首级，仍然是毫不迟疑地上前祭拜，愿意把对故主的尊崇和自己内心的悲痛公开表达出来，这其实正是传统文化中一种超乎政治关系的大义品性，也是他个性人格中一贯闪亮的地方。应该指出的是，牵招内心认定的袁氏故主是袁绍、袁尚，而不是袁谭，他是把袁谭作为故主的反叛人看待，这也是他前面愿意出面劝阻峭王援救袁谭的重要缘由。具有识人之智的曹操赞赏牵招祭拜故主袁尚的义气，推举他为茂才。

随征汉中并镇守东境 215 年，牵招跟随曹操平定汉中，曹操返回后留下牵招为中护军，这是掌武官选举并统领禁军的职务。后来牵招返回邺城，任平虏校尉，都督青州、徐州诸军事，主掌东部军事事务，其间领军平定东莱（治今山东龙口东十五公里）贼寇，斩杀了其首领，安定了东境局面。他为曹魏的事业南北征战，屡建功绩。

1.18（11）“秉义壮烈”的牵招（下）

为人义气的牵招在临敌时刻总有大无畏的气概，他 204 年离开袁氏后跟随曹操十多年，在出使柳城劝阻峭王，征战汉中和安定东境方面都建功树业。220 年曹丕受禅建魏后拜牵招持节护鲜卑校尉，驻扎昌平（治今北京昌平东南），负责镇抚北方边境。《三国志·牵招传》记述了牵招在此期间对边疆民族地区的系统性治理，同时也展现了他为国爱民的大义品格。

对边疆民族地区的多项治理 牵招首先以安抚手段让民众安居。当时，边地居民多流散在山间河谷，还有逃入鲜卑部落的几千人。牵招广施恩信，用多种方式招诱其投降归附。建义中郎将公孙集等人都率部下归附，牵招让他们回到本郡。又对鲜卑素利、弥加等十余万部民加以安抚，让他们在边塞安居。

其次是在军事防守方面作出精心准备。225 年曹丕打算攻打孙吴，召牵招返还洛阳，牵招赶到时，魏国军马已从长江沿岸退回（参见 1.4.19《长江北岸的两番叹息》），牵招没有赶上这次征讨孙吴的军事活动，朝廷随后任命他为右中郎将，出京为雁门（治今山西代县西北）太守。该郡居边陲之地，虽有哨兵巡视，但贼寇抢掠不绝。牵招就任该郡行政长官，似乎对如何防守早有考虑成熟的打算，他教给百姓作战阵法，又上表免去乌丸五百余家赋税租调，使他们准备鞍马，保证能够在远处侦查。自此，胡人每次进入边塞，军中吏民早就获悉情报，当地民众都能迅速组织兵力迎敌，并总是能将他们击败。自此当地民众打败贼寇的胆气愈加增强，即便人烟稀少的荒野之地也没有顾虑，郡中民众的安全感大大提升。

再次是对顽固对手的扼制与打击。牵招又采取了守边将领惯常使用的方法，设法离间鲜卑部族，使他们互相猜疑。鲜卑首领步度根、泄归泥等与轲比能有隔阂，于是他们率三万多户百姓来到郡里，请求归附。牵招统领他们还击轲比能，杀死了轲比能的弟弟苴罗侯，以及反叛的乌丸归义侯王同、王寄等，使鲜卑各部族间结下怨仇。其后牵招又亲自率领归泥等攻打轲比能，在云中（治今内蒙古托克托东北）故郡将其打败。同时牵招又与河西鲜卑等十余万家相联系，整修陉北（今山西代县西句注山之北）原有的上馆城（今代县西北三十公里），在此屯戍兵马以安定内外，致使周边大小胡人部族全都归心。由于官方治理力量的强化，百姓对政府的信赖也得到极大提升，那些叛变逃亡的人，他们的家属不敢窝藏，都会将他们交送出来。于是在荒野居住的人家晚间只闭门就行，盗贼再未出没。

另外是对当地百姓的生活给予了更多关怀。其时郡治设在广武（今河南荥阳东北），井水又咸又苦，民众都推车挑担到很远的河边取水，往返七里路，生活中有极大不便。牵招为此勘察地形，根据山势开凿河渠，引水入城，极大方便了人们的取水，百姓深受其益。与此同时，牵招还强化了对民众的文化教育，他挑选有才识的人，送他们到太学读书，当这些人学成返回后再传授他人，几年间当地书院兴盛了起来。这些措施表明，牵招在雁门的社会治理抓住了民众的切身需要，涉及环境安全、生存生活和文化教育诸多方面，并且收到了显著的效果。

救援友军的义气与策略 226年曹叡即位，赐牵招关内侯爵位。228年，护乌丸校尉田豫出塞，被轲比能围困于马邑城（今山西朔县），他向牵招求救。牵招即整顿兵马准备救援，但并州府根据有关管束条例禁止牵招出兵。牵招认为持节的大将被包围，不能拘泥于当地官员的意见，他是把战场的实际需要和国家的整体利益放在首位，既不拘泥于僵死的陈规和上级官员们教条式的理解执行，也不顾及个人可能遇到的战场安全与政治风险，他向朝廷上表后随即出发，仍然表现出了面对敌人的无畏气概和对友军无私援助的大义气节。

牵招在救援中也采取了灵活机智的策略，他同时向多处发布羽檄，陈述形势，声称军队向西北方向直取轲比能老巢，其后向东进军，与田豫会合消灭轲比能本人。羽檄发布后，田豫的军队勇气大增。牵招又将檄文专门送至鲜卑军屯住的要塞，鲜卑军队听到官军出击的消息和行动方案后非常恐惧，各部族的士兵纷纷离散。大军到达平城（治今山西大同东北），鲜卑军溃散逃走。轲比能又云集骑兵来到平州（今辽宁辽阳）塞北，牵招秘密行军进行突袭，斩杀了不少敌人，为田豫的部队解了围。

制定更为完善的防御计划　牵招以为诸葛亮数犯中原，而轲比能狡猾，双方可能联合，他上表给朝廷要求提防。众人都认为两者相距甚远，并不相信他的预料。其时诸葛亮又出祁山，他果然派遣使者与轲比能联络，轲比能兵至北地（治今陕西耀州）的石城（今陕西富平、耀州一带），与蜀军遥相呼应，这已证实了牵招预料的正确性。曹叡发诏命令牵招自己依据实际情况出击征讨。

其时轲比能已返还漠南（指蒙古高原大沙漠以南地区，约今内蒙古区域），牵招与并州刺史毕轨商议说："胡人迁移无常，如果劳师远追，恐怕速度赶不上胡兵。如果组织偷袭，则山路艰险，军需供应难以秘密完成，偷袭也不能成功。可以让军队守在新兴（治今山西忻县）、雁门两个关口，再出兵屯守陉北，这样对外威慑和扼制敌人，对内则组织军队将士种田，储蓄粮食。等秋冬时粮足马肥，再聚合各州郡的部队寻机攻讨，必能全胜。"牵招根据实际情况，与上级官员一起制定出了更为完善的边境防御制敌计划，只是需要一段时间才能见到方案实施的成效。

非常不幸的是，他们的计划尚未施行，牵招就病逝了，其子牵嘉继承了他的爵位。陈寿在牵招本传之后议论说："牵招的职位只到郡守，他的才能未尽其用。"牵招胸有大义，忠国爱民，他在边境地区实施了极有成效的社会治理，并制定了长远性的对敌防御计划，本人不乏坚定实施的勇气和毅力，但天不假年，大才未伸，留下了人生的遗憾。

1.18（12）守御关中的名将郭淮（上）

曹魏京都洛阳向西不到二百公里即为桃林塞地驰名的关隘函谷关，古人号称天险，关隘之西为关中及雍凉之地，属于曹魏政权的西境。曹操在211年击败马超、韩遂的地方割据势力后即稳定地占有了关中，但却不时受到秦岭南部蜀汉军队及凉州地方反叛势力的袭扰，因而镇抚关中长安、守御西境安全的责任十分重大。《三国志·郭淮传》记述了郭淮驻防关中几十年间的战场生涯，主要介绍了他在与蜀汉军队军事对峙中的战术攻略，展现了国家西境防守的艰难性和一位名将在成长中的长期磨炼。

郭淮，字伯济，太原阳曲（治今山西太原北）人，被本郡举孝廉后任平原郡府丞，由此开启了他奋争不息的职场人生。

汉中战斗中临危不乱 曹丕211年为五官中郎将，郭淮被任为门下贼曹，在曹丕属下执掌盗贼警卫事务，又转任为丞相兵曹议令史，这是曹操相府掌兵事官员的助手，曾在215年跟随曹操征讨汉中。曹操回洛阳时留下征西将军夏侯渊抵御刘备，任郭淮为其司马。夏侯渊与刘备作战时，郭淮有病没有前往。作战中夏侯渊不幸阵亡（参见1.10.2《殉身疆场的夏侯渊》下），当时军中慌乱，郭淮收集散兵，推举荡寇将军张郃主持军务，军营才安定下来。第二天刘备想渡汉水来攻，将领们认为敌我兵力悬殊，刘备会乘胜出击，都想依汉水为阵来狙击。郭淮说："这是向敌人示弱，不能击败敌人，因而不是上策。不如远离岸边结阵，诱使敌人前来，等蜀军渡河一半时再发起进攻，一定可以打败刘备。"于是排好战阵，刘备心疑不敢强渡（参见2.1.19《攻战汉中》下）。郭淮当时坚守阵地，毫无撤退之意。此事上报以后，曹操非常赞许，让张郃持节都督全军，再任郭淮为司马。

郭淮当时进入职场历时不长，应为三十多岁，但在主将阵亡的危急时候临阵不乱，胸有主张，利用自己军队司马的身份推举了主持军务的接替人选，稳定了战场局势；同时在敌方乘势进军的紧要关头，他大勇无畏，在战场上毫不示弱，制定和实施了半济而击的战术策略，竟然使敌方不敢贸然出击，最终让部队渡过了最危急的时刻。事情赢得了曹操的赞赏，这实在是对他军事素质和战术策略的同时肯定。

平定反叛后施惠民众 曹丕220年初继承魏王之位，赐郭淮为关内侯，转为镇西将军长史，又代理征羌护军，协助左将军张郃、冠军将军杨秋讨伐山中贼寇郑甘及卢水（约在今张掖民乐南临松山附近）叛乱的胡人，打败了两股敌人，关中得以安定，百姓安居乐业。后来郭淮兼任了雍州地方政府事务，安定羌的头领辟蹄反叛，被击败而投降。每当羌胡有人来降，他总是让人询问他们亲戚的情况，包括男女多少、年龄大小等，等相见时已略知他们的心意，他询问关怀非常周到，人们称他神明。平定地方反叛是镇守关中的一项常规任务，郭淮不仅能以军事手段保证关中百姓的安定生活，而且注重对已经归顺政府的反叛人给予应有的关爱，使他们能感受到国家政府的温暖，这样就增强了辖区民众对政府的信任。

机智回应曹丕的责难 220年冬，郭淮前来祝贺曹丕登基为帝，在路上得了病，所以迟了一些。等到群臣欢会时，曹丕板着脸色责备说：“从前大禹在涂山（约今安徽蚌埠西淮河东岸）召会诸侯，防风氏后到，结果被杀。而今普天同庆，而你却来迟，为什么？”郭淮回答说：“我听说五帝首先是用道德来开导臣民，夏后朝政衰败才开始用刑罚。而今我生逢唐虞盛世，因此知道自己不会遭到防风氏那样的杀戮。”曹丕听了很高兴，任命郭淮代理雍州刺史，封为射阳亭侯，五年后授以实职。郭淮这里对曹丕责难的回应中，把受禅建国的曹丕与后世极为推崇的上古五帝相类比，似乎表现为一时的机智，但也是他热爱曹魏帝业心理的真实表白，所以得到了曹丕的认可和赞赏，为此曹丕让他在镇守关中的军事事务之上承担了地方行政的责任，这也体现了朝廷对他的更大信任。

堵截诸葛亮侵扰的功绩 228年，蜀相诸葛亮首出祁山，派将军马谡守街亭（今甘肃庄浪东南与秦安东北），高详屯守列柳城（今陕西略阳东北的街亭附近）。张郃攻街亭，郭淮攻列柳城，均获胜利（参见2.3.5《首出祁山》下）。郭淮又在枹罕（治今甘肃临夏东北二十公里）攻破陇西名羌唐蹄，被加封建威将军。231年，诸葛亮五出祁山，蜀军出卤城（今甘肃天水、礼县之间），他们抢夺了当地成熟的麦子（参见2.3.9《射杀张郃的祁山之战》），造成陇西粮食紧缺，一些人主张从关中运送。郭淮用恩威抚慰羌、胡部族，让他们出粮谷，抵扣某种土产赋税，以供军需。郭淮利用雍州刺史的职务和自己在民众中的威望，一时解决了魏军的粮食急需，战后他被任扬武将军。

与诸葛亮的最后较量 234年，诸葛亮出斜谷后准备在当地屯田，当时司马懿屯兵渭南，郭淮估计诸葛亮一定会争夺北原，主张先行占领，很多人不以为然。郭淮说："如果诸葛亮跨过渭水登上北原，与北山军队相连接，就断绝了陇道，会使民众不安，这对国家没有好处。"司马懿赞同他的看法，郭淮于是屯兵北原，战壕还没修好，蜀军大军已至，郭淮奋力回击（参见2.3.12《秋风五丈原》）。过了几天诸葛亮率大军西行，诸将领以为诸葛亮想攻西围，只有郭淮一人认为诸葛亮是虚张声势，是要让魏军大举回应，而他一定会进攻阳遂（今陕西眉县渭水之北）。那天夜里蜀军果然进攻阳遂，因为城中有防备，诸葛亮的谋划没有成功。这次与诸葛亮正面对峙的魏军主帅是司马懿，而负责镇守关中之地的郭淮在战场上也起到了非常得力的辅助作用，数月后诸葛亮病逝五丈原，魏军防守战成功，其中当然有郭淮的功劳。

1.18（12）守御关中的名将郭淮（下）

郭淮自年轻时就跟随曹操在关中、汉中征战，后来在曹丕和曹叡属下一直驻守关中之地，多次堵截诸葛亮军队的入侵并平定地方反叛，长期守卫着国家的西境安全。《三国志·郭淮传》及其引注记述了郭淮后期在关中的军政活动，介绍了他与蜀将姜维等人战场交锋中的制胜谋划及为安定地方政局所作的诸多努力，也表现了他在国家高层政治斗争尖锐化时期表面上置身局外的超脱态度。

曹爽掌政时期的守境功绩 240年曹芳在位，为大将军曹爽掌政之时，蜀将姜维出兵陇西，郭淮进军追至强中（今甘肃岷山西南流入临潭西的强水），姜维于是退军。其时蜀国是蒋琬执政，他本人并没有大规模进攻魏国的意图，姜维的出兵仅是他作为边界领兵之将的寻机性侵扰，郭淮的迎战和追击均没有发生实际交战，而在政治和舆论上却有驱离敌寇的意义。郭淮又讨伐羌族迷当等部，安抚氐族人，迁移三千多户百姓到关中地区。朝廷改任郭淮为左将军，他成了拥有国家正规名号的军事将领。

凉州休屠胡人梁元碧等率二千多家归附雍州，郭淮奏请让这些人居住在安定郡的高平（今甘肃平凉固原），为保障他们的安全，其后设置西川都尉。郭淮又被任前将军，将军名号得到再提升，仍兼雍州刺史。这些表明了郭淮在国家政治地位的提升和朝廷对他的信任。

244年，夏侯玄与邓飏等人协助曹爽组织策划了盲目伐蜀的骆谷之役（参见1.10.11《清流名士夏侯玄》），郭淮督军为前锋。这次军事行动耗费了人力物资，劳而无功。当时郭淮估计形势对魏国不利，就撤军出走，没有造成重大损失，回师后朝廷授郭淮持符节。

以策略手段制服内外勾结之敌 247年，陇西、南安（治今甘肃陇西渭水东岸）、金城（治今甘肃兰州东三十公里）、西平（治今青海西宁）诸羌饿何、烧戈、伐同、蛾遮塞等联合起来反叛。他们围攻城邑，凉州名胡治无戴也举兵响应，他们南招蜀兵协助。蜀将姜维领兵出陇右来作接应，这是他在蒋琬逝后“九伐中原”的第一次（参见2.9.2《九伐中原》上）。几股地方反叛势力和蜀军内外勾结，遥相呼应，关陇形势一时非常危急。

当时魏国讨蜀护军夏侯霸率诸军屯兵于为翅（今甘肃岷县东南五十公里），郭淮刚到狄道（今甘肃临洮），很多人认为应当首先讨平枹罕（治今甘肃临夏东北二十公里），这样对内则平定恶羌，对外则挫败西蜀的计谋。郭淮估计姜维一定会进攻夏侯霸，于是进入沨中（今甘肃漳县东北一带），转兵向南接近夏侯霸，姜维果然进攻为翅，郭淮军队正好抵达，他与夏侯霸两支军队并力围堵蜀军，姜维难以抵御而退走。郭淮随即讨伐诸叛羌，杀死饿何、烧戈，投降的有几万人。在地方形势危急之时，郭淮仍然保持了临危不乱、沉着应对的风格，他看中蜀军的弱点，集中力量将其击败，然后将内部的反叛势力各个击破，以策略的战术手段稳定了局势。

对境内顽固势力作连续打击 248年，遮塞等屯兵河关（治今青海同仁西北二十公里）、白土（约今青海西宁东南积石山南临河之地）故城，依据黄河抵抗。郭淮假装从上流出兵，却秘密派兵从下流渡河占据白土城，发起进攻大破敌兵。治无戴包围武威，家属留在西海（约今青海海晏）。郭淮率军逼近西海，准备偷袭军队家属辎重，正好治无戴又率兵折回，两军在龙夷（约在今武威、西海之间）之北交战，治无戴失败逃走。令居贼寇在石头山（今甘肃陇西、平凉一带）西边活动，常在道路上断绝王使，郭淮率军征讨，大败贼寇。郭淮运用他在实战中磨炼成熟的军事手段，对境内几股反叛的顽固势力作出了连续性打击，挫败了他们的气势，维护了地方的安宁。

既拔城又打援各个击破 姜维出兵石营（今甘肃武山南五十公里）向强川（即强水），西迎治无戴，留下阴平太守廖化在成重山（今甘肃临洮西）修筑城堡，收取羌人残兵做人质。郭淮想兵分攻取，将领们认为姜维向西联合强胡，廖化守据天险，如兵分两路则会削弱兵力，进攻无法制服姜维，后退又攻不下廖化的守城，不如集中兵力一起向西，趁胡、蜀尚未联合就隔绝他们各个击破，这是针对内外敌人交往的“伐交之策”。郭淮说：“现在攻打廖化，会出其不意，姜维必定要返回救援。等姜维赶到，廖化已被平定，而且使姜维疲于奔命。姜维军队不向西接应胡人，胡人自会撤离，这是一举两全的策略。”

郭淮这里决定首先突袭廖化的守城部队，这既是消灭蜀军的手段，同时又是调动姜维部队的手段，他是利用与两股蜀军先后作战的时间差将其各个击破，同时也以此粉碎了叛首治无戴与蜀军姜维相联络的企图。根据这样的战术安排，郭淮派夏侯霸等前往沓中（今甘肃舟曲西北洛大镇附近）追击姜维，他自己率大军进攻廖化。姜维果然回师营救廖化，战局正如郭淮所预料的那样。郭淮因功被封为都乡侯。

高平陵事变之后的战绩与荣誉 249年，郭淮升为征西将军，都督雍州凉州诸军事，这是高平陵事变后掌握了国家政权的司马氏对他军事地位的再次提升。当时在西境防守的魏国右将军夏侯霸惧于政治株连，只身翻越秦岭逃奔蜀国归降（参见1.10.2《殉身疆场的夏侯渊》下），而郭淮似乎对国家高层的权力斗争不感兴趣，他只是埋头做好自己守御西境关中的本职工作。这一年蜀国大将姜维二伐中原，他领军进入雍州，依麹山（今甘肃岷县东南）筑二城，派牙门将句安、李歆等驻守。郭淮与新任雍州刺史陈泰、南安太守邓艾等一同参与了对蜀军的作战，战斗中他和陈泰配合，在为翅迫使蜀牙门将句安等投降。蜀军退走后，郭淮率军向西扫除残敌，重新安定了各羌人部族。

次年朝廷下诏说："以前在汉川（指汉水流域的汉中）战役中差点全军覆没，郭淮临危救难，军功记录在案。在关右（古人以西为右，此指潼关以西地区）三十多年间，对外征讨敌寇，对内安抚臣民。近年来击败廖化，擒获句安，功绩卓著，特予嘉赏。任郭淮为车骑将军，仪同三司，持节、都督西部各军如故。"同时封郭淮为阳曲侯，食邑二千七百八十户，又划分三百户给他的一个儿子，封其为亭侯。朝廷在这里特意表彰了119年夏侯渊在汉中阵亡时郭淮出面应对全军危机的事迹，对他三十多年间镇守关中、保障国家西境安全的功绩给了充分肯定，对他的军内地位和个人待遇也做了进一步提升。这是执掌了国政的司马氏集团公开展示对郭淮的态度，当然包含着对他的笼络之意。

向司马懿低头求情 《世语》中记录说：郭淮的妻子是王凌的妹妹，251年王凌因不满司马氏执政而欲废立君主，被认定反叛而受诛（参见1.7.3《司马懿的最后一搏》），他的妹妹受株连有罪，御史前往关中收捕。当地督将及羌、胡头领数千人叩头请郭淮给朝廷上表留下妻子，郭淮没有听从。妻子离开上路后，人人莫不流泪，扼腕叹息，有的还准备在路上劫取挽留，郭淮的五个儿子都请求父亲上表，为此叩头流血。郭淮不忍看视，于是让身边人追回妻子，当时数千骑士前往追赶，几天后将人带回。郭淮给司马懿写信说："五个儿子哀痛他们的母亲，不惜身体；如果没有了其母，就是没有了五子；没有了五子，也就没有了我郭淮。现今已经追还，如果在法理上不通，要追究主使人的罪责，我就前来相见。"收到书信后，司马懿赦免了郭淮之妻。郭淮本来是不愿意向司马懿低头求情的，这里迫不得已而为之，果然也见了成效。

255 年郭淮去世，朝廷追赠他为大将军，谥号贞侯，儿子郭统继承爵位。郭统官至荆州刺史，魏亡后晋朝给其改封了本朝爵位，他们认可郭淮的功劳。史家陈寿称郭淮"方策精详，垂问秦雍"，郭淮为守御国家的西境安全奉献了一生，他在对付蜀军侵扰和平定地方反叛的战术上，其策略谋划的确称得上精确缜密，他的功业和声誉自然长久留存在关中、雍凉之地。

1.18（13）自为"中圣人"的徐邈

唐人李白在《赠孟浩然》中赞言："醉月频中圣，迷花不事君。"把沉醉美酒的孟浩然称为"中圣人"，赞扬他醉酒而不失品格的高尚和人生的风流倜傥。"中圣人"的称呼最早来自曹魏名臣徐邈，《三国志·徐邈传》介绍了徐邈在曹操、曹丕、曹叡和曹芳四世君主属下任职做事的经历，记述了他醉酒而不误事，反而因此受到君主认可赏识的特别之处，表现了一位忠直之人的人生品格与崇高声誉。

徐邈，字景山，燕国蓟县（今北京城西南隅）人。曹操 205 年平定河北之后，征召他为丞相军谋掾，让他临时摄任奉高（治今山东泰安东）县令，其后入京担任东曹议令史。徐邈年轻时就在家乡投身曹魏事业，经受了多项职务的历练。

自称"中圣人" 213 年曹操封土建立魏国，徐邈任尚书郎。当时法令禁止饮酒，而徐邈私下饮酒致醉，校事赵达前来询问他所任曹中的事务，徐邈回答："中圣人。"赵达将事情报告给曹操，曹操大怒。度辽将军鲜于辅进言说："平常喝醉酒的人称酒醒者为圣人，称大醉不醒的人为贤人，徐邈生性谨慎注重节操，是偶然喝醉才有此言。"因此免于刑罚。曹操这里对他的宽容，不是对他违禁喝酒的原谅，也不可能是对他三字回答的欣赏，应该是对他以前任职做事中诸多功绩的认可。

因政绩而升职 徐邈后来兼任陇西太守，转调南安（治今甘肃陇西渭水东岸）太守。曹丕220年受禅登基后，徐邈历任谯国（治今安徽亳县）国相，平阳（治今山西临汾西南十公里）、安平（治今河北冀州）太守，颍川（治今河南禹县）典农中郎将，所到之地受到人们称赞，赐予关内侯爵位。他的做事风格应该是前后一贯的，因为工作成绩而受到人们的称赞，虽然曾有违禁醉酒的过错，不仅曾被曹操所原谅，而且其职位是不断得到提升的。

和曹丕的玩笑话 曹丕有次幸临许昌，见到徐邈问道："现在常作中圣人吗?"徐邈回答："春秋楚国公子侧作战前喝酒，毙命于谷阳，鲁国御叔因饮酒受罚，为臣我嗜酒同于两人，不能自制，时常做中圣人。平常长瘤子的人会因丑出名，而我却因为醉酒为陛下所认识。"曹丕大笑，对身边人说："名不虚传啊。"迁升他为抚军大将军军师。

在回答曹丕的询问时，徐邈以极其直率的态度表明，喝酒是不对的，就像人长瘤子一样丑陋，历史上也有许多因为喝酒而受惩罚的先例，但是自己却因为喝酒之丑而被君主所认识，反而成为人生的幸事。他这里没有掩饰自己私下喝酒的事实，表达了自己喝酒难以自制的真实情况，毫不隐讳地承认了自己的毛病和缺点，展现了为人处事少有的坦率真诚；另一方面他又把能认识曹操、曹丕两位君主作为自己人生最大的幸运，实际是表达了他对君主的崇敬和热爱，自然使曹丕非常高兴，他的职位再被提升。

对凉州的多项治理 魏明帝曹叡认为凉州距内地很远，南面与蜀汉相接，于是任命徐邈为凉州刺史，使持节兼护羌校尉。护羌校尉相当于二千石的高官，曹叡这一任命提升了徐邈的职位，但把他打发到了遥远荒凉的西部地区任职，应该包含着对他的贬抑。但徐邈并不顾及这些，他到任后对凉州作了许多创新性的治理。这包括：①正逢蜀相诸葛亮228年首出祁山，陇右三郡都响应蜀军而反叛，徐邈立即派参军及金城太守领兵讨伐南安叛贼，将他们击溃。②当时黄河西部少雨，经常缺少粮谷。徐邈在武威和酒泉修建盐池，收购羌胡部族的谷物，又大力开辟水田，招募贫民佃租，使当地家家粮食丰足，官府的仓库也被装满。③在供给州内军用之外，用其余粮食换取金帛犬马，卖给中原地区得到费用。④逐渐收缴民间私人兵器，保存在官府。⑤以仁义劝导百姓，建立学校，施行教化。⑥禁止厚葬，停止不正当的祭祀。⑦在用人上进用善良而贬黜邪恶，逐渐使当地良好的社会风俗确立流行，百姓都归心政府。⑧在任内抑制邪恶，处罚犯罪，使凉州境内清静安宁。⑨征讨反叛的羌人柯吾而取胜。

徐邈的地方治理涉及军事对敌、经济建设、文化教育、风俗改良、行政用人等诸多方面，注重措施的配套性和实效性，其中包括与中原以得到财费为目的的商品交换，都具前所未有的开创性。史书上说，由于这些措施，西域与中原的交往得到发展，蛮荒地区的部族前来进贡，这些都是徐邈的功劳。不久徐邈被封为都亭侯，食邑三百户，加官为建威将军。他得到的赏赐都分发给部下将士，从不拿到自己家中，妻子儿女经常衣食不足，天子为这事给了他嘉奖，并按时供给他的家用。曹叡似乎已经看到了徐邈对凉州地方治理的不俗政绩。

先告知后行刑的方式 徐邈对待羌人和胡人，不过问小的过错，如果犯了大罪，他先通知其部落首领，让他们告知受死刑的人，然后再将其斩首示众。对待胡人某些严格的处罚，徐邈是唯恐引起所在部族的动荡，所以提前告知他们，让民众有一个思想上的回旋和接受过程，当然也提供给了他们表达否定意见的机会。在没有发生意外情况时再行刑处罚。这一方式体现了徐邈在民族地区施行刑罚的谨慎性，所以地方部族都信任他，并畏惧他的威严。

在曹芳朝廷的职务变迁 曹叡 239 年去世后徐邈回京任大司农，升迁为司隶校尉，百官都敬重忌惮他。他曾因公事离任，后又任光禄大夫，几年之后受任司空，徐邈感叹说："三公是议论国家大政的官员，没有合适的人选宁可空缺，怎么能让我这样又老又病的人充任呢？"于是坚决推辞不受。249 年，即高平陵事变发生当年，七十八岁的徐邈以大夫的职位死于家中，按三公的礼仪下葬，谥号为穆侯，儿子徐武继承了他的爵位。

徐邈对司空职务的推辞及最后的逝世，是否与当时复杂的朝政斗争存在关系不得而知。

朝廷的追忆表彰 254年，司马师废黜了曹芳，另立曹髦为帝（参见1.7.7《曹芳出局》），当年朝廷追念清廉有节操的官员，下诏说："彰显贤良表扬有德，为圣明的帝王所重视；尊崇善行以教化民众，为孔子所赞美。已故司空徐邈、征东将军胡质、卫尉田豫都在前朝任职，他们历事四世君王，出外统率兵马，入朝协理朝政，都忠诚清廉，一心为公，忧国而忘私，不营置产业，身后家中没有余财，我对此非常赞赏。现赏赐徐邈等人家属谷物二千斛，钱三十万，并布告全国。"曹髦在开始执政时有恢复曹魏兴盛的大志（参见1.8.1《只身进京》），这里发诏书表彰先朝功臣，应该是曹髦自己树植威望安定民心的步骤。

身后士人的评论 西晋大臣卢钦著书称赞徐邈说："徐公立志崇高品行纯洁，才识广博气势威猛。他施行的治理措施，追求高远而不急躁；目标纯洁而无偏狭，内容广博而条目简约；推行迅猛而能宽宏。圣人认为做到清正是很难的，而徐公则能轻易做到。"有人问卢钦："徐公在武帝（指魏武曹操）时代，人们认为他通达，自从任凉州刺史及返京之后，人们又认为他耿介，这是为什么？"卢钦回答说："以前毛玠、崔琰等掌管政事，尊崇清正质朴之士（参见1.13.2《功臣毛玠及其晚年受审》），当时官吏们喜欢更换简易的车辆衣服以猎取高尚名声，而徐公不改他本有的生性，所以人们认为他通达。后来天下崇尚奢侈豪华，人们又竞相效仿，而徐公仍依平生的本性处事，不与世俗同流，所以前期的通达，就变成后期的耿介了。因为世人变化无常，而徐公则为人有常啊。"

卢钦在这里首先回答了徐邈为人做事的风格特点，给了他非常高的评价；而在回答徐邈在他人生前后两个时期何以得到不同评价时，卢钦将其原因归咎于世俗的前后流变及外界评价标准的不同，指出了徐邈为人心性的坚定与恒常。史家陈寿特意选载了同朝名人卢钦的评语，是在借以表达自己的观点，他称赞徐邈"清尚弘通"，对这位自称"中圣人"的名士虽然记录文字不多，但给予这样颇高的推崇则是少有的。

1.18（14）精细而廉洁的胡质

跟随曹操做事的有一批能干而廉洁的人物，他们在曹魏集团中经历几世，对后期国家政治和当时的社会风尚都产生了重要影响，名臣胡质是其中的一员。《三国志·胡质传》及其引注介绍了胡质接受任用和在多种岗位上认真做事的事迹，记述了他在处置军政事务上谨慎而细致的特点，也表现了他一生清正廉洁的品格。

胡质，字文德，楚国寿春（治今安徽寿县）人。他年轻时即与蒋济、朱绩在江、淮一带出名，并在州郡任职干事。他是因父亲的名声而被君主看重的。

受曹操的征召任职 当时蒋济担任扬州别驾，出使见到曹操（参见1.11.8《蒋济的风光与惭恨》上）。扬州的治所在寿春，当地早先有个知名的人物胡敏，字通达。曹操问："胡敏年岁较大，该有子孙了吧?"蒋济说："有个儿子叫胡质，胸怀气度之大不如父亲，但处理小事的精心和细致超过父亲。"于是曹操召胡质任为顿丘（治今河南浚县北）县令，这是曹操30岁前担任过的职务，足见曹操当时对胡质的看重。

对一件民事案件的审理 顿丘县民郭政与他的族妹通奸，杀害了妹夫程他，郡吏冯谅与事情有关，被关在监狱做证人。郭政和族妹忍受拷打拒不认罪，冯谅受不了拷打之痛，反而认了罪责，使自己无罪成了有罪。胡质到任后，细致考察情况，观看各人面色，详细地追究根底，终于弄清了真相，使犯罪者信服。胡质处事精心，观察细致，对狱案的审理过程也证实了蒋济对他认识和荐辞的正确。其后任丞相东曹议令史，属于曹操丞相府负责某职任的官员。

和好了张辽与护军的关系 不久扬州请他任治中，协助刺史处理内部文书事务，扬州其时主政的是温恢（参见1.14.13《温恢的灵活处事》），而将军张辽驻军居巢，他与护军武周有了隔阂，张辽见到刺史温恢，请胡质出任护军，胡质称有病而推托。张辽对胡质说："我有心请你协助，为什么这样辜负我的厚意呢?"胡质借春秋管仲和鲍叔牙的交情为例说道："古人相交，看到朋友拿取的多，但仍知道他不贪；看到朋友战场逃跑仍相信他不是怯战，听到他的流言而不相信，这样的交情才可以长久。武周身为雅洁之士，以前您对他赞不绝口，现在只为一点小小怨恨，就发生矛盾隔阂了。何况我胡质才识浅薄，怎么能友好到终了呢？因此我不愿意。"张辽闻言很有感触，与武周重归于好。

护军是朝廷对驻军重地所派的高级督察官，张辽对其人选当然有建议权，但当他向胡质提出任职请求时，胡质予以推脱，并委婉地批评了张辽为人交友上的不足。因为有世人赞誉的古贤为例证，自然使张辽认识到了自身的问题，将军与护军间的隔阂也就消除了。无论从国家利益上还是从个人关系上讲，化解对方的隔阂要比自己掺杂其间好得多，胡质在境内驻军将领间出现矛盾隔阂时，是回避了最糟糕的行为而选择了于国于人极好的处置方式。后来曹操任胡质为丞相属，还是把他调回自己身边工作。

地方治理中的狱案事务　曹丕继位执政期间，转任胡质为吏部郎、常山（治今河北元氏）太守，迁任东莞（治今山东沂水东北四十公里）太守。士人卢显被人杀害，胡质说："此人没有仇家，却有一位年轻妻子，难道因此而死吗？"于是逐一召见与卢显相邻而居的年轻人。问到书吏李若，发现他气色异常，于是便深究情状，李若随即自首，最终查得了罪犯。这一狱案审理仍然沿用了他精心对待细致观察的方法，体现了古代审狱的一大特点，可以认为这并不十分科学，但却是抛开了主观臆断而从实际情况出发且最受时人推崇的方式。

参与军政并广积粮食　后来胡质迁任荆州刺史，加振威将军，赐爵关内侯。东吴大将朱然包围了樊城，胡质率轻兵出击。很多人认为敌军气势正盛不能追击，胡质说："樊城地势低下，兵力又少，所以应当进军给予外援，否则樊城就危险了。"于是率兵赶赴樊城，城内这才安定下来。过了一段时间，胡质又被迁任征东将军，持符节都督青州、徐州诸军事，转任军事官员。他在任上推广农耕积累粮食，有够吃好几年的储备；设置东征台，让军士一面租种，一面守卫，又与诸郡开通河渠，以利舟楫水行，他严整设备以待来敌，使海边平静无事，守御了一方疆域的安全。胡质在京外任职多年，有不少率军参战之事，每次因军功得到赏赐，他都分给众人，从不带入家中。他在任职期间吏民安居乐业，将士恭敬从命。

逝后的追念 胡质性情深沉喜好思考，不以自己的标准去衡量他人，因此得到人们的感念。250年去世，这是高平陵事变次年，少帝曹芳在位而司马氏执政之时。当时胡质家里没有多余的财产，只有皇帝所赐的衣物和书橱而已。军师把这些情况报告给朝廷，朝廷追封他为阳陵亭侯，食邑百户，谥号贞侯，他的儿子胡威继承爵位。254年曹髦代替曹芳为帝后，朝廷下诏书大加赞扬胡质的清正品行，赐给他家钱财和粮食。

后世流传的一则事情 胡质以清廉而闻名后世，《晋阳秋》中记述：胡质为荆州刺史时，他的儿子胡威自京都洛阳前来探望，因为家中贫困，路上没有车马童仆，胡威自己赶着驴子一人单行，前往拜见父亲。到荆州后停了十多天，准备返回。临行辞别时，父亲胡质送给他一匹绢，作为返回路上的粮宿费用。胡威跪下询问："大人廉洁清白，不知哪里得到这匹绢?"胡质说："这是从我俸禄中省余下的，所以作为你的食宿。"胡威接受下来，告辞返回。每到路上客舍，他自己放驴吃草，拾柴做饭，吃罢饭再重新赶路，就像来的时候一样。

胡质帐下有一都督，与胡威素不相识，他有心资助胡威，于是事先准备好东西，请假回家，在胡威走了百余里后假装半路邂逅相逢，与他结伴而行，每件事都出面帮助并支付费用，而自己饮食又少，这样又走了百余里路程。胡威心生疑惑，私下引诱询问，才知道他是父亲帐下的都督，于是把父亲送的那匹绢给他答谢，并打发了他。后来因为其他事情给父亲写信，胡威就把路上碰到都督的事情也说了。胡质杖挞都督一百，除去了其吏员之名，等于将其开除了公职，他们父子就是这样的清正慎行。

胡氏父子为此名声传扬，胡威历任朝廷高职和州牧。后来晋武帝司马炎接见胡威，议论起边境事务，也说到个人生平，司马炎感慨胡威父亲胡质的清正廉洁，他问胡威说："您与父亲谁更清正呢?"胡威回答说："为臣赶不上父亲。"司马炎问："为什么赶不上?"胡威说："我父亲清廉总怕人知道，为臣清廉总怕人不知，这就是我远赶不上父亲之处。"胡质以精细能干在曹魏立就功业，以清廉品行留名于世。

1.18（15）受司马懿荐举的王昶

曹魏后期的高级臣僚王昶是一位文武兼备、极有韬略和主见的人物，他年轻时跟随曹丕入职干事，先后在曹丕、曹叡、曹芳、曹髦为帝的朝廷任职，经历过诸多岗位的历练。《三国志·王昶传》介绍了王昶一生在各个阶段和不同岗位上的事迹，记述了他对国家治理、家风教育、政治振兴等多方面的主张，以及他对部队边防建设和军事争战上的积极贡献，表现了他开通畅达的见识气度和政治上对司马集团持有的信心。

王昶字文舒，太原晋阳（今山西太原西南）人。年轻时和同郡人王凌一同知名，王凌年长些，王昶把他作为兄长对待，但后来他们走上了不同的人生道路。

从太子属官到京畿屯田 文帝曹丕217年被立为太子时，王昶任太子文学，又升任中庶子，均为太子的属官。220年曹丕即位称帝，王昶转任散骑侍郎，又任洛阳典农，为州郡地方负责屯田的官员。当时京都附近地区树木成林，王昶伐树开垦荒地，时常劝勉百姓，在任内垦田特别多。后升任兖州（约今山东西南部）刺史。

对国家治理发表见解 曹叡即位后，加授王昶扬烈将军，赐爵关内侯。王昶虽然在京外任职，但心里想着朝廷，认为魏国沿袭了秦、汉的弊政，法律严苛细碎，如果不能大力改革国家典章制度以效法先王风范，而希望社会治理教化兴盛起来，那是不可能的。于是撰写了《治论》一书，大致依据古制而又结合当时的实情而作，计二十多篇，又撰写《兵书》十余篇，谈论军事上奇正变化的实际运用，写成后约在233年上奏给朝廷，表达了他对国家政治治理和军事建设上的诸多见解。

丰富了传统的家风教育 王昶为侄儿和儿子起名字，都追求恭谦诚实，所以兄长儿子名默，字处静，名沈字处道；自己儿子名浑字玄冲，名深字道冲。他又写信劝诫他们，认为做晚辈最要紧的是“有本事、有德行，为父母争光”三件事，并针对提出了如何抵制名利诱惑，人生如何知进同时知退的方法；他还根据历史经验，提出人生的成功应该戒早而求晚，生活中应该掩蔽长处并显示短处，应该戒诋毁而慎赞誉等（参见1.5.16《被荐举者的一封家信》），他的家风教育突出了仁和孝的核心内容，讲究实行的技术与方法，这为中华传统的家风教育增添了更丰富的内容。

受司马懿荐举而应选 曹叡在236年下诏令让九卿和军队将校以上官员每人推举一位才德兼备的人物以供朝廷任用，太尉司马懿推荐了王昶，随后王昶被朝廷选用。这里没有标明王昶职位上的变化，但至少是他成了朝廷公开推举的应选之人，已经进入了朝廷提拔任用的人选范围。曹叡239年逝世后，少帝曹芳在位期间，王昶转任徐州刺史，封为武观亭侯，升任征南将军，后来授符节都督荆州、豫州军事，为徐州地方行政长官兼南部主掌军事的官员。另外能够看到，自被荐举为优秀官员后，他和司马懿拥有了特殊的关系。

对边防部队建设富有设想 王昶认为国家有常备军，但打仗却没有常胜的军队；地形有固有的险要，但防守却没有固定不变的形式。现在驻守宛城，离襄阳三百多里，各军分散驻扎，战船却在宣池（襄阳宜城陂），遇到紧急情况不能及时赶到，于是上表请求迁移治所到新野，主张就近训练水军，开垦荒地以扩大耕植。他自己就这样施行，后来积攒的粮食都堆满了仓库。

向司马氏提出治国五事 249年高平陵事变后太傅司马懿处死了原执掌国政的曹爽，朝廷向大臣征询有关政事得失的意见。王昶陈述了国家治理方略的五事：其一，希望尊道重学。他提出杜绝浮华风气，让公卿大夫的子弟进入太学并办好学校；其二，希望实行考试制度。他认为考试就像准绳，没有舍弃准绳而凭臆想来确定曲直的，也不能废除升免制度来空谈官员是否称职；其三，希望担任官职的人长期留任其职。王昶提出有了政绩就增加官职赐给爵位，而不是离任提职，他是想以这种方式保持官员任职的连续性和稳定性；其四，希望精简官员人数增加官员俸禄。他提出对官员应进行廉洁知耻教育，不要让他们和百姓争利；其五，希望根除奢侈浪费。他提出应大力推崇俭朴节约，让人们衣服上有着显示身份地位的标志，保持上下等级有序，储粮蓄帛，让百姓回归淳朴。朝廷下诏书褒赞了王昶，又让他撰写百官考核的制度。

这里已经能够看到，王昶对司马懿执政的朝廷充满信心，对他们征询治国意见给予了积极反馈，并提出了自己颇有见地的治国设想。王昶所提的五条建议自然并非完全合乎实情，但确实包含有许多革除时弊、振兴国家政治的有力措施，这里展现了他兴盛国家的理想，也表达了他对司马氏集团的某种希望。

与吴军的边防交战 250年王昶上奏说："孙权流放贤良臣，嫡子庶子相互分争，可以乘机制服吴国。吴国白帝、夷陵（今湖北省宜昌市）之间，其黔、巫、秭归（今湖北省秭归县）、房陵等地都在长江以北，其百姓与魏国新城郡（治今湖北房陵）接壤，可以偷袭占取。"朝廷当时应该是认可王了昶的宏图设想，于是派遣新城太守州泰袭击巫、秭归、房陵，荆州刺史王基出兵到夷陵，王昶出兵到江陵（今湖北省江陵县），在河两岸拉起竹索作为桥梁，渡河去攻打吴军，对方逃到南岸，于是开通七条道路合力进攻。这时王昶命令连弩同时一齐发射，吴将施绩（朱绩）连夜逃入江陵城，魏军追击杀死数百人。王昶想把敌人引到平地交战，于是先派五支军队顺着大路撤回，让贼敌望见而感到高兴；又派将士持敌人的盔甲首级绕江陵城奔驰，想以此激怒吴军；同时布置好伏兵来等待吴军出来。施绩果然出城追击，双方军队交战，王昶打败了吴军，施绩逃走，魏军斩杀了其属将钟离茂、许旻和不少士兵首级，收缴了吴军旗鼓、珍宝、器械，整顿部队后返回。王基、州泰都立有功劳。

王昶想趁吴国朝政不稳、内部分争之时攻夺其边界土地，扩大本国利益，他为此设定和指挥了边界上的一场激烈争夺战，对这一战事的记录史料各处略有不同（参见3.7.13《朱家后裔的功业》），而魏国在总体上的取胜是可以肯定的，这是王昶主持南方军事事务中对国家的贡献，朝廷为此升迁王昶为征南大将军，他成为军队的高级将领，待遇类同三司（司徒、司空、太尉，又称三公），并进封为京陵侯。

两次参与淮南平叛 255年，已是曹髦为帝和在位第二年，毌丘俭、文钦在淮南反叛（参见1.8.2《淮南的两次平叛》），王昶率军抗击毌丘俭、文钦有功，朝廷封他的两个儿子为亭侯、关内侯，王昶本人升任骠骑将军。257年诸葛诞反叛，王昶占据夹石（今安徽桐城北）以威胁江陵，使吴将施绩、全熙不能向东援助诸葛诞。诸葛诞被杀后，朝廷下诏说："过去孙膑援助赵国，带兵直奔大梁。现今我军在西面率军进逼，促成了东征平叛的有利形势。"这里肯定了王昶淮南平叛的功劳，并给他增加食邑一千户，加前共四千七百户，升任他为司空，仍然持节都督荆州、豫州军事。

259年王昶去世，谥号穆侯，儿子王浑承袭了爵位。王昶为曹魏事业的发展强大奉献了一生，作为朝廷后期的高级官员，他在高平陵事变后更加积极地参与国家的政治军事活动，对执政人的治国活动抱有充分的信心，与司马懿似有相知和信任的关系。陈寿称他"开济识度"，详细揣度王昶在子侄教育上持有的整套理念，即能看到他在为人处世上确有开通畅达的见识与气度，对人们都有很好的启发和教益。他不失为国家的良臣、时代的俊彦。

1.18（16）善于谋划的王基（上）

魏国后期能够在战场上运筹帷幄的名将不是很多，但王基应该算作出色的一位，尤其难得的是，他对国家政治活动也深有见地，属于那种文武兼备、才兼军政的优秀人物。《三国志·王基传》及其引注记述了王基一生的职场历程及其对曹魏事业发展的重要贡献，介绍了他诸多军事活动中行之有效的新鲜谋划和对国家政务活动的深刻见解，从中也能看到司马氏对这位贤能之士的看重、笼络以及他本人政治立场的转移。

王基，字伯舆，东莱曲城（治今山东莱州东北）人。少年时为孤儿，便与叔父王翁住在一起。王翁精心抚养，王基也以孝顺出名，他在人生启程时有了良好的开端。

任职之后再行辞职读书 王基十七岁时，东莱郡（治今山东龙口东十五公里）征召他为吏员，但做吏员不合他的喜好，于是便辞职离去，到琅邪郡（治今山东临沂被）界内游学。身为吏员的王基看来有着不凡志向，他是不甘心于在普通吏员的职位上消磨一生，希望能在重要岗位上发挥自己更大的潜能，因为缺乏必要的社会背景，于是选择了游学读书的路径，以便进一步提升自己的学识和名望，这属于对自我人生的再规划。

州府和朝廷对他争相任用 曹丕执政年间，王基察孝廉，被任命为郎中。当时青州（治今山东临淄北）刚平定，刺史王凌专门上表给朝廷，请求任命王基为青州别驾，协助刺史处理外部事务。不久朝廷征召王基为秘书郎，为秘书令属下掌管国家收藏经书复校正定事务的四百石六品官员，王凌再次请求让他回青州任职。不久，朝廷司徒王朗征召王基准备任用，王凌不放。王朗遂上书弹劾王凌说："过去凡是优秀的家臣，就提升他们为公辅；公臣有出色的，就进入王府做事，所以古代地方伯侯有向天子荐举人才的礼制。现今州郡获得宿卫之臣，就留任秘阁之吏而不贡，还真没听说过。"这是对王凌的做法提出批评指责，但王凌仍然不放走王基。王凌治理青州得到当地人的称赞，就是得益于王基的辅佐协作。

史书上没有介绍王基政务活动中具体事迹，但从州府和朝廷对他争相任用，并且为此发生弹劾事件的事实，以及青州治理的效果来看，他的政务才干应该是不俗的。后来朝廷大将军司马懿征召王基，尚未到任，即被提升为中书侍郎，这是在朝廷负责草拟诏旨的五品官职，王基进入了曹叡执政的朝廷。

对曹叡劳民奢靡的劝谏 当时魏明帝曹叡大建宫室，百姓劳苦疲惫，王基上疏说："我听说古人用水比喻百姓，说'水可以载舟，也可以覆舟'。可见百姓安逸则治国容易，百姓劳苦则治国艰难，所以先王居处则追求简约节俭，是期待不生出祸患。"他还为此做了更多的解释论证（参见 1.5.13《对忠臣劝谏的圆通处置》下）。王基刚入朝任职，他根据曹叡的所作所为，看到了国家未来的隐患，表现了极有眼力的深察先见，并把自己的见解坦直地展示给君主，可惜谏言并没有起到多大作用。

不赞成王肃经典阐述的观点 当时担任散骑常侍的王肃撰著了几种

儒家经典的传解，又论述和制定朝廷礼仪，与稍前大儒郑玄的观点有所不同（参见 1.14.6《青出于蓝的王肃》下），而王基依据郑玄的论说，经常与王肃争论。王肃是司马昭的岳父，他的经典注释在司马氏主政的魏国学界广为传播，喜欢经学探讨的皇帝曹髦就在太学讲论中坚持郑玄的经典注释观点，表现出了明显尊崇郑玄抑制王肃的倾向（参见 1.8.5《曹髦的经学探讨》），这里的学术之争一定意义上反映着现实的政治斗争。王基以他自己的学识见解向大学者王肃的观点对抗叫板，这反映了他对经典理解的深透程度，表现了他为人做事的耿直和坦率，似乎也能察觉到他当时的政治态度。

成了掌政人曹爽的属官 王基不久升任安平郡（治今河北冀县）太守，又因公事而辞职。当时已是少帝曹芳在位，辅政的大将军曹爽请王基出任从事中郎，这是在三公及将军府设置的负责参谋议事职务，位在长史、司马之下的一千石六品官员，王基成了曹爽身边的亲近官员，其后出京为安丰（治今安徽霍丘西南二十公里）太守。该郡地接吴国，王基的治理清正严明，在郡内既有威势又有恩惠，加之防备严格，吴军不敢轻易进犯。朝廷加封他讨寇将军。王基其实做曹爽的属官时间不长就出京担任郡守，但这一经历划定了他当时的政治站位。

对孙权出军舆论的分析预测 吴国于 247 年在京都建业集中大军，声称要攻打扬州，扬州刺史诸葛诞请王基做个谋划，王基说："以前孙权屡次进犯合肥，有一次进犯江夏，此后全琮出击庐江，朱然进犯襄阳，都是无功而还。现今陆逊等老将已死，孙权也已年老，内无优秀的继承人，军中缺乏谋划之人。孙权想亲自率兵出击又怕内部祸乱突然爆发，像痈疽那样溃烂；想派将领率兵则老将已经全死了，新将又不信任。他不过想借此行为安排亲信，是自我保护的手段而已。"后来孙权终究没有出兵。（参见 3.1.25《与魏军的再较量》）王基客观而清晰地分析了孙权内部面临的种种困难，以及他要急迫解决的问题，由此得出了吴军不会贸然出兵的结论，他的预测也被后来的事实所证明。

被罢官后司马懿的刻意笼络 当时朝廷曹爽专权，政治风气败坏。

王基撰写《时要论》，以针对时事阐发议论。他不久因病离任返回京城，被任用为河南尹，尚未赴任，曹爽就在 249 年初的高平陵事变后被杀。因为王基曾做过曹爽的亲近属官，他照例被罢免，这应该是合乎当时惯例的。但在这年，司马懿主政后王基被任为尚书，次年出任荆州刺史，加扬烈将军，职位由郡守提升到刺史，这应该是司马懿对其才能的信任，当然也不乏对他的笼络。早年王基从青州调入朝廷任中书侍郎之职，正是得益于司马懿的安排，司马懿深知王基的才干，他在开始图谋司马氏的政治利益时，宁愿对徘徊于政治歧路的王基主动做出友好姿态，把他纳入自家的政治营垒。

在战争前线的制敌筹谋 王基跟随征南将军王昶讨伐吴国，他在夷陵（治今湖北宜昌东南）率领一路兵马袭击吴将步协，步协紧闭城门固守。王基摆出进攻的样子，实则分兵袭取雄父（原址约今湖北宜昌西北）粮仓，缴获米粮三十余万斛，擒获安北将军谭正，接纳归降民众数千口，把这些降民安置到夷陵县。战后王基因功被赐关内侯。

战役取胜后，王基又上表在上昶（今湖北安陆西北）修建城郭作为江夏治所，紧逼夏口（今湖北武昌蛇山北夏水注入长江处），以便吴军不敢轻易渡江。这是在边境防守中做出了更为长远的谋划。王基申明军内制度，整肃军队与农业，恢复学校教学，南方民众无不称赞。

对降服吴国的战略设想 当时朝廷商议准备大举伐吴，下诏让王基提出进军方案。王基说："如果出兵而不能获胜，不仅对外丧失威名，对内还耗费财用，因此必须先有取胜的把握才能出兵。如果不开通河道，聚积粮食，修建战船，即使陈兵江岸，也不会有渡江取胜的把握。现今江陵有沮水（源出汉中房陵东入长江）、漳水（源出山西东南又东南向流入卫河），灌溉良田千余亩。安陆（治今湖北云梦）左右也有沃野良田。如果水陆部队同时开展耕种和养殖，储备充足的军资，然后率大军进军江陵（治今湖北沙市西北五公里）、夷陵，分别占据夏口，凭借沮水、漳水运输粮食。敌人知道我军有长期作战的储备，那抗拒朝廷讨伐的人就会丧失信心，而归顺王朝的人就会越来越多。然后我们联合江南蛮夷进攻吴国内部，朝廷的精锐部队从外部征讨进击，则夏口以上各地一定可以攻拔，而长江之外的州郡敌军就难以镇守。如此一来，吴、蜀的交通断绝，两国无法支援，吴国就会手到擒来。如果不是这样，一切出兵后的收获，就都不是必然的。”

王基的方案立足于“先胜而后求战”（《孙子兵法·行篇》）的兵法原则，主张首先造成战略上的制胜条件，在拥有了取胜的绝对把握后，再联合吴国内部的反对势力，配合以魏国的大规模出击，真正做到稳操胜券、一战降敌。后来朝廷放弃了出兵计划，表明新的执政集团还是赞成他的设想。

1.18（16）善于谋划的王基（中）

对国家军事政治问题都有很好设想的王基一直是朝廷执政者看重的人物，他因一度做过曹爽的属臣而在高平陵事变后被罢官，但司马懿不久给了他更高的职位，希望他能为国家的未来奉献才智。《三国志·王基传》及其引注记述了王基在司马氏执政期间积极参与朝廷军政事务并提出战略设想的诸多事迹，介绍了他在两次淮南平叛前线独持己见扼制对手的军事方略，表现了一位才俊之士对国家政治和个人前景的谋划设定。

对司马师的特殊告诫 252年司马师接替司马懿大将军职位执掌朝政，身任荆州刺史的王基向司马师上书提醒说：“天下很大，政事非常繁杂，处事就不能不兢兢业业，夜以继日。心志纯正各种邪念就不会滋生；心气安静处置众事就不浮躁；思虑成熟教令就不会繁杂；重用忠诚优良之人远近民众就会敬服。因此协和远方民众完全在于自身行为，安定天下民众完全在于本心。许允、傅嘏、袁侃、崔赞等人都是当世正直之士，有端直的品质而没有流变之心，可以与他们共同承担政务。”

一位边境主政者给朝廷大员写信谈论国家施政问题，当然也算不违例的行为，但有史家注意到，王基在信中谈论的是如何掌管天下总览万机、属于君主才考虑实施的问题，这表明王基已经把司马师当作未来的君主来看待，似乎是对司马师的劝进，只是故意没有把问题说透而已。实际上可以将此看作王基对司马氏的投名状，是在表明他心目中所认定的君主。据说司马师采纳了他的意见，他当然也是明白了王基的心意。

在淮南平叛中坚持己见 254年高贵乡公曹髦接替曹芳为帝，进封王基为常乐亭侯。次年毌丘俭、文钦起兵对抗司马氏，朝廷任命王基为行监军、假节，统领许昌军队参与平叛。正好王基与司马师的军队在许昌会合，司马师问王基："您看毌丘俭等会怎么样?"王基说："淮南叛乱，不是当地吏民作乱，是受到毌丘俭的威胁，怕当下被杀，所以随众而聚乱。如果大兵压境，他们必然土崩瓦解。毌丘俭和文钦的尸首不久就会悬在军门。"司马师说："说得好!"于是派王基率军为先锋。

很多人认为毌丘俭、文钦作战勇猛，很难与他们争胜，朝廷于是下诏让王基停止进军。王基认为："毌丘俭的军队完全可以长驱直入，但其一直不进军，是因为他们诈伪的马脚已经显露，民众之心有所疑惧。如果现在不声张威势，顺应民众的愿望，反而停军坚守，这就是显示我们的怯懦，不合于用兵之势。"王基还继续发挥说："如果叛军抢劫民众，再把各州郡兵士的家属抓来，那些处在敌人营垒中的民众就更难与我们一心了。为毌丘俭所威胁的人，觉得自己罪责深重，不敢逃出。这里就成了奸宄之辈的聚合源头，属兵法上所称的'置兵无用之地'。如果东吴军队再趁机出兵，那淮南就不属国家所有了，此后谯、沛、汝、豫等地就日益危险，这是最大的失策。"他主张快速占据南顿（治今河南项城西南），因为南顿有大粮仓，足够军队四十天粮食，然后驻守坚城，依靠粮仓供应，造成先声夺人的气势。王基为此反复请战，朝廷仅仅同意他占据滍水（今河南登封颍水的一支）。

王基遵命抵达指定地点，其后又上书说："兵贵神速，不能拖延，而今外有强敌，内有叛臣，如果再不当机立断，事情的后果就难以预知了。人们希望将军做事持重些，持重当然是对的，但是停军不进就错了，持重绝不是按兵不动，只有进军才有战胜啊。现在我们占据坚城，保有壁垒，但当地积蓄的粮食敌人在用，我们是远道运粮，这实在不是好事。"王基仍然坚持自己的原有方案。司马师想等各路军队到齐再发兵，仍然不同意王基的意见。王基说："将在军中，君命可以不接受。敌人得到有利，我们得到也有利，这就是必争之城啊，现在南顿城就是这样。"于是率军占领了南顿。毌丘俭从项县（治今河南沈丘）发兵也想争夺南顿，走了十多里，听说王基已经占据，只好退回项地坚守。当时兖州刺史邓艾屯兵乐嘉（治今河南商水东南），毌丘俭派文钦率兵袭击邓艾，王基看到对方分散了兵力，立即率兵进攻项地，毌丘俭因为兵力分散而失败，文钦溃逃，反叛遂被平定。

王基这里是在没有得到上级同意的情况下夺得了南顿粮仓，其后又看准时机发动了对叛军的攻击，一战击溃敌军，取得了平定叛乱的决定性胜利，战后王基升为镇南将军、都督豫州诸军事，兼豫州刺史，受封安乐乡侯。平叛作战考验了王基对司马氏的政治态度，也印证了他卓越的军事用兵才能，他战场上的功绩是巨大的，因而受到司马集团的高度奖赏。王基上疏要求划分自己的封邑二百户给叔父王翁的儿子王乔，并求赐王乔关内侯，用来报答王翁的养育之恩，朝廷下诏特许，这是成全了他知恩图报的心意。

再次平叛展现用兵策略 257年征东大将军诸葛诞在淮南起兵对抗司马氏，新任大将军司马昭统领二十万大军征讨（参见1.8.2《淮南的两次平叛》）。王基参与了这次行动，他以豫州刺史身份，代理镇东将军，都督扬豫二州军事。当时大军在项县，朝廷认为淮南军队精良，下诏让王基驻军修筑壁垒。王基反复上书请求进军讨伐，正好孙吴派大将朱异来援救诸葛诞，驻军安城（治今河南汝南东南三十五公里）。王基得到诏令，要他率军转移，前去占据北山（今寿县城北的八公山），王基对诸位将领说："现今城垒已经坚固，兵马已经聚集，只需精修守备，等待敌人就行了，如果移兵守险，会使兵马涣散，再聪明的人也不能收拾局面了。"于是寻机会上疏说："现在我们与敌人对峙，应当像山一样岿然不动，如果转移部队坚守险要，那就会人心动摇，破坏了既成的局势，现在各路军队都深沟高垒，人心安定，不能动摇，这是统领军队的关键。"朝廷接受了他的意见，按照他的设想与叛军作战。

大将军司马昭屯兵丘头（今河南沈丘东南二十五公里），分部围守，各有所统。王基都督城东城南二十六军，司马昭命军吏深入镇南将军部界，一律不得出兵。叛军在城中粮食吃尽，昼夜攻垒，王基据城出击，打败了淮南叛军，朝廷军队在258年攻下寿春。战后司马昭写信给王基说："当初众将议论，大多要求转移部队，当时我没有到达，也认为应该移兵，将军您深算利害，一人持有坚定的意见，对上不顾诏命，对下顶住众人的议论，最终战胜了敌人。古人叙述的战事，也都超不过这次胜敌。"他对王基在战场上的谋划之功给了充分的肯定和赞扬，在司马昭看来，王基的军事战术才能及其政治忠诚在现实中已得到了反复验证。

1.18（16）善于谋划的王基（下）

极具政治识见和军事才干的王基向司马氏表明了自己的政治忠诚，又在淮南两次平叛中接连发挥了战场谋划的用兵之能，赢得了执政人司马昭的高度信赖。《三国志·王基传》及其引注叙述了王基在淮南平叛之后与司马昭的交往与诸多军政活动，介绍了他在国家政局多事之秋的沉默态度与职位升迁，表现了其复杂的个人心性。

劝阻司马昭出军攻吴　司马昭想派将领率精锐部队深入吴境，招迎唐咨子弟，乘机颠覆东吴的局势。唐咨是魏国将领在利城（今江苏赣榆西）反叛中失败后逃至吴国的将领，被吴国封侯任将，此前受吴国委派协助诸葛诞反叛，刚被魏军在平叛中俘虏，为安抚吴国军民，魏国重新任命他为安远将军。唐咨的家属子弟其时尚在吴国，有些还担任军政职务，司马昭想乘着淮南平叛的大胜和大部队尚在南方边境的便利大举进攻吴国，并策应唐咨的家属子弟在内部起事变乱，两相配合，搞垮吴国政局。

王基劝谏说："以前诸葛恪乘着东关作战之胜，调动江南全部兵力包围新城，城没有攻下来，自己却死伤过半（参见3.3.1《诸葛恪穷兵黩武》）；姜维借洮西（今甘肃西南临潭等洮水以西）胜利之势，轻兵深入，军粮供应不上，结果大军在上邽（治今甘肃天水）覆没（参见2.9.2《九伐中原》下"段谷之战"）。每当取胜之后，全军上下轻敌，轻敌则考虑困难不深入。现在敌人刚打了败仗，内患又未平息，他们正整修器械深有戒备，况且我们出兵逾年，将士有归家心意。现今俘获十万降兵，又斩杀了诸葛诞，自从作战以来，还没有今天这样全部歼敌大获全胜的盛况呢！武皇帝（曹操）在官渡大败袁绍，自以为杀敌所获已多，所以不再追剿，就是怕受败挫威。”王基在兵败取胜时看到内中消极因素的增长，在敌方兵败中注意到其戒备防守的加强，持有科学的辩证思维，由此论证了他不宜出军的理由。司马昭听从了王基的意见，于是罢兵。

对朝廷保密王母死讯的推测 这一年，王基的母亲去世，朝廷下诏对丧事保密，把王基父亲王豹的遗骨迁到洛阳与王基的母亲合葬，追赠王豹为北海太守。这里的问题是，母亲的死讯是对谁保密呢，是对王基本人还是对其他人保密？史书原文表述说：“基母卒，诏秘其凶问。”“凶问”是死讯、噩耗之意。这里的噩耗只能是对王基本人而言，而不是相对于别人。资料中并没有标明去世更具体的时间，最有可能的情况是：在平定诸葛诞反叛的战斗正紧张进行之时，洛阳传来了王基母亲去世的消息，因为王基都督扬豫两州军事，围城时又都督城东城南二十六军，是朝廷平叛军队的重要将领。在战事紧急关头，大将军司马昭不愿意让王基离开部队去赴丧，他也不愿因此讯而搅乱王基指挥作战的心情，因此特意将送给王基的“凶问”压下保密，并下诏书要求知情人员不得对王基本人有任何泄露。事情过后，他追赠几十年前就已去世的王豹为北海太守，又专门安排将其移尸至洛阳夫妻合葬。如此深情厚谊应该都是对王基未及时赴丧一事作补偿的，这样才能合理解释对王母丧事保密的意义所在，也能理解对该丧事保密何以采取朝廷下诏的严肃形式。

王基得到的奖赏和职务升迁 258年淮南平叛返回后，朝廷转任王基为征东将军，都督扬州诸军事，进封东武侯。王基上疏辞让，归功于参谋辅佐等下属，于是他的部队中长史、司马等七人都被封侯。259年王基转任征南将军，都督荆州诸军事。次年皇帝曹髦在宫中被杀（参见1.8.7《曹髦的拼争》上)，常道乡公曹奂被立为帝。当时曹髦之死引起了朝廷满城风雨，而史书上没有表明王基的任何态度，应该基本上是沉默不语吧。

这时候的沉默体现着对政治稳定的维护和对司马集团的支持，王基的头脑仍然是十分清楚的。不久朝廷为王基增邑千户，并前五千七百户。前后封他的两个儿为亭侯、关内侯。

再次制止司马昭出军东吴 261年，襄阳太守胡烈上表称吴将邓由几人准备归降魏国，不久王基接受诏书，朝廷命令他安排部队，让胡烈统领万余士兵前抵沮水，与义阳（治今湖北枣阳东南）、宜城（治今湖北宜城南三公里）的驻军前往接应。朝廷的设想是：如果邓由如期到达，前往接应的魏军就趁机进攻吴国，造成江南政局的大震荡。王基怀疑邓由的投降并不真实，他通过驿道送出快信向司马昭陈述情况，最后强调说："嘉平（249年高平陵事变后朝廷所用的纪年）以来，国家多次出现内部变乱，现今最大的事务在于稳固朝廷，安定百姓，不宜兴师动众以求对敌取胜。这些胜利得到了不算多，而失利了会严重伤害国家的威望。"王基非常清楚地看到，自司马氏夺政掌权以来，淮南地区接连反叛，民心不稳，掌政人面临的最大的问题应是安定人心、稳固政权，而不是对外作战的获取。司马昭很快回信说："一块共事的人，大多都是曲意顺从，很少有人能和我真诚地讨论事情真相。我非常感激你的真诚关爱，每次都能做出规劝提示，这次就按你的意思办理。"司马昭接受了王基的意见。

西晋司马彪所著《战略》对此事做了更多的记述，当时司马昭对接应邓由等人来降已做好了安排，王基在上书中分析了情势，还向他指出了夷陵东道至赤岸（今湖北东湖西北五里）渡沮一路，以及西道出箐溪口（今湖北远安东南）直至平地一路山险道狭和车马行走的艰难，列举了230年曹真出子午谷伐蜀，在路途大受消耗损失等事例（参见1.10.7《养子曹真》）。司马昭看到王基的上书后也对这次行动产生了动摇，他立即下令已经行进在道路上的各路部队停止前进原地驻军，等待新的命令。王基大概是见司马昭主意未定，又再次上书说："当年汉高祖听郦食其之言准备分封六国，后来接受了张良的劝阻，销毁了准备送给六国的印信。我王基谋虑短浅，当然赶不上张良，只是担心襄阳太守胡烈会有郦食其那样的错失。"司马昭接到这封信，终于下令让各路部队撤军。后来邓由也没有前来投降，很明显这是吴国军队利用魏军平叛取胜的骄气而诱敌深入、准备伏击歼敌的诡诈之计。王基对此看得十分清楚，他在对司马昭的反复谏阻中表达了对国家和执政集团毫无杂念的忠诚。

就在这年，王基去世，朝廷追赠他为司空，谥为景侯。他的儿子王徽承袭了爵位。在晋朝代魏之时，朝廷设置了五等爵位，因为王基在魏朝时的显著功劳，晋朝改封他的孙子王廙为侯爵。晋朝建立后，晋武帝司马炎下诏说："已故司空王基既树德立功，又修身清正，他不经营私产，长期担任国家要职，家中没有私积之财，可以称得上身死而品行彰显，这足以激励普通民众。特此给他家赐予两个奴婢。"司马氏建政后以国家的名义公开表彰了王基生前的功绩与德行，张扬了这一功臣的模范人格。

孔子曾高度赞美坚硬而洁白的人生品格，磨而不薄为至坚，染于涅而不黑即至白，"坚白"特指身处浊乱之世而能保持坚贞志节的君子人格。晋初史家陈寿称王基"学行坚白"，是在赞扬他的学识才能和道德品行。观察王基在曹魏高层政治分化时期的立场转变，陈寿的赞美如果真的不是讥讽之词，那就仅仅代表了司马晋室的评价。在魏国政治大分裂重心大挪移的时代，王基早年辞职游学时应是谋划和设定了自己的功名人生，既然如此，那就注定了他后来政治立足点的转换，而人格的坚白就必然顾之不及，有所缺失。史书和资料中都没有说明他去世时的年寿。王基为自己的人生理想奋斗了一生，他在曹魏军政两界活跃了四十年，出尽了风头，获得了荣光，挣得了不朽，其身负的功名和业绩应该无愧于早年的设定。

1.19　走上对抗之路的人物

国家是政治统治的形式，掌握国家政权的政治集团能代表臣民的利益和追求，是实现上下和睦、政局稳定的基础。魏国自 249 年高平陵事变后司马氏掌政，原本作为国家主导力量的曹魏势力受到了排斥和抑制，忠诚于曹魏集团的政治势力反复起而抗争，于是发生了“淮南三叛”，多年献身曹魏事业的若干功臣名将不能接受国家政治重心的大偏转，进而走上了与国家政权对抗之路。

1.19（1）颠覆国政而致败的王淩

淮南之地兵精粮足，临近孙吴，又相对远离于魏国京都，当地方势力和国家执政集团不能和睦共处时，这里最有条件发生与中央政权相对抗的军事变乱。251 年，身为豫州刺史都督扬州兵马，并兼任朝廷太尉的王淩经过了一年准备后图谋起兵反叛，意欲在许昌另立皇帝，构成了淮南首叛。《三国志 · 王淩传》及其引注记述了王淩五十多年间为曹魏事业兴盛而奉献立功的事迹，和他由基层任职逐步走上国家高层职位的历程，介绍了他在司马氏掌政后组织力量意欲颠覆国政的计划与行动，以及遭受司马懿迅速打击很快走向失败的过程，表现了魏国后期一段复杂激烈的政治斗争，从中能够看到当事人特殊节点上展现的处事方式和内在心性。

王淩，字彦云，太原祁（治今山西祁县东南）人。他的叔父王允曾为汉朝司徒，192 年在长安设计诛杀了董卓，董卓属将李傕、郭汜等人起兵报仇，不久攻入长安，杀了王允及其全家（参见 0.1.12《职场上的“变脸”者》)。王淩和他的哥哥王晨当时年龄尚小，两人翻城墙走脱，逃命回到家乡。王淩被举孝廉，任发干（治今山东郓城与鄄城间）县长。

曹操施恩并纳为近臣 《魏略》中记录说，王淩做县长时，因为一件罪错被判髡刑五年，这是剃光须发以作羞辱的一种惩罚。王淩受刑期间曾在大路上扫除，正逢曹操坐在车上经过，推测时间应是曹操迁都许昌自任朝廷司空的197年之后。当时曹操并不认识王淩，指问他是什么罪犯，身边人把王淩的具体情况告诉了他，曹操说：“这人是王允的侄子呀，犯罪也是因为公事。”曹操早年曾在朝廷任职干事，与王允都是董卓的反对派，这里见到王淩就很有好感，当即给了他宽恕的表态，于是主管部门把王淩选为骁骑主簿，成了骁骑校尉身边主管文书印鉴的秘书。王淩后来升至中山（治今河北定县）太守，他所任职的地方都治理得很好，曹操征召他为丞相府属官，这应是曹操208年担任丞相后的事情，王淩成了曹操身边的近臣。

在地方治理中建军政之功 曹丕220年十月称帝后，任命王淩为散骑常侍，后出京任兖州刺史。222年王淩随张辽的部队一起到广陵讨伐吴军（参见1.4.17《三路伐吴》)，到了江边，夜里刮起大风，吴将吕范部队的船只漂到长江北岸，王淩和众将出迎痛击，斩杀和俘虏了许多敌人，缴获不少船只，王淩因功被封为宜城亭侯，转任青州刺史。当时沿海之地在战乱后法度松弛，王淩到任公布政纲同时实施文化教育，赏善罚恶，推动社会治理走向正规，他当时对朝廷官员一再征召的青年才俊王基留任不放，就是发生在这个时候（参见1.18.16《善于谋划的王基》上)。经过几年治理，当地百姓对王淩的赞誉不绝于口。

228年王淩随从曹休进军东吴，在夹石与敌军遭遇，曹休军队失利（参见1.10.6《曹家“千里驹”》)，王淩奋力拼死突围，曹休幸免于难，不久王淩转任豫州刺史。刚到豫州时，王淩表彰当地先贤的后代，求访没有显达的贤士，并制定了相应的条例，对地方治理起到了极好的作用。王淩与司马朗、贾逵关系很好，他在兖州、豫州任职就是分别接替他们的职务，并延续了他们的治理方式，他在两州都得到了军民的欢心和拥戴。

再立军功与职权提升 240年曹芳在位时，王淩任征东将军，假节，都督扬州诸军事。次年吴大将全琮率数万人马侵犯芍陂（今安徽寿县南），王淩统魏国各军迎敌对抗，双方连战数日，吴军退走（参见3.9.2《君主信任的“驸马”全琮》），王淩受封南乡侯，封邑一千三百五十户，升任车骑将军，待遇同于朝廷三司，可以开府治事。当时，王淩的外甥令狐愚凭才能担任兖州刺史，屯兵平阿（治今安徽怀远西南三十公里）。舅甥俩同掌兵权，控制淮南之地，王淩不久又升任司空。249年高平陵事变后，掌政的司马懿提升王淩为太尉，假节钺，王淩的权威更重了。王淩自主政豫州以来不断经受战场的考验，他的权位也得到了多次提升，这使他对自身的力量有了更高的自信。

颠覆国政的秘密图谋 王淩与令狐愚秘密商议，认为齐王曹芳年龄小而受朝中权臣控制，没有能力担任皇帝，曹操的儿子楚王曹彪年长而有才，可以迎立曹彪在许昌建都。249年九月，令狐愚派部将张式到白马（今河南滑县东二十公里）与曹彪互相问候，建立联系。王淩又派宾客劳精到洛阳，对儿子王广说了他们的打算，王广说：“废立皇帝事情重大，不要为此招来祸患。”这年十一月，令狐愚又派张式拜访曹彪，还未等张式回来，令狐愚就病死了。

250年出现了“荧惑守南斗”的天象，即火星在北斗星之南的斗宿附近停留了二十天以上，王淩听说东平人浩祥懂得星象，就把他招来询问，浩祥怀疑王淩会挟持自己，就故意讨好他的心意，不提当地会有死丧的凶事，对他说：“淮南，是楚地的分界，看来在吴、楚之地会有王者兴起。”（参见1.6.6《“反叛”朝廷的白马王》）听了浩祥的星象预测之言，王淩于是决意行动。

反叛行动很快即被扑灭 251年四月，王淩听说吴军占据了涂水（长江左岸的滁河），于是整顿各路军队准备发兵行动，同时他上表请求讨伐吴军，但朝廷没有同意，王淩派遣将军杨弘把自己废立君主的打算告诉了新任兖州刺史黄华，而黄华与杨弘却把此事报告了司马懿，司马懿很快率领中军乘船从水路讨伐王淩。司马懿先下令赦免王淩之罪，同时带着尚书王广东行，王广是王淩的儿子，司马懿让王广写信晓谕王淩，他用这样有温情的形式安稳王淩之心，是要防止王淩临急时贸然行动。而司马懿则统领大军乘其不备迅速到达百尺堰（今河南沈丘北五公里），逼近王淩。

司马懿这里用了公布罪状、请儿子写信劝告等政治攻心手段，唯独没有把统兵前来的消息公开出去。王淩没料到司马懿领大军到来，他自知大势已去，就乘船独自一人出去迎接司马懿，派佐官王彧前去谢罪，送去官印和符节、斧钺。王淩被司马懿虚虚实实的行径所迷惑，虽然谋划和准备了一年之久，但在泄密之后仍然没有临急起事，等知道司马懿领兵到达百尺堰时，已经完全失掉了起事的时机，只好交出兵权而投降。司马懿的军队到达丘头，在此与王淩还有一番斗智斗心的较量（参见 1.7.3《司马懿的最后一搏》），最后他派步骑兵六百人送王淩由西路回京师洛阳。

最后的结局 王淩本是怀着挽救曹魏的忠诚之心而兴兵起事的，现在却要被曹魏的辅政之臣所擒杀，他满腔悲苦无处诉说。当时路过贾逵庙时，王淩大喊说："贾公，我王淩是大魏的忠臣，只有你的神灵知道。"王淩是希望他的忠诚之心能够得到贾逵在天之灵的理解。王淩试着向司马懿索要棺钉，想要观察司马懿的心意，司马懿果真让人给了他棺钉。五月中旬，王淩走到项县（治今河南沈丘）后服毒而死。不久司马懿到达寿春，张式等人前来自首，司马懿彻底地追究此事，将曹彪赐死，把有关联的人全部杀死灭族，并挖开王淩、令狐愚的坟墓，劈开棺材在附近的城镇暴尸三日，烧了其官印、朝服，把他们裸埋于地下。

试图挽救曹魏集团的王淩准备以淮南所具有的力量颠覆司马氏掌握的现政权，因为力量不济，谋划不周，也是十分缺少政治斗争的经验，一团炽热的烈火没有燃起即被扑灭，个人惨遭不幸。陈寿称王淩"风节格尚"，认为他的人格节操方正高尚，对这位当朝"叛臣"仍然给了并非反面的道德评价，就是看中了他政治信念的坚定和思想品格的纯洁。

1.19（2）王淩的外甥与儿子

高平陵事变发生不久，忠诚于曹氏集团的王淩即在淮南暗中制定计划和组织力量，谋图推翻司马氏掌政的国家政权，恢复曹魏原有统治秩序。王淩组织的骨干成员其实并不多，他的外甥令狐愚算是一位，儿子王广仅仅属于知情人。《三国志・王淩传》中引注了《魏书》《魏略》《魏氏春秋》《魏末传》《汉晋春秋》等资料中的多处相关记录，非连续性地介绍了令狐愚、王广等人的事迹，更加完整地再现了事件演变的过程，从中能看到这场政治斗争在战场以外的残酷性以及有关当事人的特有心性。

外甥令狐愚的积极支持　令狐愚字公治，本名令狐浚，曹丕执政期间，他担任和戎护军，这是魏国在重要城镇和军队出征时所设置的六品军职，负责武官的考察选用。当时乌丸校尉田豫在北境讨胡有功（参见1.18.10《北疆制敌的田豫》上），但有违犯节度的小错，令狐浚随即以法收捕了他。曹丕听到后非常生气，因为对边境立功的战将应该宽恕才对呀！于是下令逮捕了令狐浚，将其免官治罪，并下诏责备，其中说"浚何愚!"这是指责令狐浚愚蠢。自此令狐浚以"愚"为名，称令狐愚。也许这位令狐浚并非愚蠢之辈，他是严谨地按照军中法度办事，诚实履行自己的职责，只是不能完全理解执政者对边境战将的特殊看重心理而已。他因皇帝曹丕的指责就把名字改为"愚"，大概也是要对自己做出标志性的提醒。古人并不十分崇智而贱愚，比如认为大智若愚，令狐愚的改名体现着他个人行为方式上的某种主动转变。

曹芳即位后，令狐愚任曹爽长史，这是当年曹叡临终特意安排孙礼担任的职务（参见1.18.4《忠直而倒戈的孙礼》）。曹爽就职后把孙礼调任为扬州刺史，而安排令狐愚为大将军长史，表现了对令狐愚的高度信任。几年后令狐愚出京为兖州刺史，和他的舅舅王淩相邻为官，并掌淮南地方军事。

当王淩在高平陵事变后心忧曹魏政权旁移时，在朝廷曾经任职做事的令狐愚知道中原地区的一些传闻，对曹家皇族各王子的情况也非常熟悉，他对王淩说："我听说楚王曹彪有智勇。当初他所在的东郡有传言称：'白马河出了妖马，夜晚从国家牧场边上跑过时高声鸣呼，牧场其余众马都跟着响应，第二天看见跑过的痕迹，像斛那般大，一共有好几里，最后又返回河中。’又有童谣说：‘白马素羁西南驰，其谁乘者朱虎骑。’”楚王曹彪小名为朱虎，令狐愚把东郡传言的奇异神马、乡间童谣的预兆都与曾经受封白马王的曹彪联系了起来，于是与王淩商定将来立年龄大且有智有勇的曹彪为皇帝，以此想杜绝曹氏政权旁落他人的篡夺情况发生。

令狐愚派人去白马与曹彪联络，告诉曹彪说：“令狐君问候王，天下事尚不能确定，希望王能自我珍爱。”王彪内心明白其中的意思，回答说：“感谢令狐君，知道他的厚意。”双方似乎都没有把问题说透，但对待一个十分敏感而又危险的话题，大概说到这里，双方明白，又未拒绝，这就已经足够了。令狐愚与曹彪做好了联络，但他不久在兖州任上病逝。

据仓慈本传引注《魏略》记录说，当初令狐愚身为平民时就常有高大志向，众人都认为他必会给令狐家族带来荣誉。令狐愚的族叔令狐邵，曾担任过弘农太守，只有他说：“令狐愚生性放荡，志向远大但不注意德行修养，将来必会灭亡我族。”令狐愚听到后心中不平。后来令狐邵任虎贲郎将，而令狐愚在官场上经过了许多升迁，已有了较大的名声。他有次见到了族叔，很平静地谈到了前面的事情，并略微激动地说：“先前我听说大人您认为我继承不了祖业，那您看我今天究竟如何?”令狐邵很久看着他没有说话，回家后他对自己的妻子儿女说：“令狐愚的性情气度还和过去一样。以我看最终必定败灭。但不知到时候我会受连累坐监否，而你们会赶上的。”令狐邵去世后十多年，令狐愚与王淩谋图废立皇帝，本人家属受到诛灭，令狐邵的几个儿子因为疏远而未受到株连。

单固与杨康的对质 山阳（治今河南焦作东十公里）人单固，字恭夏，为人诚实有才，令狐愚过去与单固的父亲单伯龙关系友善，他担任兖州刺史后征召单固，想让单固任兖州别驾。单固不喜欢做州府官员，借口有病而推辞，令狐愚送来的礼物和心意更加厚重，单固仍然不想答应，单固的母亲夏侯氏对单固说：“令狐君与你父长期友好，所以不断地来请你，你也本来应有仕途长进，你可以接受的。”单固不得已而前往兖州，与治中从事杨康一并成为令狐愚的腹心。后来令狐愚与王淩要实行他们颠覆朝政的计划，杨康、单固都知道。正好令狐愚生病，杨康因朝廷司徒征召前往洛阳，单固遂因生病而辞职。

不久令狐愚病逝，杨康在京师泄露了令狐愚的谋划，太傅司马懿率军东进抓获了王淩。司马懿返回到了寿春，单固来见司马懿，司马懿问他说："你知道他们的事情吗?"单固回答不知。司马懿问："且说眼前的事。我问你，令狐愚反叛吗?"单固又说没有。但杨康交代了的事情与单固有牵连，司马懿于是收捕了单固及其家属，把他们全交廷尉府，经过几十次拷打审问，单固仍然说没有。司马懿召来杨康，让他与单固对质。单固后来无言以对，于是骂杨康说："老奴才，你既负令狐君，又灭我族，难道你能活命吗!"

案情确定后要上报廷尉，依旧例罪犯要与母亲和妻子见面。单固见到了母亲，始终没有抬头和说话。当初杨康以为自己报告了这事，期待升官封拜，而后来各次词语和证据颇有差错，他同时被处斩。临刑时他与单固同时出狱，单固又大骂说："老奴，你死是自有应得。如果死者有知，你有何面目行走在地下呢。"他们两人同时被处死。

王广和他的几位胞弟 王广字公渊。弟飞枭、金虎，兄弟们才武过人。王淩与令狐愚谋图废立皇帝，王淩派前去京城告诉在朝廷为尚书的儿子王广，王广说："凡是举大事，应当顺乎人情。现今曹爽因骄奢而失民心，他任用的何晏虚浮不能治事，丁谧、毕轨、桓范、邓飏虽然曾具人望，但做事专断，加上他们经常变易朝制，政令多改，志向虽高而事情不切实际，民众没有人跟从他们。所以尽管他们当时势倾四海，声震天下，但一天内同时被斩首，百姓却很安定，没有人为他们悲哀，这就是失去了民心。现在司马懿的内心如何虽难以估量，但做的事情顺乎民心，擢用贤能，提拔能力胜过自己的人，恢复先朝的政令，都是顺乎百姓所求，凡曹爽做错的地方，司马懿必定改正，日夜不曾懈怠，都以恤民为先务。他们父子兄弟同时掌握兵权和要害，不会轻易败亡的。"王广从顺应民心和掌控权柄等方面说明了司马懿胜过曹爽，劝父亲不要贸然行事，王淩没有听从。

王淩被抓获后，司马懿从容询问同僚蒋济关于王氏父子的才情，蒋济说："王淩文武俱佳，当今无双，而王广等人的志向和才力，可能超过他们的父亲。"他说罢心生后悔，告诉身边亲信说："我说的此话，会灭人门宗啊。"司马懿担心这些儿子长大会为父亲报仇，于是把他们全部处死，他们才能越高，就越得不到宽恕容留。

王淩的少子王明山最为知名，拥有多种技艺，又极善书法，人们得到他写的字，都会拿去临摹。王淩被收捕后，王明山向太原逃走，追赶的军队眼看就要追上，其时有飞鸟聚集在旁边桑树上，在树枝上随风起伏。王明山举弓射箭，鸟儿随即掉下。王明山是在借此向追兵显示自己的射箭技艺，追赶的士兵于是止步不进。明山投到一个亲戚家吃饭，这亲戚告诉了当地官吏，王明山于是被官方抓获。。

《通鉴补》中记录说，王淩事败后，王广被缚绑着来见司马懿，因为王广随司马懿出兵东进途中受命写信劝诫王淩，司马懿告诉他会免于罪责，并且慰劳说："你父亲如果早听你的话，就不会有什么事情。"王广严肃地回答说："我父亲并非反叛，我所以劝诫父亲不要起事，是要让他等待时机。我父亲的不幸在于他举事不当，他是太傅您的敌人，但却是曹氏的忠臣。我王广是太傅的忠臣，却是父亲的敌人。与父亲作对而求生，我王广不做这样的事情。"随后拔剑自杀而死，时年四十多岁。王广是以自己的殉身来为父亲确立忠臣的名声。

1.19（3）举旗征讨司马师的毌丘俭

高平陵事变后司马氏执掌国政，曹魏追随者与执政集团间的矛盾并没有因为王淩反叛被扑灭而完全消解，这一未能克服的矛盾在四年后重新爆发出来。255 年，魏国镇东将军毌丘俭联合将军文钦在扬州起事，打出了诛讨司马师的旗帜，这是淮南第二次反叛。《三国志・毌丘俭传》及其引注记述了毌丘俭长期跟随曹叡干事、南北征战并深得信任的职场经历，介绍了他在司马氏执政时期的政治失落，以及在淮南组织力量发动叛乱，与朝廷军队战场对抗直至败亡的过程，从中能看到他政治和军事上的多种失误。

毌丘俭，字仲恭，河东闻喜（治今山西桐城北）人。他的父亲毌丘兴，在曹丕受禅建魏之初为武威太守，因讨伐叛乱和地方治理立有功劳，被封高阳乡侯，后来调入京都任将作大匠，执掌宗庙、宫室土木工程官职。毌丘俭承袭了父亲的爵位，因为文才出众，被曹丕选拔为平原侯曹叡属下文学掾，负责太子的读书与生活。

对曹叡的大胆谏言 曹叡226年即位执政后，毌丘俭为尚书郎，升为羽林监。因为他是皇帝旧臣，所以得到特别信任，不久担任洛阳典农。当时朝廷不时征用人力修建宫室，毌丘俭上书说："我觉得当今天下急需除灭吴蜀二敌，国家最紧急的事情是衣物和粮食。如果两大敌人未灭，士民挨饿受冻，即便修下美丽的宫室也没有什么好处。"随后他升任荆州刺史。几年后又给曹叡上疏说："陛下即位以来，尚没有取得可以载入史册的功绩，现在吴、蜀两国依恃地理之险，一时难以平定，不妨派遣用不上的将士来平定辽东。"（参见1.5.24《曹叡信用的臣属》）毌丘俭的提议也推动了魏国后来征讨辽东的军事活动。

北方征战屡立战功 曹叡执政后期准备征讨辽东，因为毌丘俭有实干之才，因此调任他为幽州刺史，加授度辽将军，使持节护乌丸校尉。他统领幽州军队到达襄平（治今辽宁辽阳），驻军辽隧。右北平乌丸单于寇娄敦、辽西乌丸都督率众王护留等，都是过去跟随袁绍奔辽东的，他们率众五千余人来降。寇娄敦派遣弟弟阿罗槃等到洛阳朝贡，朝廷封其头目二十余人为侯、王，按等次赐给舆马缯彩。公孙渊曾与毌丘俭对抗作战，兵败后撤退。次年曹叡派遣司马懿统领大军，以及毌丘俭的部队共数万兵马讨伐公孙渊，平定了辽东（参见1.5.25《对辽东的战争》下）。毌丘俭以军功进封安邑侯，食邑三千九百户。

对高句丽的军事打击 曹芳即位后，毌丘俭认为高句丽不断进犯边境，于是在246年率领各路步骑军万余人从玄菟（治今朝鲜咸镜南道咸兴）出击讨伐。句丽王宫率兵二万，进军沸流水（今辽宁桓仁东北富河）上游，两军在附近的梁口交战，宫连续被打败，毌丘俭"束马悬车"，全军登上丸都（今吉林集安）实行全城屠戮，杀死了数千人众。先前句丽官员得来多次劝谏宫，宫不听劝告，得来感叹说：“此地马上就要遍地蓬蒿了。”于是绝食而死，全国都很感念他。毌丘俭下令全军不许损坏得来的坟墓和周围树木，将得来的妻子儿女都予释放。宫自己带着妻子儿子逃窜，毌丘俭班师而还。

不久毌丘俭再次讨伐宫，宫逃到买沟（今吉林延吉南），毌丘俭派玄菟太守王颀追讨，追过沃沮（为玄菟郡治）千余里，直至肃慎氏（约今东北长白山一带的古国）南界，在山石上刻记战功，石刻留在丸都山上和不耐（治今朝鲜江源道安边城）城内，凡所杀戮俘获的有八千多人，后论功受赏，封侯的有百余人。他又穿山修渠，引水灌溉，使当地百姓受益。

调任扬州军事主管 毌丘俭升为左将军，假节，都督豫州诸军事，兼任豫州刺史，转任镇南将军。诸葛诞在东关作战失利，朝廷下令让诸葛诞和毌丘俭职位对换，于是毌丘俭为镇东将军，都督扬州诸军事。253年东吴太傅诸葛恪包围合肥新城，毌丘俭与文钦联合抵抗（参见1.7.4《再起的对外战争》下），太尉司马孚统领中军从东部增援，诸葛恪只得撤退。

军事反叛的起因 当初毌丘俭和夏侯玄、李丰关系很好，两人因被认为是曹爽的党羽而在254年被诛杀（参见1.10.11《清流名士夏侯玄》），司马师当年还废黜了曹芳，另立曹髦为皇帝。史书上说，前将军文钦是曹爽同邑之人，勇猛果断，多次立下战功，喜欢虚报俘虏人数，以此获得宠赏，但朝廷往往不给，文钦因此非常怨恨。毌丘俭以心计厚待文钦，两人交好欢洽。事实情况是，在司马氏执政时期，他们同时受到排斥，内心不安，两人是以政治立场的相近而互相靠拢，逐步走上了与朝廷执政者相疏离的道路。

255年正月，天上出现几十丈长的彗星，从吴、楚分界处起始，跨过西北天空。毌丘俭和文钦十分高兴，认为这是吉祥的征候，于是假称朝廷郭太后有诏，调动境内各郡国的部队举兵反叛，并胁迫淮南将守和各处驻军，以及吏民百姓都进入寿春城，在城西设坛，歃血为盟。然后留下老弱守城，毌丘俭、文钦统率五六万大军渡过淮河，向西到达项地（治今河南沈丘）。毌丘俭守城，文钦在城外保护，一副公开对朝廷作出挑战对抗的姿态。

上书表达政治诉求 引注资料记录了淮南军队起兵时写给皇帝曹髦的上表长文，他们认为司马懿忠贞为国，是天下君民的依赖，可惜事未竟而去世。齐王（指曹芳）因为司马懿的功劳而让司马师接掌国政，但司马师在位却犯了十一条大罪：他无疾而称病没有为臣之礼、不效法父亲做事属不忠不孝、某年出军失败空耗了粮食、某次作战后不能论功行赏、没有罪名却杀害了李丰、不顾大义废黜了齐王曹芳、无罪而诛杀光禄大夫张缉、新帝即位后称病不朝违反法度、流放大臣许允时将其饿毙路途、改变了某些宿卫旧制只加强自身防卫、打乱了国家的防守布局。上表中还表达了他们与安丰护军郑翼、庐江护军吕宣、太守张休、淮南太守丁尊、督守合肥护军王休等人对朝廷的忠诚。并提出司马师的罪状本应将他处死，但考虑司马懿的功劳，可以将他罢免而启用其弟司马昭；上表中说司马昭忠厚聪明，乐善好士，有高世君子风度云云。

组织反叛的毌丘俭并没有直接指明司马氏篡夺曹魏政权的实质问题，上书中唠唠叨叨的十一条罪状似乎条目很多，实际都不是起兵反叛的理由。上表人还天真地把司马昭与司马集团分离开来，认为让司马昭代替司马师执政就万事大吉了。如果真是这样，那起兵与朝廷对抗还有什么意义呢？这一缺失导致部队毫无凝聚之力。

战争的进程与结局 司马师统率大军讨伐毌丘俭，另外派诸葛诞督率豫州各路军队逼近寿春，另派征东将军胡遵率青州、徐州军队断绝叛军退路。司马师则驻扎汝阳，派监军王基率前锋据守南顿（治今河南项城西南），与毌丘俭的部队相对峙。司马师下令各路部队都坚守阵地，不要正面交战。毌丘俭的部队进不能战斗，退到寿春又怕遭到袭击，他们进退不得，无所适从；而淮南将士家在北边，众心沮丧，不断有士兵归降。司马师派兖州刺史邓艾统率泰山部队万余人到乐嘉（治今河南商水东南），示弱以引诱叛军，文钦不知是计，果然在当夜袭击邓艾。其时项地叛军兵力分散，王基部队趁机发起进攻。两路叛军全都战败，文钦逃奔吴国，淮南将士大多归降。

毌丘俭部队战败后行军到了慎县（治今安徽颍上西北四十里江口镇），身边的士兵逐渐逃离，他和小弟毌丘秀及孙子毌丘重三人藏在水边的草中。安风津（今安徽霍丘北十五公里）都尉的部属张属射杀了毌丘俭，将他的首级传送京都，他的小弟和孙子逃到了吴国，张属被封侯。毌丘俭的儿子毌丘甸任治书侍御史，起初他得知毌丘俭要谋反，私下让家属逃到灵山（今河南宜阳西），后来另有部队将其攻下，毌丘俭三族被诛灭。

毌丘俭等人是凭一腔激愤而起兵，他们受制于政治眼光的狭小，没有展现任何正当的出兵理由，未拿出能够动员起天下民众的政治诉求，部队毫无凝聚力，军事上又没有成熟的战略部署与战术方案，组织不起像样的对抗，最终兵溃受诛，身败名裂。

1.19（4）参与反叛的文钦父子（上）

毌丘俭255年在淮南对抗司马师，身后有一位配合支持的将军文钦，他们是因共同的利益和政治追求站在了与司马氏相对立的立场上，组织了这次声势颇大的反叛。《三国志·毌丘俭传》《三国志·诸葛诞传》中引注了《魏书》《魏氏春秋》《魏末传》《世语》《汉晋春秋》等资料中的多处相关记录，介绍了文钦自曹操末年参与曹魏集团直至258年离世近四十年间的职场轨迹，稍许弥补了史书上没有为其单独立传的遗憾，从中能窥见文钦的为人心性与长期政治选择，能看到文钦和儿子文鸯在淮南两次反叛中的作用和影响，以及他本人对当时三国政治关系的某种设想祈盼。

受到曹操赦免而保命 文钦字仲若，谯郡人，他的父亲文稷早年为曹操军中骑兵将领，勇猛有力。文钦年轻时因身为名将之子，具有勇武才质而出名。219年魏讽反叛案发，文钦因与魏讽有过言语交流而受牵连，被关押狱中掠笞数百，本当要处死，曹操因为其父文稷的缘故将他赦免。

不受长官喜欢的将军 曹叡执政前期，文钦任五营校督，为曹魏禁军屯骑、越骑、步骑、射骑、长水五校尉的官职，后出宫任牙门将，为没有定员的第五品军职。文钦性格刚暴无礼，为人倨傲凌上，不信守法度，在职任上总是被上司告状打发。明帝曹叡不予重用，其后再任他为淮南牙门将，转为庐江（治今安徽庐江西南）太守、鹰扬将军。庐江属于扬州管辖，王淩上奏说文钦贪婪凶残，不适宜镇抚边境，请求将其免官治罪，于是朝廷调文钦返还京都。

当时曹爽辅佐国政，因为文钦与自己同乡里，所以对他厚养对待，不治文钦之罪。又重新任命他为庐江太守，加封冠军将军，尊贵受宠超过先前。文钦因此更加骄横，喜欢自我夸耀，以雄壮有力而傲人，在部队中颇有一些虚名。曹爽受诛后，朝廷升文钦为前将军以安其心，其后接替诸葛诞为扬州刺史。他与镇东将军、扬州都督诸葛诞相互厌恶，没有人与他交心。

与毌丘俭同谋反叛　自曹爽受诛后，文钦常内心恐惧，恰逢253年诸葛诞与毌丘俭职位相调换，毌丘俭过去深受曹叡的信任，他不满司马师的执政，遂与文钦私下共结同谋，在255年共同组织了对付司马氏的军事叛乱。当时文钦随毌丘俭在寿春举事，他们率军进驻项地（治今河南沈丘），不久文钦受引诱，夜间向乐嘉（治今河南商水东南）的邓艾部队发起攻击。文钦的中子文俶，小名文鸯，年尚十八，勇力绝人，他对文钦说："战事尚未定局，猛攻必能打败他们。"于是他们父子分为二队，夜间夹攻对方。文鸯率壮士先攻入，大呼要活捉司马师，司马师当时眼部患有瘤疾，文鸯在军中震扰，司马师惊得眼目迸出，他怕全军溃乱，蒙着被子不让人看见，因为非常疼痛，只好咬着被子忍受。文鸯在敌军中迟迟没有等到父亲文钦军队的到来，天明时他只好退兵。

尹大目的一片苦心　文钦当晚进军时正好司马师的部队从汝阳（治今河南商水西南）到达，他因看见对方兵马盛壮，于是没有贸然冲进敌营，天亮后他领兵退回。当时司马师身边有一位叫尹大目的使者，这人早先是曹氏家奴，常侍在皇帝身边，司马师这次出征时带他同行。大目知道司马师一只眼目已突出，就对司马师说："文钦本是明公您的腹心，只是被他人所误导，他又是天子的家乡人。我过去一直受到文钦信任，请让我出去追上他做些劝解，让他与您重新和好。"司马师同意了，尹大目于是单身前往，他乘上大马，披着铠甲追上了文钦，两人在远处喊话。尹大目内心其实倾向曹氏，他的话不好直说，于是转换语言说：“君侯何必这样，您就不能再坚持忍耐几天吗!”当时司马师眼疾很重，尹大目的意思是让文钦再坚持几天，事情可能就有变化。尹大目是用隐语喊话，想让文钦理解，但文钦并不清楚，厉声骂大目说：“你是先帝的家人，不念报恩，反与司马师作逆，上天不会保佑你!”随后张弓搭箭准备射向大目，大目流泪哭着说：“世事难以挽救了，你好自努力吧。”

投降吴国被封将军 司马师命令大军进攻文钦，文钦兵败，只好逃走。当时朝廷军队紧急追赶，文钦昼夜间行摆脱了追兵，逃到了吴国。吴国掌政的孙峻对他厚加相待，封他为都护、假节、镇北大将军、幽州牧、谯侯。文钦虽然在吴国，但不能屈节下人，吴国吕据、朱异等各位大将都憎恶他，只有孙峻常对他宽容和有所帮助。无论如何，文钦自此成了吴国的将军。

给魏将郭淮的策反信 身在东吴的文钦对这次淮南兵败似乎并不甘心，他一心寻找新的机会，于是给在西境关中长期守边的雍州刺史郭淮写了一信，针对司马氏的专权而策反郭淮。其中说：“大将军曹爽与太傅司马懿同受先帝（之曹叡）顾命，托付天下，后因势利而绝其祀，真感痛心！公侯您与大司马公（指曹真）深有恩亲，义贯金石，想起曹爽的结局实在难以忍受。王太尉（指王淩）嫌他们专断朝政，暗中准备举兵，事竟不顺，反受诛杀，害及楚王（指曹彪），想来非常追恨。太傅既亡，但其子司马师继承父业，肆行虐暴，他放逐君主，残戮忠良，包藏祸心，会发展到篡逆，此可忍，孰不可忍？文钦我坚守大义，忠愤在胸，对此无所私念，正好毌丘甸给他父亲毌丘俭写信，说到公侯您要尽事君的大义，准备老而有为，只等与东境联络，两边相应。听到这话我怎么不慷慨发奋！所以我不顾妻子儿女之痛，即与毌丘俭举义兵三万余人，西趋京师，想要扶持王室，扫除奸贼逆党。我们翘起脚尖向西瞭望，没有得到消息，心里非常着急。考虑到当仁不让，况且救君之难，所以就没有等待您的日期。我们大军屯驻项城，我于闰月十六日分出一支部队，在乐嘉城进攻司马师，他的军队很快崩溃，战场上的斩获就不必再说了。我们的军队本应直赴京师，但却传出了流言，毌丘将军没有仔细审查，便认为我的军队打了败仗，各路部队很快瓦解。毌丘俭离去了，我追寻着前去解释，但没赶得上。我返还项城，遇到王基所领的十二军追赶毌丘俭的部队，他们进兵交战，即时取胜。我孤军到了梁昌（约在寿春之北），进退失所，没有其他办法，只好归命大吴，借兵乞食，就像春秋楚国伍员那样，我不这样寄人篱下做仆隶，如何能称心如意地复君之仇。想来您也想做春秋程婴、杵臼那样的贤良，成为魏国鹰扬之士，现今大吴敦崇大义，深见同情。但我和国家还是本心相连的，将来也不愿偏取以为己有，公侯您如果有报君心怀，应该广大其势，恐怕秦川之卒不可孤军举事。现在的办法，应屈己而伸人，托命归汉，这样东西两边同时举事，方能除灭司马师党羽。请您深思我的提议，如果愚计可以听从，就可与汉军制定盟约，大丈夫宁愿处事磊落，所以我才远呈忠心，时刻盼望您的回复。”

文钦在信中除过说自己在乐嘉打了胜仗属虚假之言外，其他的叙述还是比较真实的，他提出了司马氏的专权和篡逆图谋，叙事了这次对战的基本过程和自己不得已投降吴国的现状，表达了愿与郭淮东西两侧配合作战，共同打击司马氏的要求，甚至提出了让郭淮联络蜀汉出兵行动的主张。因为文钦本人已经降吴，他是祈盼着魏国内部的政权争夺进一步演变为三个国家间的军事对阵。郭淮早先是曹真的部属，他的妻子又是王淩的妹妹（参见 1. 18. 12《守御关中的名将郭淮》），对司马氏的篡权应心有所忌的，这是文钦对他写信策反的基本根据。但文钦并不知道的是当时郭淮已去世，这封信其实没有起到什么作用。

1. 19（4）参与反叛的文钦父子（下）

魏国将军文钦参与支持了 255 年毌丘俭对抗司马氏集团的淮南反叛，他与儿子文鸯在乐嘉兵败后投奔吴国，受到吴国掌政人孙峻的看重，本人被任将封侯。《三国志 · 毌丘俭传》《三国志 · 诸葛诞传》及诸多引注资料各自记录了文钦父子的活动片段，介绍了投靠吴国的文钦父子在 257 年受命前来寿春，参与支持扬州都督诸葛诞对抗司马氏的活动事迹，表现了淮南第三次反叛中文钦与其他将领在军事战术上的矛盾冲突，以及文钦父子的不同结局。

魏国政局的新变化 正当文钦255年逃奔吴国之时，魏国大将军司马师在率军返回途中因眼疾而病死于许昌，经过司马氏党羽的策划运作，朝廷提升他的弟弟司马昭为大将军，总领尚书事务，接替司马师主持朝政（参见1.14.3《钟会的成长与作为》上），司马氏在魏国政治中的主导地位并没有因为司马师的去世而减弱，反而有所强化。

司马昭刚掌朝政，就派亲信贾充到淮南去见征东大将军诸葛诞，以慰劳为名观察其政治态度，贾充提出皇帝禅让的话题，受到了诸葛诞的严厉斥责，贾充返回后向司马昭建议不可让诸葛诞镇守一方，应该把他调来京师任职。诸葛诞被迫于257年在淮南起兵对抗司马氏。这是淮南地区继王淩、毌丘俭之后第三次对抗司马集团的反叛。

与诸葛诞重新合作 诸葛诞在起事前争取到了吴国的支持，吴国派遣战将全怿、全端、唐咨、王祚率三万人马，密与将军文钦父子等前往寿春接应支援。当年六月，新任大将军司马昭统领二十六万军队前来征讨。其时魏国镇南将军王基指挥各路军队包围寿春，尚未合围时，唐咨、文钦等人从城东北乘山险之利，带领他们的部属突入城中，协助守城。文钦本来在做扬州刺史时就与诸葛诞关系不好，两人互相厌恶，这次为对抗司马集团，他们重新走到了一起，文钦这里是作为支持诸葛诞军事行动的吴国将军来到寿春的。

寿春守卫中的意见分歧 后来魏国大军包围了全城，壁垒森严，文钦等多次向外冲击，被魏军打退。吴将朱异受命领军前来接应，中途被魏军击败。寿春城内外被隔绝，时间一长城中粮食转少，众人内心不安，于是发生了对敌战术上的分歧。手下将官蒋班、焦彝认为，吴国救兵不至，看来不是真心诚意地救援，实际上只是坐等成败，两人提议乘众心尚且凝聚之时，拼力决死，从一个方向发起进攻，即便不能全胜，也会有突破包围而冲出去的将士。而文钦坚持认为应该全力死守，他认为如果能够再守一年，魏军即会疲惫；况且中原年年发生意外事件，如果一年内有其他变故发生，自然就有取胜的机会。

文钦建议死守城池以等待中原发生意外事件，这不是把取胜的希望建立于自我拼争的基础上，而是放置在对方发生变故的前提下，明显是不靠谱的；蒋班、焦彝的建议不能保证全胜，但也不致因困守孤城而全军覆没。当时双方各自坚持己见，诸葛诞也许是鉴于毌丘俭两年前采用了主动出击的战术而失败，他这次选取了固守城池而对抗的策略，他似乎更认同文钦的看法，于是准备处罚或杀掉蒋班、焦彝。两人心生恐惧，他们料知诸葛诞必败，于是翻城墙投降了司马昭。

魏军施行的反间计　司马昭还采用了反间之计。当时全氏家族中的全辉、全仪因为家族内部争讼，他们投降了魏国。钟会于是假托全辉、全仪的名义，给寿春城中全怿等人写信，说全怿等将领没有在寿春战胜魏军，吴国朝廷非常不满，想要杀掉全氏家族的人，他们只好投奔魏国前来逃命。城中的吴国将领全怿、全静、全端等人听到消息非常恐惧，他们打开把守的东城门，率众数千人投降（参见 1.14.3《钟会的成长与作为》中）。没有等来敌方发生的变故，自家反而出现了连续投敌的事件，这使寿春城中的守军非常震恐，不知道如何是好。

文钦的新建议　258 年正月，文钦对诸葛诞说："蒋班、焦彝认为我们攻不出去而投降，全怿、全端又率众离去，敌人这时候没有准备，我们可以突然出战。"诸葛诞及唐咨都赞成他的看法，于是组织军队向外进攻。他们准备了器械，连续五六天不分昼夜进攻南围，想要决围而出，未料遭受到守围军队更猛烈的还击，对方居高临下发射石车和火箭，烧毁了城内进攻的器械，弩矢和石头像雨点一样落下，将士死伤遍地，血流盈野，进攻的部队只好退回城内。文钦的新建议其实正是蒋班、焦彝前面所主张的主动出击方案，但他所说的两批将官领兵出降与敌人没有准备两者之间并没有任何必然联系，这时候实施出击，魏军并非没有准备，而是准备得更加充分。这次行动失败，表明突围已失去了最好的机会。

文钦的第三次建议　很快城里的粮食即将吃完，这时出降者达到数万人。文钦提议将北方的人口全部放出去，以便省下粮食与吴国将士坚守。诸葛诞不同意，由是两人发生争执和怨恨。文钦的这一建议当然可以节省粮食，但其实施方法诸葛诞根本不能同意，一是文钦本人是作为吴国将军前来参战的，他主张把北方人放出去，只留下吴国将士。如果这样，岂不是诸葛诞属下的力量大大削弱，而文钦反成了城内的实际指挥官。二是先前城里全氏兄弟的叛逃，已经清楚表明吴国军队是靠不住的，现在文钦提出只保留吴国军队守城，其用心究竟何在？文钦这次的提议显然没有顾及诸葛诞的根本需求，当然不能得到他的同意。过去文钦在扬州任职时就与诸葛诞关系不好，双方缺乏根本的信任，这次因故合作共事，事情到了紧急时刻他们自然猜忌怀疑。

文钦的这一建议犯了诸葛诞的忌讳，加深了相互间的不信任。后来文钦来见诸葛诞议事，诸葛诞挥剑杀死了文钦，《晋书·文帝纪》中也记载了这一情节。诸葛诞这是要在关键时候保证自己身边人的绝对可靠。

儿子降魏受封 文钦的儿子文鸯和文虎当时正领兵在邻近的小城中，听到父亲已死的消息，他们领兵准备前往，大概是要寻仇吧。但手下士兵不听他们的指挥，兄弟两人只好自己出走，他们翻城离开，投降了司马昭。魏国军吏请求将他们杀掉，司马昭下令说："文钦罪不容诛，其子本应斩首，但文鸯、文虎因为穷途无路而投降，况且城未攻下，杀掉他们会坚定守城人的信心。"于是赦免了两人，让他们领着数百骑士在四周巡城，同时有人对城内喊话说："文钦的儿子尚且不杀，其他人投降还怕什么呢?"司马昭还上表请封文鸯、文虎为将军，各赐爵关内侯。朝廷把他们作为对后降者的示范看待，受降后给了他们很好的待遇。

文钦在魏国后期颇有影响，他倨傲凌上的心性和忠诚曹氏的政治态度纠缠一起，成了两次参与淮南反叛的特殊人物。作为一名将军，他多次上过战场，却既没有一次斩将立功、拔旗枭首的成就，也没有儿子文鸯夜闯军营那样震撼敌胆的战功；他设想过对将军郭淮的策反，仅仅只是一种对军事局势的内心祈盼；守卫寿春时屡提建议，但始终没有克敌制胜的招数，最后还为之搭上了自己的性命。他的人生更多呈现为悲剧色彩。

1.19（5）举州起事的诸葛诞

255年二月司马师在淮南平叛后回军途中病逝于许昌，朝廷任司马昭为大将军，接替司马师主持朝政。司马昭对镇守一方的诸葛诞并不十分放心，在亲信贾充的建议下，征召其入京担任司空，由此激发了诸葛诞的军事对抗。《三国志·诸葛诞传》及其多项引注记述了诸葛诞在曹魏集团的成长经历，和他后来与司马集团走向对抗的过程，介绍了他在寿春组织军事防守及最终兵败被杀的结局，表现了发起这场淮南第三叛的魏国征东大将军诸葛诞在军事政治上的有限才质。

诸葛诞，字公休，琅邪阳都（今山东沂水南）人，西汉名臣诸葛丰的后代，也是蜀相诸葛亮的族弟（参见2.3.14《诸葛亮的家庭》），他似乎独立走上了自己的职场生涯。

任用人才并评议荐举人　诸葛诞起初入朝为吏部郎，这是协助吏部尚书选用官员并负责文书起草的四百石官职。当时有不少人荐举人才，诸葛诞都把荐举话语公开出来，然后任用被荐之人。任用是否适当，则后面看公众的评议得失，以此作为对荐举人的褒贬。这种方法实行后群僚推荐人都很谨慎。事实上，推荐人才是国家事业所需要的，但推荐中不能完全消除荐举人与被推荐人双方存在的某种私情。诸葛诞在实施中一方面事先公开荐举人的言语，一方面对被推荐人进行任职后的公众评议，他将前后两相对照，让公众审查荐举人事前的言语确实与否，以此作为对荐举人的褒贬，这是要让推荐人对自己的荐人言论负责到底，进而杜绝了不负责任的人情之托。因为诸葛诞这项工作做得很好，他连续升迁至御史中丞、尚书。

与虚浮之人交友的得失　诸葛诞与夏侯玄、邓飏等人关系友好，在朝廷都颇有名气。有人告发说，诸葛诞、邓飏等人崇尚浮华，喜欢虚名，此风不可助长，曹叡便不喜欢，罢免了他的官职。曹叡239年去世后，夏侯玄作为曹爽信用的人物在职掌权，他再任诸葛诞为御史中丞、尚书，后来诸葛诞出京担任扬州刺史，加封昭武将军。在这里，夏侯玄一直是当时世人心目中的清流名士，其实究竟什么是虚浮之人，人们会有不同的理解把握。也许这些人夸夸其谈没有实干之能；也许他们看重虚名无视实际，或者是他们高谈阔论崇尚理性。无论如何，这里能够看到诸葛诞与夏侯玄、邓飏等人在职场上的共同沉浮，也能想象他们思想性格、价值理念乃至政治立场上的相合。

对待淮南前两叛的态度 251年王淩图谋废立皇帝，司马懿扑灭了王淩反叛后安排诸葛诞接替其职位，任诸葛诞为镇东将军，假节都督扬州诸军事，封为山阳亭侯，这里表明司马懿对他的信任。后来255年毌丘俭、文钦反叛，派人来见已经调任豫州的诸葛诞，让他组织豫州士民参与。诸葛诞斩杀了使者，将他们的图谋公布天下。不久大将军司马师东征，派诸葛诞都督豫州诸军，渡安风津（今安徽霍丘北十五公里）逼近寿春。毌丘俭、文钦被打败后寿春城中十几万人人心惶恐害怕被杀，他们纷纷弃城而逃，流亡到山间河泽，或逃窜到东吴。朝廷认为诸葛诞在淮南任职时间较长，于是又任命他为镇东大将军、仪同三司，都督扬州。东吴大将孙峻、吕据、留赞等听说淮南局面混乱，正逢文钦前往，于是率领众将直奔寿春。当时诸葛诞已率军占据寿春，吴军无法攻城，于是退走。诸葛诞派属将蒋班追击，将留赞杀死。诸葛诞被封高平侯，食邑三千五百户，又转为征东大将军。

诸葛诞曾在252年统率大军迎战进军东关的吴国诸葛恪部队，以优势兵力而作战失利（参见3.3.1《诸葛恪穷兵黩武》），可见当时诸葛诞的军事才干并不很高，而他在王淩、毌丘俭对抗司马氏的两次反叛中都表现了忠诚的立场，他斩杀了毌丘俭的使者，揭露了其叛逆行为，支持了朝廷对叛军的打击，抗击了吴军对淮南的侵扰，两次平叛后都充当了稳定地方局势的可靠力量，表现了对国家执政集团未曾动摇的效忠态度。

反叛司马氏的起由 诸葛诞与夏侯玄、邓飏等关系亲厚，又见王淩、毌丘俭等先后被灭族，他感到恐惧不安，于是倾尽库藏施舍财物，又过度赏赐，对犯死罪的人违法赦免保命，笼络民心，厚养亲附心腹以及扬州侠士几千人为自己效死。256年冬天，东吴准备进攻徐堨（又名徐塘，今安徽含山西南四十公里的聚落），诸葛诞所统领的兵力足以抵御，但他仍请求朝廷派十万人守寿春，又求沿淮河修筑城池以防备吴军，其内心是想保守淮南之地。执政者约略知道他对朝廷已有疑心，但考虑其老臣的身份，想把他召回来再说，遂于 257 年五月征召他入京担任司空。

诸葛诞接到诏书，内心非常恐惧，他对人说："我任三公应当在王昶之后，怎么提前成了司空！任命没派使者，只是信使带来文书，又让把兵权交付乐綝，这必定是乐綝搞的鬼。"乐綝其时为扬州刺史，与征东大将军诸葛诞同治寿春，魏国的四征将军历来以所在州刺史为接替人。诸葛诞觉得自己任司空不能超越时任骠骑将军的王昶，感到一切情况都不正常，于是带领身边几百人前往扬州府，扬州府的人准备关门，诸葛诞呵斥说："你不是我过去属下官员吗！"直接令人冲进府中。乐綝逃上楼，诸葛诞的人追上去将其杀掉。

诸葛诞向朝廷上表说："我接受国家重任，统兵东部。扬州刺史乐綝诈言说我与吴国联络，又说他受诏应当代替我的地位而掌兵，没有规矩很长时间了。我奉国家之命以死守位，没有任何别的想法，现忿恨乐綝不忠，所以带步骑七百人，在本月六日讨伐乐綝，当天将其斩首，首级通过驿马传送京师。如果朝廷理解我，我仍然是魏臣；如果不能理解我，我就是吴臣。不能忍受长久的愤恨，谨上表陈述愚见，请朝廷考察我的至诚。"诸葛诞在上表的同时，聚集淮南淮北各郡县屯田的十几万官兵，还有新归属扬州的四五万人，储足了足够一年食用的粮食，然后闭城自守。

战争的进程与失败 诸葛诞走上了与朝廷对抗之路，他派长史吴纲领小儿子诸葛靓到东吴为人质，请求援助。吴国遂派将领全怿、全端、唐咨与文钦共三万将士接应诸葛诞，又封诸葛诞为左都护、假节、大司徒、骠骑将军、青州刺史、寿春侯，把诸葛诞视作吴国将领。

司马昭在六月统领二十六万军队前往征讨，魏国镇南将军王基指挥军队四面合围，将寿春包围了两重，开挖堑壕、修筑堡垒。又派监军石苞、兖州刺史州泰等人挑选精锐将士作为机动部队，以防备外来敌人。双方对峙半年之久，吴国派来的救兵被击败而退，城内将士冲不出去，因几次战术分歧产生矛盾分歧，积成怨恨仇杀；魏军还对吴国将领使用反间计，加之城内粮食渐渐缺乏，不断有守城将士出城投降（参见1.19.4《参与反叛的文钦父子》下），致使城中军心散乱。大约258年二月，城内已非常虚困，司马昭亲自督阵，四面进军，同时击鼓登城，而城内竟难以抵抗。诸葛诞穷途无路，骑马率部下从小城门突围。大将军司马胡奋率兵迎击，杀死诸葛诞，将首级传送洛阳，朝廷灭其三族，只有在吴国做人质的诸葛靓尚在。唐咨、王祚及诸将都自己反绑投降，魏军俘虏吴兵万余人，缴获的武器和军用品堆积如山。

诸葛诞部下有几百人，不投降的都要被杀，他们拱手为列，表示说："为诸葛公而死，没有遗憾。"当时每斩一人，都提醒后面的人可以投降，而直到最后没有愿意投降的，可见诸葛诞得人心之深，当时世人把他们比作田横壮士。吴将于诠说："大丈夫受命君主带兵救人，既不能胜，又束手降敌，我不做这样的人。"于是脱掉甲胄冲入敌阵迎战而死。战场失败的一方不乏英勇无畏、大义凛然的战士。

诸葛诞因为受到司马昭的怀疑而举州反叛，与两年前的毌丘俭不同，他兴兵起事的性质更多出于政治上的自我保护，而少有恢复曹魏政治统治的动机。他在起兵后凝聚不起守城将领的众心，拿不出克敌制胜的方案，难抑内讧而溃败。陈寿称他为"心大志迂"的人，的确是个人能力支撑不了过大且不端正的野心。

1.19（6）蒙冤受害的名将邓艾（上）

魏国邓艾算是三国后期涌现出的优秀将领，他出身贫寒，才质超群，思虑深邃，加之专注事业，自投身曹魏集团后，为国家垦田蓄粮和抵御外寇提供了战略性的全新设想，他长期守御西境安全，最终灭亡了蜀国，人们称他的战略规划和战术用兵不亚于西汉淮阴侯韩信，而他的命运结局也同样悲惨。《三国志·邓艾传》及其引注记述了邓艾的成长经历，及他多年为曹魏发展而谋划和用兵的功勋，表现了他不同寻常的战略思虑和为国筹谋。

邓艾，字士载，义阳棘阳（治今河南南阳南）人，他很小就成了失去父亲的孤儿。曹操 208 年占取荆州后，他举家迁到汝南（治今河南平舆北），给农人放养牛犊。十二岁时跟随母亲到颍川（治今河南禹州），读到已故太丘县长陈寔墓前的碑文，其中说“文为世范，行为士则”。邓艾随将自己名子改为范，字士则。后来见本宗族有与他同名字的人，所以又做了改动。这里表现了他少年苦寒时期对功名道德的仰慕和志向高远、树标自警的人生态度。

在典农部的职业与出名 邓艾开始为都尉学士，这是典农都尉属下的士民，他是颍川所属襄城的典农部民。由于说话口吃，不适宜担任郡县衙门中的吏员，后来任看护稻田和牧场的小官。他每次看到高山大泽，总是规画指点能够设置军营的处所，人们大多都笑他。后来邓艾任典农纲纪，为典农中郎将的属员，后来担任参与本地官员考核上报的上计吏，他因事见到太尉司马懿，司马懿认为他有奇才，于是提升他为太尉府掾吏，又任尚书郎，负责尚书台文书起草的四百石官职。

对南方储粮用兵的战略设想 当时国家提倡垦田蓄谷，储备军用粮食，邓艾被委派对陈（治今河南淮阳）、项（治今河南沈丘）以东至寿春的广大区域作出巡行考察，邓艾认为这里“土地好但水少，不能完全利用地利，应该开河渠，既可引水灌溉，大积军粮，又可开通漕运之道”，于是撰写了《济河论》表达自己的看法。他又认为“过去打败黄巾军后，依靠各处屯田，在许都储积粮谷控制了四方。现在东、西、北三方已经平定，只剩淮南一方有事，每次大军出发征讨，运送粮食的士兵超过了军队半数，耗资巨大，相当于负担繁重的劳役。陈、蔡之间，地势低而田地肥沃，在许昌附近减少稻田，就能加大汝水、颍水和涡水的河水流量，让水聚合起来向东流。然后在淮北屯兵两万人，淮南屯兵三万人，按十分之二的比例轮休，这样平常就有四万人，一边耕种一边防守。水量充足时每年的收成可达到西边田地的三倍，估计除去各种费用，每年可交纳五百万斛军粮，六七年间，可以在淮水上游一带囤积三千万斛的粮食，这就够十万军队五年的军粮了，利用这样的条件去征伐吴国，打到哪里都能攻克取胜”。司马懿很赞赏他的设想，后来一切都按他的规划办理。

242年，魏国开通和扩大漕渠，每当东南方有战事，大军出征都是乘船而下，达于江、淮，粮食有储备而无水害，这些都得益于邓艾规划的功劳。后世史家赞叹邓艾在农田水利和军资兵谋方面的长远设想，无一不操胜算。认为一位贫家子弟有这样宏伟的设想，实在是为国家建立了奇勋之功，认为他的才能应该不低于西汉淮阴侯韩信。

在西境对付蜀军侵扰 244年，邓艾参加了征西将军夏侯玄与邓飏等人盲目伐蜀的骆谷之役，他升任为南安太守。249年，与新任征西将军郭淮一道抵御进犯的蜀国偏将军姜维，迫使其退兵。郭淮想向西继续攻打羌人，邓艾说：“蜀军离开不远，他们还可以再来。我们应分兵扼守，以防万一。”于是郭淮留邓艾驻军白水（经四川北境与甘肃东南在白龙江汇合、异源同流的白水江与羌水）北面。三天后姜维派廖化从白水南岸面向邓艾驻地结营。邓艾对将领们说：“蜀军突然返回，我军人少，按常理他应渡河来战；现在他们不筑桥过河，这是让廖化牵制我们，他自己必定从东面袭取洮城。”洮城（指古洮阳县城）在白水之北，离邓艾驻地六十里，邓艾当天夜里秘密出兵直奔洮城。姜维果然渡河前来进攻，但邓艾先期占据，因此得以坚守（参见2.9.2《九伐中原》上），蜀军无隙可乘而退回。朝廷赐给邓艾关内侯爵位，加封讨寇将军，不久升任城阳（治今山东莒县）太守。

对处置匈奴的长远谋划 其时并州境内的南匈奴右贤王刘豹把部族合并成一部，邓艾上书说：“戎狄有野兽之心，没有相亲之义，他们一强大就施行暴力，一旦衰弱就顺附朝廷，故此周宣王时有戎狄侵扰，汉高祖刘邦有平城之困，每当匈奴强盛，就给前面各朝代造成大患。现在南单于虽然留于内地，但他与部属日益疏远，而匈奴在外面的头目威势渐重，应该对他们深加防备。听说右贤王刘豹手下有人反叛，应当乘势将其分割成两个国家，以分化他们的力量。早先右贤王去卑侍卫汉献帝，有功于汉朝，但他的儿子并未继承其业，应当给他加封显号，使其追慕他们先辈的功勋，让他居于雁门，远离其国土分化他们力量，这是守御边疆的长远大计。”邓艾又说：“凡羌胡与汉民同居一处的，应当渐渐将他们分离出去，让他们居于汉民之外，以便尊崇廉耻教化，堵塞作奸犯罪的路径。”大将军司马师刚掌政不久，对邓艾的建议多予采纳施行。

因为历史局限，邓艾对匈奴部族的思想认识并非全部正确，但在当时的条件下他预见到了事情的未来发展趋势，提出了解决这一问题的长远谋划，表现了对北方民族问题的前瞻性思虑，应该对魏国的施政也发生了一定影响。

酬报早年施惠的恩情 邓艾不久改任汝南太守，当年他与母亲举家迁到汝南时，同郡一位吏员之父同情他家贫困，送给他很多财物，邓艾当时并没有感激称谢。这次到此任职，他访求那位厚待自己的吏员之父，听说其本人已经去世很久，于是派官吏前去祭祀，又对吏员的母亲厚加赏赐，还举荐他的儿子做计吏。早年受惠时他没有对恩人表示感谢，那多半是出于贫寒子弟的内心自尊，没有能力偿报的感激在他看来是意义不大的；这次做了地方太守，他才做出了一次自认有意义的感谢，同时也借此表明，自己对他当年施惠的恩情其实是一直珍藏在心的。邓艾每到一地，就开垦荒野为田地，军队和百姓都增加了收成。

对诸葛恪个人前景的预料 253 年二月，吴太傅诸葛恪在上年东兴之战取胜后再次兴师攻魏，他率大军包围合肥新城而久攻不下，被迫退归。邓艾对司马师说：“孙权已死，吴国大臣并不归附，他们境内的宗族大姓都有自己的武装，倚仗势力完全可以独霸一方。诸葛恪刚掌政权，朝中没有众望所归的君主，他不考虑安抚上下，以稳定权力根基，却对外频繁用武，虐待境内民众，集全国军力攻打坚固小城，死者数万人，带着灾祸返回，这是诸葛恪自取灭亡的末日。从前伍子胥、吴起、商鞅、乐毅都曾得到在任君主的信任，君主死后就末日临头了，何况诸葛恪的才能远远赶不上四位贤士，他又不顾虑身边的危险，败亡的日期不远了。”诸葛恪返回吴国，果然被诛杀（参见 3. 3. 2《诸葛恪之死》）。邓艾根据吴国诸葛恪掌政后的作为，正确预料到了其在政治上必然败亡的前景，表明了他对当时社会政治运作机理的深刻把握。

关于奖励农战的政策建议 邓艾升为兖州刺史，加振威将军。他上书说："国家的急务只有农与战，国富则兵强，兵强则战争取胜，然而农耕，是取胜的根本。孔子提出'足食足兵'，食在兵前面。朝廷如果不设爵以劝勉，那士民就没法获得财富储蓄的功劳。现在只要把考绩的奖赏设置在积蓄粮谷的富民方面，那人们的交游之路就会断绝，崇尚浮华的源头就会堵塞。"邓艾是针对当时的现实情况，建议采取国家政策的形式把农耕之功与国家爵位联系起来，以此鼓励普通百姓以农耕之功获取爵位，提升个人身份，从而调动广大民众投身农耕的持久积极性，以增加国家的军资储备。这一建议旨在促进经济发展和增强军事实力，表现了邓艾对魏国统一事业的长远考虑。

1.19（6）蒙冤受害的名将邓艾（中）

出身贫寒的邓艾从屯田的颍川典农纲纪入职做起，凭借自己的聪颖才质和对事业的高度专注，对国家垦田蓄粮、抵御外寇提出了诸多切合实际的规划设想，先后受到司马父子的看重和采纳，同时他在抵御蜀军侵扰的战场上也表现出了过人的用兵之能。《三国志·邓艾传》记述了邓艾其后在淮南平叛，尤其是在抵御蜀国侵扰的西部战场上屡次挫败姜维犯境、守卫国土的事迹，介绍了他在魏国伐蜀征战中舍身冒死穿越阴平道，出奇制胜逼降蜀帝刘禅的不世勋功，表现了他卓越的军事战术才能、蔑视险难的坚强意志对国家事业的无私忠诚。

平定毌丘俭反叛中立功 254年曹髦接替被废黜的曹芳即皇帝之位，邓艾被封方城亭侯。次年魏国镇东将军毌丘俭与扬州刺史文钦图谋反叛，派善于疾行的下属送来书信与邓艾联络，邓艾将使者斩杀，他率兵抄道急行军，抢先到达乐嘉城（治今河南商水东南），建造了浮桥，等司马师统兵到达后就在此驻军。文钦进攻乐嘉而战败于城下，邓艾率军追击至丘头，文钦逃奔吴国。邓艾在获悉毌丘俭反叛的信息后当即以行动表明了自己的立场，他似乎是在没有受到朝廷指令的情况下就迅速奔赴战场，占领要害之地，遏制了叛军行动，为大军的平叛创造了条件，表现了他在军事上的独到眼光和为了国家而无所顾忌的忠诚。

吴国大将军孙峻声称率军十万，准备渡江，魏镇东将军诸葛诞派邓艾据守肥阳（今河南杞县东北），邓艾认为肥阳离敌太远，并非要害之地，于是移兵至附亭（今安徽寿县西南十公里的聚落）驻扎，并派泰山太守诸葛绪等在黎浆（今安徽寿县南）拒敌作战，击退了吴军。这年，朝廷任命邓艾为长水校尉，因打败文钦等战功，进封他为方城乡侯，代理安西将军。

立就西境难以逾越的壁垒　同年七月，雍州刺史王经被蜀将姜维围困于狄道（今甘肃临洮），邓艾率军前往，协助征西将军陈泰解救了王经的部队，姜维退至钟提（故址在今甘肃成县西北）。朝廷遂任命邓艾出任安西将军，假节，兼任护东羌校尉，这是对他西境御敌之功的充分肯定，同时也是交给了他继续守御西部抗击蜀、羌的新使命。其时将领们大都认为姜维的军力已经枯竭，不能再出军了，而邓艾向身边人分析了蜀军具备的五个有利条件（参见 2. 9. 3《九伐中原》下），预料姜维必会再来。不久姜维果然再出祁山，与驻守的魏军发生了后来的段谷之战。由于邓艾的提前准备和准确预料，姜维在段谷交锋中伤亡惨重，他败退蜀国后上书谢罪，自求贬职。

257 年，淮南发生了诸葛诞反叛，姜维利用大批魏军前往平叛的机会，率军队再出秦川，邓艾与雍凉督军司马望统领不多的兵力据守长城（今陕西周至西南 25 公里），双方对峙多日，蜀军没有进攻的机会，只好退兵。朝廷升邓艾为征西将军，前后增邑至六千六百户。五年之后的 262 年，邓艾又在侯和（今甘肃卓尼东北）打败了姜维，姜维退军驻于沓中（今甘肃舟曲西北洛大镇附近）。

朝廷曾在魏蜀段谷之战刚结束后的 256 年下诏说："逆贼姜维连年侵扰，百姓骚动，西境不能安宁。邓艾筹划有方，忠勇奋发，杀死蜀将十多位，斩敌首千余，在江岷流域展现了武力，于巴蜀之地张扬了国威。现任命邓艾为镇西将军、都督陇右诸军事，进封邓侯。"朝廷还划分五百户封邓艾的儿子邓忠为亭侯，作为对邓艾战功的额外奖赏。这是对邓艾守边战功的再一次肯定。

蜀国大将军姜维曾经“九伐中原”，对魏国西境进行了多次的军事侵扰，其中有几次规模甚大，颇成气候。他企图在关中或陇右之地夺取地盘，站住脚跟，然后在此聚集力量，就地取粮，从关中开始对魏国进行大规模的进击。然而，魏将邓艾就像立定在关中边境不可战胜的壁垒，正是凭他对敌情的正确预料和精湛的用兵才能，魏军多次成功挫败了姜维攻城掠地的图谋，使蜀军每次的行动计划一开始就难以实现。等到 262 年姜维屡出祁山的行动停息下来时，蜀国的军事力量已经在长年不断的远途征战中消耗殆尽，为数不多的主战派在其国内已失去了最起码的支持力量，蜀国再也没有了北出祁山的余力，只剩下了被动挨打的结局。秦岭山脉相隔着的魏蜀双方攻守态势的这一根本易位，是魏国几代将领坚守防御的结果，这里包括曹真、郭淮、司马懿、张郃、陈泰等人的奉献，但邓艾无疑是在最后扭转原有态势中出战频次至多且战功为大的将军。

出征西蜀而逼降刘禅 263 年秋，朝廷发诏大军征讨蜀国，大将军司马昭统一调度指挥，兵分三路出击。朝廷的计划是：征西将军邓艾率兵三万余人，由狄道进军，在沓中牵制蜀将姜维的主力部队；雍州刺史诸葛绪率三万余人从祁山（今甘肃礼县东北）奔赴桥头（今甘肃文县东南白龙江边），切断姜维回救成都的退路；另有镇西将军钟会率主力十余万人，从关中穿越秦岭中的斜谷、骆谷和子午谷三条险道，乘虚攻取汉中，然后直趋成都。以廷尉卫瓘为镇西军司马，持节监邓艾、钟会军事。

邓艾派天水太守王颀直攻姜维营地，命陇西太守牵弘等人邀击姜维的前部，安排金城太守杨欣进击甘松（今甘肃迭部东南三十公里）。姜维听说钟会等部已入汉中，急忙退兵返还。杨欣等人追击至彊川口（甘肃西南部西倾山南），双方大战，姜维部队摆脱敌军最终抢先通过桥头，与廖化、张翼等合兵据守剑阁。钟会的军队攻剑阁不下，邓艾上书说：“如今蜀军大受挫折，应乘胜追击。可以从阴平小道经德阳亭（今四川梓潼西北）直驱涪城（今四川绵阳）。阴平在剑阁西百余里，距成都三百余里，由此道出奇兵直攻蜀国心脏成都，死守剑阁的姜维，必定会引兵救援涪城，那样钟会部队就可以沿大道前进；如果剑阁守军不退回，那蜀军涪城的兵力就很少。兵法说‘攻其不备，出其不意’，到时候进攻敌人空虚之地，一定能攻破成都。”这是邓艾根据战场形势变化而提出的制胜蜀军的新战术，其要害是自阴平道直赴南部涪地，以此绕过了姜维的剑阁守御，把战场大幅度推向蜀国腹地。

邓艾进至阴平，欲与诸葛绪合兵南下，诸葛绪不从，领军向东靠拢钟会，被钟会以畏敌不前的罪名押回治罪，钟会的十多万大军被姜维阻于剑阁。这年冬十月，邓艾率军进入阴平道，部队行军七百余里，满是无人之地，将士们凿山开路，架设栈道，此道山高谷深，异常艰险，加之运粮极难，部队一直濒临险境。邓艾用毛毡裹住身体推转而下，将士都攀木缘崖，单行相继，鱼贯而进。他们克服了难以想象的困难，在这里应是一次次地挑战了人们长途行进和生存的极限，凭借坚强的意志和舍生忘死的气概，他们还是朝着既定的目标不断推进。

起先到达江由（今四川平武东南），蜀国守将马邈投降，卫将军诸葛瞻从涪城退还绵竹（治今四川绵竹东南），陈列等待邓艾。邓艾派儿子邓忠率兵从右边出击，司马官师纂率兵从左边出击，二人出战失利，他们退回来说：“进攻难以取胜。”邓艾发怒说：“是生存还是死亡，全在此一战，哪儿有什么不可战胜!”他呵斥邓忠和师纂，不能取胜就将他们斩首。两人领兵返回再行决战，最后大败蜀军，斩下诸葛瞻及尚书张遵等人的首级，进军至雒县（今四川广汉），眼看逼近了成都。

邓艾军队的迅速推进引起了成都士民的一片惊慌，刘禅在城内光禄大夫谯周等人的诱劝催促下写了手札，派使者捧着皇帝印玺见到邓艾请求投降。在钟会十几万大军与姜维部队在剑阁僵持日久打算退兵之时，邓艾依靠自己的出奇战术已在蜀国都城取得了逼降皇帝的意外成功。

1.19（6）蒙冤受害的名将邓艾（下）

263 年秋魏国组织伐蜀征战，征西将军邓艾在战场形势变化、主力部队进军迟滞的情况下，率领自己所属三万将士暗度阴平道，历经七百里艰难险苦，出奇兵进入蜀国腹地，逼降了蜀主刘禅。《三国志·邓艾传》记述了邓艾进入成都受降后坚持对蜀国君臣安抚优待的行为和其间流露出来的骄傲自矜情绪，介绍了他想要乘势胁逼吴国归顺实现天下一统的雄心谋划，以及由此与朝廷掌政人的矛盾冲突，反映了他在失去朝廷信任后蒙受反叛罪名终被同僚构陷杀害的过程，展现了魏国末期一位优秀战将的悲惨命运。

进成都后的得意自傲 邓艾拿到刘禅送来的皇帝印玺和降书后进入成都，刘禅率领太子、诸王、群臣六十多人绑住自己、抬棺至军营拜见。邓艾手执符节，解开绑缚，焚烧了棺材。这是接受投降并表明宽恕对方的传统程式。邓艾约束部众进城后不得抢掠，同时安抚投降归附人员，让他们继续从事自己的旧业，这一切受到蜀人的拥护（参见2.2.1《刘禅执政》下）。依照东汉邓禹接受隗嚣归附的旧例，邓艾还拜刘禅为骠骑将军，太子刘璿为奉车，诸王为驸马都尉，对原蜀国官员根据他们职位高低加以任命，有的成为邓艾的部属。

另外邓艾安排属下师纂兼任益州刺史，陇西太守牵弘等人兼任蜀中各郡太守。他还在绵竹积尸封土，筑台为京观，彰显战功。其中有入蜀战死的士卒，把他们与死去的蜀兵一并埋藏。邓艾这时非常自傲和得意，他对蜀国士大夫说："各位幸亏遇到了我，所以才有现在的官职。如果遇到汉朝吴汉那样的人，早已被杀掉了。"又说："姜维只能一时逞强，碰上了我，他所以毫无办法。"据说这些话当时都引起了有识者的窃笑，是因为他毫无城府地自我夸耀吧。

朝廷获悉邓艾逼降蜀国的消息，立即于十二月发诏说："邓艾振奋武威，深入敌人巢穴，斩将砍旗，擒获了蜀贼首脑，使僭号称帝的人跪地受缚，多年欲收捕诛除，现在一朝而平。邓艾出兵时间不长，交战没有超过一整天，就云散席卷，平定了巴蜀，即便白起攻破强楚，韩信打败赵国，吴汉擒获公孙述，周亚夫灭亡七国，他们的战功完美，也赶不上这样的功勋。"这里在表述上自然有些夸张，但还是真诚地赞扬了邓艾破灭蜀国的硕大功劳。诏书同时提升邓艾为太尉，为他增邑二万户，封他的两个儿子为亭侯，各有食邑千户。对于这次灭蜀之功，朝廷给了邓艾极其厚重的奖赏。

对乘势灭吴的谋划设想 邓艾写信给司马昭说：“用兵有时先造声势然后出征，现在可以乘着灭亡蜀国的取胜之势以消灭吴国，吴人已经震恐，这正是乘势吞并的好时机。然而灭蜀之后，将士疲劳，不能马上用兵，应该延缓些时日。现在可以留下陇右部队二万人，蜀兵二万人，利用蜀地资源煮盐和铸造，为用兵和耕种制作器具，同时打造舟船，作顺流攻吴的准备，然后派使者向吴人晓谕利害，吴国必会归降，我们可不出征而平定吴国。现在还应当厚待刘禅，以便能招致孙休归顺，这即是安抚士民吸引远方百姓的策略，如果马上送刘禅前往京都，吴人会以为将其迁徙流放，就不能劝勉他们的归化之心，应暂且让刘禅停留在蜀地，至少等到来年秋冬吴国完全平定之后。我觉得可以封刘禅为扶风王，赐给他资财，并提供他身边服侍的人，扶风郡（治今陕西兴平东南）原建有董卓坞（即郿坞，在今陕西眉县境内），可以作为他的宫舍，再将他的儿子封为公侯，于郡内各县封给食邑，以此显示归顺魏国后受到的尊宠。我们可以划分广陵（魏之广陵治今江苏清江西南，属徐州）、城阳（治今山东莒县，属青州）为王国，在此地等待吴主孙休，吴人畏惧威势而向往德惠，他们就会望风顺从。”

邓艾试图用不战而屈人之兵的方式完整地吞并吴国，他设想以自己现有掌控的四万兵力，在蜀地就地做好战争的准备，同时利用灭蜀之后的战胜之势，对吴国掌政者威德并施，胁迫和劝诱他们归顺魏国。邓艾在这里是做着顺流进军和武力逼降的两手准备，战争是他设想中的根本手段，他甚至规划了让将士们利用休整间隙以煮盐和铸造来发展生产、准备战争，以及如何示范吸引孙休归降的细节，足显他缜密细致的思维特征。应该说，从军事争战的全局讲，这不失吞并吴国代价最小耗时最短而难觅瑕疵的制胜方案，凝结着邓艾战略谋划和机动用兵的智慧。

与司马昭的矛盾分歧 收到邓艾的灭吴规划，司马昭让监军卫瓘告诉邓艾说：“事情应当等待禀报，不宜擅自决定。”这表面上的意思是，你的规划方案需要请示朝廷和皇帝，我们之间不能擅自决定，但实际上应该是司马昭感觉邓艾进入成都后封官授爵的各种行为，包括对刘禅的私下处置，完全超出了一位将官的职权范围；现在紧接着又要留下军队进行战争准备，他开始怀疑邓艾对司马氏的忠诚度并考虑其尾大不掉的可能恶果。他让人转告邓艾事情不宜擅自决定，更是明白地作出了对邓艾的警告。

邓艾再次写信说："我受命远征，承奉当面授予的指令，首恶者已经归服，至于依照从前的惯例委任一些代理的职务，是为了安抚刚归附的人，我觉得是合于权宜的。现在蜀地整个归附，地土达到南海，东面接邻吴郡会稽，应该提前镇抚安定。如果要等待朝廷指令，道路上定会往复延误时间。《春秋》上的大义，士大夫出了疆域，有能够安定社稷、利于国家的事情，可以自行专断。现在吴国还没有臣服，他们与蜀国命运相连，对此不能拘守常规而失去解决的机会。《孙子兵法》上也要求为将者"进不求名，退不避罪"，我邓艾虽然没有古人的节操，但绝不会为了自我避嫌，就做出有损国家的事情。"这等于公开告诉司马昭：我自己的方案完全正确，为了实现这一有利于国家的事情，我将毫不顾忌地坚决实施。这分明是公开和司马昭唱起了反调，矛盾已到了无法调和的地步。

在剑阁驻军的钟会已经接受了姜维的受命归降，他截获了邓艾给朝廷的上书，又利用自己善于仿效他人笔迹的特长做了改动。他与胡烈等人密报司马昭，说邓艾有反叛之意。司马昭命令钟会进军成都，预防邓艾有变，钟会于是派卫瓘先到成都拘捕了邓艾，将其以槛车送归。《魏氏春秋》记录，邓艾被囚禁时仰天长叹说："我邓艾忠诚于国家，反而到了这个地步！白起的遭遇，又在今天呈现了。"事情恶化的结局的确出人意料，不能明确邓艾的二次上书究竟是否属于他的原作，所以无法估计钟会在其中起到的诬陷作用究竟有多大。

一代良将蒙冤被杀　钟会到了成都，他在降将姜维的引诱挑唆下谋图割据西蜀（参见 1.14.3《钟会的成长与作为》下）。钟会作乱而被魏军将士杀死后，邓艾的本营部属前往追赶槛车，准备将其迎回成都。卫瓘派田续赶去杀掉邓艾，当初邓艾穿越阴平道到了江由，认为田续进军不力，要将他斩首，后来又宽免放弃。卫瓘派遣田续时对他说：“你可以报江由时所受的侮辱了。”田续在绵竹西赶上了槛车，将邓艾与儿子邓忠一并斩首，邓艾其余的儿子不久在洛阳也被处死，他的妻子和孙子被流放至西域。

根据史书所载，邓艾 208 年举家迁到汝南后给人放牛养犊时十二岁，据此推知他应该出生在 197 年，按古人的计龄法，到 264 年正月被害时应为六十八岁。邓艾在他自己的职业生涯中为国家提出了诸多被采纳实施的军政战略规划；他以多次取胜的战功扭转了国家在西境一味被动防御的战争态势；并在远方征战中孤军深入，取得了历史上以奇兵逼降敌国整体的罕见胜利。一代名将邓艾刚刚提出了吞并吴国的战略谋划就蒙冤被害，血溅蜀土。他壮志未酬遭戕杀，魏国未能等到三分归一的实现，世人无缘欣赏一位天才军事家在三国末期东扫江南如卷席的战争精彩。

1.19（6）蒙冤受害的名将邓艾（末）

魏国优秀将领邓艾既是运筹帷幄的谋略家，又是善于统兵征战、英勇拼杀的战将，他在战略谋划、机动用兵和率军实战方面都表现出了卓越的才能，263 年冬他率部逼降蜀国后，着手东灭吴国的战略准备，不幸遭受上级和同僚的误会和诬陷，被强加罪名，次年正月受害。《三国志·邓艾传》及其引注，及《晋书·段灼传》记述了邓艾蒙冤离世后十多年间，代魏而立的晋国君臣对其持有的态度转变，介绍了邓艾原部属对其生前功绩品格的追忆赞扬和向晋帝司马炎表达出来的平反要求，从中能看到邓艾身后名誉恢复的曲折不易。

邓艾被害一年后的 265 年，司马昭的儿子司马炎逼迫魏帝曹奂禅位，建立了晋朝（参见 1.9.4《禅让帝位》），晋武帝司马炎下诏说：“过去魏太尉王淩谋划废黜齐王曹芳，曹芳后来果然未能保守帝位。征西将军邓艾，骄于战功而失为臣之节，实在应该受到极刑，然而他收到槛车送回的诏书时，打发走身边的人，自己束手受缚，比起那些为了求生而反叛作恶的人实在是大不相同。现在国家大赦，他们流放的家属可以返还，如果没有子孙，就听任他们自己选立后嗣，让邓艾的祭祀不要断绝。”

司马炎的诏书似乎是为建国时照例要进行的全国大赦而发布的，他这里并没有认可邓艾的无罪，只是找了一个受捕前没有反抗的可赞点，表达了允许家属从流放地返回的有限赦免。淮南反叛的王淩和蒙冤受害的邓艾两人所涉事情的性质是完全不同的，司马炎在这里把两人相提并论，无非是要刻意表明朝廷对反叛者的宽大意向不是针对邓艾一人的，他要避免对邓艾的有限宽免可能引起的民情反弹。邓艾在军政两界任职多处，他与普通士民都有较好的感情，司马炎大概知道邓艾的蒙冤及其造成的民情不满，但他在这里既要安抚民情，又要平抑民情。

267 年，晋国议郎段灼上疏向司马炎专门谈论邓艾一事。段灼自邓艾257 年任征西将军后一直为将军府掌管军事事务的司马，后来跟随邓艾破蜀有功，受封关内侯，在晋朝升为议郎。他为邓艾翻案说：“邓艾内心忠诚国家而背负反叛恶名，平定了巴蜀反受杀灭惩处，我内心深感悲伤。说邓艾反叛，真是天大的冤枉！邓艾生性刚急，做事不被人们认可，不能协调和朋友同事的关系，所以事情一直得不到重新审查，我敢声称邓艾从无反叛行为。先前姜维有占领陇右的野心，邓艾整修设备严加防守，储粮而强军，碰上大旱凶年，邓艾亲手沤泡种子，他身被黑衣，手执耒耜，率领将士耕种，他和士兵互相激励，无不尽力。邓艾以持节之权威镇守边境，统领几万人，他经常参加仆役那样的苦力劳作，与普通士民一起耕种，不是出于对国家的忠诚勤奋，谁能做到这些。当年狄道、段谷等战役，他率军以少敌多，打败蜀军，先帝（指司马昭）知道他的军事才能，认为他有谋略，所以伐蜀时授予他重任和权力，邓艾受命而忘身，他在阴平道所领步兵不到两万，山高谷深，只好束马悬车，自趋于死亡之地，将士们跟随他乘势进军，终使刘禅君臣屈膝归降。邓艾当时功成名就，可以写在竹帛，传之万世。他七十岁的老者，还有什么所求！邓艾倚仗朝廷的养育之恩，内心坦荡不疑，他按照前代旧例做事，为此假托朝廷而矫命，为了暂安社稷，虽然有违律令条目，但有合于古义的一面，推论人的内心动机而定罪，原本就是可以讨论的问题。钟会忌讳邓艾的战功和威名，对其诬陷构罪，致使忠勇者受诛杀，诚信者被怀疑，头悬于马市，几个儿子同时并斩，见到的人垂泣，听到的人叹息。”

段灼追忆了邓艾的功绩，表明了邓艾的忠诚，然后接着说：“陛下接受帝业建立晋国，展现了弘大气度，宽赦了几位有罪之家，对受诛者的家属，不拘前嫌而任用。过去秦国百姓同情白起无罪，吴人伤感伍子胥蒙受冤屈，都为他们在当地立祠，现今天下民众为邓艾而痛心，也是同样的情况。我以为邓艾身首分离，被抛弃于荒野，应该收葬其尸首，归还他的田宅，根据平蜀之功，分封他的孙子，使他在闭棺时有明确的谥号，死无余恨。朝廷赦冤魂于黄泉，定会收信义于后世，葬一人使天下仰慕他的行操，埋一魂使天下追随他的大义，做的事少，但喜悦的人很多。”

段灼这里提出的是要为邓艾作彻底平反，《晋书》中说，司马炎看了段灼的上疏，“甚嘉其意”，很赞赏他的心意，但仅此而已，没有了下文。到了 273 年，司马炎下诏说：“邓艾有功勋，他蒙受罪责时不逃避刑罚，而子孙身为平民奴仆，我时常同情他。现在任命他的嫡孙邓朗为郎中。”段灼上疏六年之后，不知司马炎出于什么原因，他表明自己同情邓艾的遭遇，进而为邓艾的孙子安排了朝中的普通职位。

邓艾守御魏国西境时，常整修关隘边塞的设施，筑起城坞。约自 271 年后，北方鲜卑、匈奴部落开始叛乱，他们不断杀死凉州刺史，该州通向内地的道路中断，许多吏民依凭邓艾当年修筑的城坞，得以自保安全。《世语》中记录，大约 278 年前后，积射将军樊震被任为西戎牙门将军，是要去驻守西部，他入朝辞别皇帝司马炎，司马炎询问他的职场经历，樊震说到曾经在邓艾伐蜀时担任其帐下将官，司马炎于是向他询问邓艾有关的事情，樊震随即陈述邓艾对国家的忠诚，边说边流泪。司马炎本来已任邓艾孙子邓朗为丹水（治今河南淅川西南三十公里的丹江北岸）县令，与樊震谈话后遂改任邓朗为定陵（治今河南郾城西三十公里）县令，将他从边境任职改任到靠近京城的地区，作为对邓艾后嗣的一点关照。

司马炎应知道邓艾受害时的情况，他在晋国执政后不断听到士民关于邓艾蒙冤的议论以及对其平反的要求，也曾公开表达过对邓艾的怜悯同情，为此不时给邓艾的家属和子嗣施以恩惠，送上些关照，但始终没有拿出为其平反的行为，甚至没有表达过平反的意图，其中的重要原因就在于造成这一冤情的权力当事人是他的父亲司马昭，完全取掉邓艾反叛的罪名而为其平反，等于公开认可了司马昭兔死烹狗的无情与错失，这是司马炎当时难以做到的。

当初邓艾在263年受命伐蜀时，他梦见自己坐山上而有流水，为此询问殄虏护军爰邵。爰邵说："按《周易》卦象，山上有水称蹇，蹇爻说：'蹇利西南，不利东北。'孔子撰彖辞说：'蹇利西南，前往会有成功；不利东北，是返回东北困穷不通。'您这次伐蜀必胜，大概不能返还了!"邓艾听后感到失望不乐。蜀国是在魏国的东南方，古人的解梦和占卜各有独立的方式，两者原本互不相涉，爰邵这里把邓艾梦境中的要素拉入周易卦象来看待，尽管其取象方法与常规不合，而这里的解释还是合乎《周易》原意的。因为这一解梦结论与后来事情的现实结果正相吻合，所以被相关资料记录下来，本传中对此事予以采用，意在表明邓艾的蒙冤受害是早有的命运定数，这在客观上也消减了邓艾冤情制造人本应承担的责任。

史家陈寿评论说："邓艾为人刚毅而强壮，他一生成就事业，建立功勋，然而却昧于预防自身的祸患，所以很快招致身败名裂。邓艾能料知吴国诸葛恪的败亡，却不能就近看见自身的问题，这就像人的眼睛能看见远处的毫毛而看不见自己的睫毛一样。"这里对邓艾一生的功业作了充分肯定，对他的蒙冤受害表达了深切同情，同时认定悲惨的个人结局本来是可以避免的，以此提醒那些热衷追求功名的人们要看到自身的弱点和不足并作出预防。

1.19（7）鲜卑头目轲比能

在幽州、并州北部居住着若干少数民族，他们和中原汉民有着不同的文化状态和生活习俗，历来被视为蛮夷之族。东汉末期，鲜卑族开始在北方强盛，占有广大的草原和沙漠，不时进入汉民居住区抢掠，在三国时代，他们和魏国的军事冲突更加频繁。《三国志·乌丸鲜卑东夷传》及其引注《魏书》《魏略》介绍了诸多少数民族在当时的繁衍发展及其与中原汉民的交往，内容极其丰富而庞杂。这里仅仅选取鲜卑族群的强盛历程，及后来的部落头领轲比能等人与魏国交往略做考察，对三国时代的民族关系做些大致了解。

鲜卑的源起与强盛 鲜卑是东胡的余种，一直住于鲜卑山（今内蒙古科尔沁右翼中旗西），所以以“鲜卑”称呼，曾被匈奴冒顿赶至辽东塞外。东汉初年南北匈奴互相攻伐，两相消耗，鲜卑开始逐渐兴盛。他们入塞攻杀代郡官员，汉军与南匈奴、乌丸（又作乌桓）联合击败鲜卑，后有十万多鲜卑人在辽东各地居处，自称鲜卑兵。

当时有一个叫投鹿侯的鲜卑人，他当初从军三年，妻子在家中却生了孩子。投鹿侯回来后感到奇怪，想杀掉孩子，妻子说：“曾经大白天走路听到雷响，抬头仰看时有冰雹掉进嘴里，就吞了下去，于是怀了孕，十个月后生下孩子，此子生得奇异，应该抚养长大。”投鹿侯并不相信，妻子告诉了娘家，让他们收养，取名为檀石槐。檀石槐长大后勇敢健壮，智略绝众，他十四五岁时，另一部族的头目卜贲邑掠夺走外祖父家的牛羊，檀石槐骑马追去交战，所向无敌，把抢去的牛马全部追还，自此部落众人都对他敬畏和信服。檀石槐制定法令，审理诉讼，没有人敢违犯，于是被推举为部落头目，称为“大人”。檀石槐在代郡治所高柳（今山西阳高）以北三百多里处建立王庭，东西部的大人都先后归附，他兵强马壮，非常强盛，于是趁势南掠汉境，北边的丁零，东边的夫余，西面的乌孙等小国都被他打退侵占，于是开辟了东西长达一万四千多里、南北七千多里的广大地盘。他还把所占地土分为中、东、西三部，分别任命了几位大人。

檀石槐四十五岁时去世，继立的儿子贪淫而不公，引起部落相争。十多年后步度根代立，其时的鲜卑已经力量稍弱。轲比能就是成长于这个时期。

轲比能的崛起与反叛 轲比能出生在鲜卑的一个小部落，因为他强健勇敢，执法公平，不贪财物，被众人推举为部落大人。该部落靠近汉朝边塞，自从袁绍占据河北后，有很多逃亡的中原人归附，轲比能教他们使用兵器，他自己也学到不少汉字和文学，所以他统领部众模仿中原人的方法，外出打猎时打着旌旗，以击鼓的节奏作为进退命令。

曹操205年平定幽州后，步度根与轲比能都通过护乌丸校尉阎柔向东汉朝廷进贡。211年曹操西征马超、韩遂等关中叛军，田银在河间（治今河北献县东南）反叛，轲比能率三千多骑兵，随阎柔平定田银叛乱，他这时似乎是朝廷的支持力量。218年代郡北部乌丸有部落反叛，请求归顺扶罗韩，中途担心扶罗韩力量弱小，于是另派人向轲比能送信，轲比能马上派万余骑兵前来迎接，并率军协助乌丸叛者作乱，他们在盟会上杀死了扶罗韩，收降了扶罗韩儿子泄归泥所属的部众，反叛一时形成气候。曹操任命鄢陵侯曹彰为骁骑将军，率兵北征，大败鲜卑和乌丸联军（参见1.6.1《特能作战的黄须儿》）。轲比能在此遭受了汉军的打击，由此退出塞外。

对魏国的矛盾游移态度 220年初，轲比能派人向朝廷献马，刚刚继位魏王的曹丕封轲比能为附义王。221年，轲比能将住在鲜卑的五百余家魏国人驱赶出来，让他们回代郡居住。次年轲比能率部落三千多骑兵，驱赶牛马七万多口与中原通商，并派一千多家魏国人居住在上谷（其时治所在今河北怀来东南）。

后来轲比能与东部鲜卑首领素利及步度根三部发生争斗，互相出军攻击，素利向乌丸校尉田豫求救，田豫调和他们的关系，让他们不要相互侵害。224年轲比能进攻素利，因为素利的请求，田豫于是单独率领精锐士兵，深入到鲜卑控制的地区（参见1.18.10《北疆制敌的田豫》上），轲比能让另一小头目琐奴迎击田豫，田豫将他们打败，轲比能又对魏国怀有二心。轲比能面临着内部族群间的冲突，他幻想借助魏国的军威和声势获得支持；但中原朝廷始终不愿扶持起一个一家独大的部落，当轲比能在现实中得不到他幻想中的支持时，就会疏离于中原朝廷，甚至做出反叛行为。

轲比能的诉求和魏国的应对 轲比能给辅国将军鲜于辅写信说："我们夷狄人不识文字，所以校尉阎柔向汉朝天子介绍保举我。我与素利一向有仇，前年攻击他，而田校尉（指田豫）却帮助素利。我在临战时派遣部下琐奴前往对付，后来听说使君您到来，即引军退回。步度根多次抢掠偷盗我的部落，又杀了我的弟弟，却诬陷说我抢掠偷盗他的部落。我们夷狄人虽然不知礼义，而兄弟子孙接受了天子颁给的印绶，牛马尚知水草之美，何况我们有人心呢！将军您应当在大魏天子面前保护我。”轲比能在这里毫不拐弯地表达了自己内心的诉求，他们丝毫不懂得汉族人为保障边境平静所形成的心中韬略。鲜于辅收到书信后送给曹丕，大概鉴于轲比能心底的坦直，曹丕让田豫对轲比能再行招纳安慰之策，就是说不要把他们一味当作敌人来看待。

轲比能的统众方式与效果 轲比能的部众逐渐强盛，手下能射箭参战的骑兵十多万，已经全部占有了原匈奴的故地。每次作战获得的财物，他平均分给大家，并当场分完，不给自己私下留存，所以部众对他愿意以死报效，鲜卑其他部落的大人都敬畏他。由于文化心性的单纯，统领鲜卑民众看来采用一些简单的方法就足够了，轲比能把他公平和无私的理念贯穿到生活和物质分配的方面，并采用有效的手段保证实施，就赢得了众心。史书上说，轲比能的势力和影响还赶不上檀石槐，这可能是由于历史环境的不同，当然也应该与两人的勇力和智略差别有关。

战争与和好两种方式并用 曹叡执政时的228年，田豫派遣翻译官夏舍到轲比能女婿郁筑鞬的部落，夏舍被郁筑鞬杀害。这年秋天，田豫统率西部鲜卑蒲头、泄归泥出塞讨伐郁筑鞬，大获全胜。田豫返回马城时，轲比能率三万骑兵将田豫围困七天。上谷太守阎志是阎柔的弟弟，历来为鲜卑人所信任，阎志前往解释劝说，轲比能才解围离去。

后来幽州刺史王雄兼任护乌丸校尉，对鲜卑采取安抚恩信之策。轲比能多次入塞，他在231带着部属和丁零部落头目儿禅到幽州进贡。而在同年，蜀汉丞相诸葛亮再出祁山，北征曹魏，轲比能受引诱兵屯石城（今陕西富平、耀州一带），与蜀国遥相呼应（参见2.3.9《射杀张郃的祁山之战》）。曹叡命牵招适时进讨，在诸葛亮退兵后，轲比能遂返回漠南。能够看到，经过了多年的交往，轲比能对中原朝廷的态度仍然处在游移状态，他有和平与战争的两手，为了争取到眼前看得见的利益，他可以随时拿出任何一手应对南方的时局。这当然也是从汉人那里模仿学习得到的。

轲比能的最后结局 233年轲比能引诱步度根，使其在并州反叛，他们双方结好和亲，轲比能率领万余骑兵在井陉之北迎接步度根的家口资产。并州刺史毕轨遣将军苏尚、董弼等率部阻击，轲比能遣儿子领骑兵与苏尚等在楼烦（治今山西宁武附近）会战，临阵杀死了苏尚、董弼。曹叡派遣秦朗率领中军出讨轲比能和步度根，最终二人败走。尽管如此，事情本身已经表明，鲜卑强人轲比能是难以用安抚方式让他真正臣服的，他已成了导致北方边境难以稳定的重要根源。

235年，幽州刺史王雄派勇士韩龙刺死了轲比能，史料中没有记述谋刺的具体过程，只是说，事后改立他的弟弟为部落头目。至此，三国时代鲜卑部族的一位军事强者被中原人士除掉了，他们的部族又进入了分崩散乱、互相侵伐的时期。

1.19（8）域外族群的异样生活文化

三国历史是中国社会演进的一个阶段，像其他各个时期的社会发展一样，它是人类一定阶段上文明推进的有机部分而不是全部。史书的许多篇章涉及魏、蜀、吴三国与鲜卑、乌丸、西羌、夷州、澶洲等不同人种的交往，而就当时中原人的视野言，周边并存的还不止这些族群。《三国志·乌丸鲜卑东夷列传》及其引注介绍了其他一些与中原很少交往的族群和国家，叙述了他们的历史起源、重要人物、生活习俗及对外交往，了解其中极有特点的内容，可以看到社会文化进步的不同形式和人类文明的多样性。

夫余的风俗与历史 夫余（今松花江中游平原上的部族政权），又作扶余，在长城北边鲜卑之东，高句丽之北，弱水（黑龙江）之南，方圆二千里，有八万户人家。这里的人长得高大，生性勇敢忠厚，不抢掠。国家有君主，用六畜作官名，如马加、牛加、猪加、狗加等，国中议事聚会，连日吃喝跳舞，称为“迎鼓”，这时候赦免犯人，不判罪犯。平常用刑严厉，杀人者处死，收其家属为奴婢，偷盗一物，责打十二；男女淫乱、妇人妒忌都处死，死后尸首被抛在南山上直至腐烂；女方家想带回尸首，必须交出牛马来换；官员死后，夏天用冰冻起来，杀人殉葬，多达百人。通常停丧五月，以时间长久为荣，办丧事的主人不想迅速结束，其他人只好强迫；吊丧的男女都穿纯白之衣，妇人摘去环珮，大体与中原相似。如遇到天灾而粮食减产，都会归咎给王，有的说换掉王，有的说该杀王。

《魏略》中记录了夫余的一段旧史：早先北方有高离（疑为高丽）国，国王的侍婢怀孕，王要杀她，侍婢说："有团像鸡蛋那么大的气掉在身上，我因此怀孕。"其后生下儿子，国王把他扔进猪圈，猪用嘴向他吹气，后来扔到马栏中，马向他吹气，一直未死。国王怀疑他是天之子，就让其母亲收养，起名东明，长大后让他牧马。东明善于射箭，国王怕他夺了自己国家，准备将他杀死，东明于是远走离去，向南到了施掩水，他以弓击水，鱼鳖浮出水面搭成桥，东明由桥渡水到了对岸后，鱼鳖散去，追兵不能渡过，东明后来在夫余建都称王。

高句丽绝奴部生活婚俗　高句丽在辽东以东一千里，南边有朝鲜，东边与沃沮，北边与夫余相接。其时在丸都（今吉林集安）山下立都，方圆二千里，三万户人口。绝奴部为五部之一，其地高山深谷，没有平原和沼泽，国家东部有个大洞穴，叫隧穴。十月国中集会，迎接隧神，在国东部祭祀。没有监狱，如果犯罪，由众人评议，然后杀死罪犯，收没其妻子儿女为奴婢。男女双方口头定婚后，女家到屋后盖个小屋，称"婿屋"。女婿傍晚来到女家门外，报上名字并跪拜，请求与女孩同宿，再三恳求，女方父母则同意他们到小屋同宿。他们积蓄钱财，等生下的儿女长大后，才领着妇人回家。

沃沮人的风俗与传闻　东沃沮（今朝鲜咸镜南道）又称南沃沮，在高句丽盖马大山的东边，濒临大海，地千余里，北与挹娄、夫余接壤，有五千多户人家。这里土地肥美，背山向海，适宜耕种五谷。女子十岁时许配人家，男方迎至家中长期养育，到了成年，再送还女家，女家收取钱财，等收取完毕，才重新回到女婿家。安葬人制作一个大木椁，长十多丈，开一头为活动门户，刚死的人先暂埋，只盖住形体，称为"假埋"，等到皮肉蚀尽后，再取出骨殖放在椁中，全家共一椁，把以前去世的人刻成木形，相伴共同安葬，又在瓦器中放置谷米，用绳子悬在椁门旁边。

北沃沮（今图们江流域一带）距南沃沮八百余里，南北风俗相同。246年魏将毌丘俭打败句丽王宫，派玄菟太守王颀追讨，追过沃沮千余里，直至肃慎氏（约今东北长白山一带的古国）南界（参见1.19.3《举旗征讨司马师的毌丘俭》），王颀当时到了北沃沮之东，询问一位老者说："海东面有人居住吗?"老者说："当地有人曾乘船捕鱼，遭遇大风，被吹走几十天，到了东面一岛，岛上有人，言语不通，他们每年七月取童女沉入海中。"又说："有一国家也在海中，只有女人而无男人。"还说："发现一位平常百姓，从海中浮出，身上穿着像皇宫宦官的衣服，两袖长三丈。另发现海边一条破船，内中一人头顶有面容，语言不通，那人不食而死。"老者所说的事情都在沃沮东边的大海中。

挹娄人的生活与婚丧 挹娄（长白山北，松花江黑龙江下游）源于肃慎，在夫余东北千余里，东濒大海，南与北沃沮相接。这里的人有力气，擅长射箭。其弓长四尺，力如弩，矢用楛，长尺八寸，青石为镞，都是古时肃慎国流传下来的（参见1.5.9《面对的民族事务》）。土地多山险，人们居处山林之间，习惯穴居，大户穴深至九组阶梯，以多梯为好。喜好养猪，吃猪肉，穿猪皮。冬天用猪膏涂身以御风寒。夏天则赤裸身体，用一尺布遮挡前后。他们在居住的中央挖坑为厕，人就住在厕坑周围。范晔在《后汉书》相关部分也说到这些情况，并提到该国婚丧习俗：男子以毛羽插到女子头上，女子同意就跟着男子归家，然后送礼娉娶。死了的人当天就埋葬在野外，用木头做成小棺椁，同时杀猪放在上面，作为死者的粮食。父母死去，男女都不哭泣，哭泣的人被认为不强壮。如果偷盗，无论多少都会被处死。

涉貊与弁韩的异样生活 涉貊（今朝鲜临津江流域以东至海）北与高句丽、沃沮相接，东尽于大海，户口二万。这里多忌讳，同姓不婚，因病死亡的就抛弃旧宅，另作新居。会用麻布、蚕桑作绵，不以珠玉为宝，如果村落间相侵犯，就罚责牲口牛马，称之为责祸。杀人者偿命，寇盗少。常在十月祭天，其时昼夜饮酒歌舞，称为舞天，又把虎当作神来祭。制作的矛长三丈，数人共持之，善于步战。

韩在带方（今朝鲜凤山附近）之南，东西以海为限，南与倭接，地方约四千里。有马韩、辰韩、弁韩三种。弁韩土地肥美，适宜种植五谷及稻，会蚕桑，作缣布，能乘驾牛马。以大鸟羽毛送死，含意是想使死者飞扬。其地产铁，在各市场上买东西都用铁，就像中原用钱一样。人们喜欢歌舞饮酒。有瑟，弹之有音曲。生下孩子，便以石头压其头，想要孩子头扁。男女都文身。走在路上相逢，都会站下给对方让路。

倭岛的狗奴国与女王国　倭（指日本）在带方东南大海中，依山岛为国。有百余国，汉时有来朝见的，魏末时经翻译交往的有三十国。所居之岛，有的方四百余里，土地山险，多为深林，道路像禽鹿之径，人们吃海物生活，乘船在南北市场买进粮食。其南部有狗奴国，当在会稽、东冶（治今福建福州）东面。倭人喜好捕鱼蛤，男子无论大小都黥面文身，以避水中大鱼蛟龙之害。男子穿衣为横幅，妇女衣服就像单被，中间穿个孔，从头上套下去。人死后有棺无椁，封土起坟，死后停丧多天，当时不吃肉，丧主哭泣，他人歌舞饮酒。安葬后，全家到水中澡浴。

其国本以男子为王，180 年前后倭国乱，长时间相攻伐，于是大家共立一女子为王，名为卑弥呼。女王崇尚鬼道，能惑众，她年已长大，没有夫婿，有一位男弟辅佐治国，自为王以来，很少有人见到她，有婢女千人侍奉，唯有一个男子给她供饮食，出入传令。居处有宫室楼观，城栅设置严谨，常有人持兵器守卫。女王不时与中原魏国带方郡有使者往来。

女王卑弥呼与狗奴国男王卑弥弓呼一直不相和睦，148 年王颀到带方郡任太守，女王派使者到郡府诉说相互攻击的情状。不久卑弥呼死，倭国为其制作了大冢，直径百余步，殉葬奴婢百余人。稍后改立了男王，但国中不服，又再次相互诛杀，千余人被杀死。又复立卑弥呼的宗女、十三岁的壹与为王，其国方才安定下来。

陈寿称本篇的撰述是随事而记，未循常例。这里可能有资料采撷、事实转述和撰著者理解等多方面的不足，但其中介绍了域外族群异样的社会风俗和文化状态，尚能开阔人们的历史视野，了解异样的生活习俗，表征人类文化的异样。

1.20 拥有特长技艺的奇士

在传统社会，人们展示才智的手段大多表现在治国平天下的方面。做个出谋划策的辅臣或者英勇征战的武将，是大多功名之士立身社会和实现理想的普遍方式。然而社会生活是丰富多样的，人类的需要和个人才智的展示不限于治平方面，在与政治军事没有直接关系的地方，任何时代都不乏出类拔萃的奇士。《三国志·魏书·方伎传》记述了中原魏国拥有这样特长技艺的五位奇士，他们以自己的技能和才艺为时代增添了色彩。

1.20（1）善于看相的朱建平

生活在世界上的人们最为持久关注挂念的可能莫过于自己的人生命运，其中的吉凶祸福、事业功名乃至生命年寿无不使人思虑难得并恒久在怀。适应这种需要，出现了一种表面上极为简易的看相之术，这是根据人的面部特征来观察测定其命运中迷惑难解问题的神秘方法。《三国志·朱建平传》作为方伎列传中的部分，介绍了朱建平以神秘相术预测人们职场前景与生命年寿，并且大多得到结果验证的事实，从中能感到相术的神奇和神秘，并形成不少疑惑。

朱建平，沛国（今安徽省）人。他精通相术，在街巷之间为人相面，效果多被验证。曹操213年当了魏公，他听到关于朱建平相面以及多被验证的事情，即征召朱建平任郎官。曹操应是不否认乃至多少有点相信这种事情，他是把朱建平作为一位突出人才储备在自己身边以备随时使用，但资料中没有看到他临逝七年间与朱建平的交往。

当时曹丕担任五官中郎将，有一次他邀请三十余人饮宴，朱建平在座，曹丕向他询问自己的年寿，朱建平说："将军您的寿命应是八十岁，到四十岁时会有小灾难，希望多加小心。"当时朱建平还为其他宾客看相，他对夏侯威说："您四十九岁时位至州牧，但会有灾难，若能避过此难，可以活到七十岁，位至公辅。"他对应璩说："您的寿命是六十二岁，可以位至天子身边侍从，到时会有灾难发生。去世前一年，会独自看见一只白狗，而别人看不见。"又对曹彪说："您会身居藩国，五十七岁时会受刀兵之灾。应妥善预防。"

当初，颍川的荀攸、钟繇与朱建平关系很好，荀攸先去世，孩子还很小，钟繇帮助荀攸料理家事，想把荀攸的妾嫁出去，给人写信说："我和荀攸曾经一同让朱建平相面，朱建平说：'荀君虽然年少，但是他的身后事得托付给钟君。'我当时开玩笑说：'只是把你的妾阿骛嫁出就是了。'没想到荀攸果然先逝去，戏言成真了！今天想把阿骛嫁出去，让她有个好归宿。回想朱建平相术的神妙，即便古代相人名家唐举、许负也不过这样。"

荀攸信中提到的唐举是战国时候的相术名家，《荀子·非相篇》中说："当今社会上，梁国有唐举，他观察人的形状颜色，就能知道其人的吉凶妖祥，人们都称赞他是古代所没有的人物。"可见唐举在战国时看相术的影响之大。许负的看相，司马迁在《史记》中介绍汉高祖刘邦的薄夫人、汉景帝属将周亚夫时都曾提到，许负看相说薄姬会生下天子，果然生下的刘长，即后来的汉文帝；他相周亚夫说三年后会封侯，八年后为丞相，九年后会被饿死，后来事情全部应验。荀攸把朱建平看作比唐举和许负还要本领高强的人，能感到朱建平生前以相面之术在社会上赢得的巨大名声。

226 年曹丕已经做了六年皇帝，其时四十岁，他身患重病，对身边的亲信和家人说："朱建平说我能活八十，是把昼夜加起来说的。我现在明白年寿到头了。"后人理解曹丕的意思是，他做事情不分昼夜，在一天中做了两天的事，一昼一夜活了两天，所以他自己明白四十岁应是耗了八十年寿命，自己生命应该终结了（参见 1. 4. 23《生命戛然而止》）。曹丕到临终始终没有怀疑朱建平的预测，果然他不久就去世了。

夏侯威是夏侯渊的儿子，时任兖州刺史，四十九岁这年的十二月上旬，他得了重病，想到朱建平的预言，自己认为必定会死，于是预先立下遗书，并预备了安葬的后事。到该月下旬病情更重，但后来竟好转痊愈。三十日傍晚，夏侯威请府中主管准备酒食，对大家说："我的灾难就要过去了，明天鸡叫，我就该五十岁了，朱建平警戒我四十九岁要预防灾难，看来就要过去了。"夏侯威在酒席散后送走了客人，刚闭上眼睛休息，突然病情发作，半夜死去。朱建平在预测夏侯威的病情时说了两种结果，夏侯威在病情好转时认为自己避过了灾难，已导入了第二种结果，但最后终究还是兑现了第一种预测结果。

应璩在曹芳为帝期间升任了侍中，他时年六十一岁，有次在宫中值班，他看见一条白狗，询问别人，都说没有看见什么。于是应璩与友人频繁聚会，并在四处田园游玩，吃喝娱乐。过了一年多，六十二岁时去世。当应璩升任侍中并独自看见了一条白狗时，他应是完全彻底地相信了朱建平的预测，既然自己六十二岁时生命到头，只剩下了一年时日，他于是就转而选择了吃喝玩乐、自我放纵的生活态度，在特定的价值观作用下，他是要以此减少个人生命中的某种遗憾。曹彪是曹操的儿子，后来被封为楚王。在251年五十七岁时，王淩联络他准备废黜少帝曹芳，属于合谋反叛。不久司马懿收捕了王淩后，朝廷下诏将曹彪赐死（参见1.6.6《"反叛"朝廷的白马王》）。对照许多年前朱建平对几人的预测，其相面的准确性似乎是显而易见的。

朱建平类似于这样的预言，无不应验，不能完全列举，只能粗略记述几件而已。只有对司空王昶、征北将军程喜、中领军王肃的预言与实际有差失。王肃六十二岁时得了重病，医生都说治不好了。夫人问有什么遗言，王肃说："建平曾说我会活到七十多岁，位至三公，现在都没达到，有什么担忧的呢！"（参见1.14.6《青出于蓝的王肃》下）但王肃竟然还是当年去世了。看来朱建平的相面预言也并不是百分百地能够得到验证，其中也有不少错失。

朱建平还善于相马。曹丕有次外出，牵来一匹马骑，朱建平在路上看见后说："看这匹马的相，今天会死的。"曹丕正要上马，而马不习惯曹丕衣服上的香味，惊起，用牙咬曹丕的膝盖。曹丕大怒，当即把马杀死了。

朱建平在223年前后去世，据说著有《相书》，当时有人为《文选》作注时曾有应用。他的相术著作已经亡佚，后世并不知道这一技术方法的奥秘所在，更是不能理解这一方法的依据，看来至今仅仅能作为可以传述和渲染而难得确信的奇异现象。

1.20（2）半为神仙的管辂（甲）

卜筮是古代社会流传久远、影响颇大的一项预测技术，或可称为方术。其理论依据和技术方法直接源于《周易》。魏国学人管辂对《周易》等经典有自己独特的理解和发挥，对其中的卜筮方法也有精到的把握，他在民间曾给各类人物作占卜预测，造成了极大的影响，因而成了三国时代最为出名的方术大师。《三国志·管辂传》和西晋管辰撰写的《管辂别传》（又称《辂别传》）及其他引注资料用较大的篇幅文字对管辂一生四十多年间的成长生活经历、卜筮预测的奇异事迹，以及他的某些思想理念做了记录叙述，从中能看到卜筮预测的神奇，了解这一文化现象的神秘性。

从爱好中生长出的特长　管辂，字公明，平原郡平原（治今山东平原南二十公里）人。管辂八九岁的时候就喜欢抬头观察天体星辰，碰到人就询问，自己晚上也不睡觉。父母经常劝说禁止，但仍然不能改变。他经常说："我虽年小，但眼中喜看天文。"又说："家鸡野鹄都知道天时，更何况人呢?"他与邻居同龄的儿童一起在乡间玩耍，总是在地上画出天文和日月星辰；每次回答问题或者诉说事情，话语都和别人不同，即便那些饱学的老人也不能理解，但大家都知道他具有非常奇特的才能。管辂长大成人后，果然精通《周易》，观察四方风角、占卜看相，他无所不精。

豁达自在的生活态度　管辂容貌粗丑，没有威仪，喜欢喝酒，他饮食谈笑都不分对象，所以人们喜欢他而不尊重他。而他生性宽厚大度，能包容别人，对憎恨自己的人不为仇，喜爱的人不褒赞，总是想着要以德报怨。常对人说："忠孝信义，是做人的根本，所以不能不厚养；耿直廉正，是读书人的外表装饰，不值得过于看重。"又说："了解我的人少，那我就很稀贵。怎么能截断长江、汉水的激流，为石头显示自己的清澈呢？我喜欢与汉初在长安卜筮的司马季主谈论天道，不愿与渔夫共坐一船，这就是我的心志。"他是以独立特行为尊贵，并不看重与世俗大众的趋同和相互理解。他孝于父母，对兄弟诚实，顺从和爱戴朋友，都是将仁和之道发挥得恰到好处，没有什么缺失；他褒贬评论过的读书人，事后都佩服他的评价。管辂所表达的生活态度，体现了他对世俗礼节毫不计较的豁达心性，他是在这种不随流俗、自在放性的生活中专注于自己的终生爱好，在有所不为中求得大有所为。

与琅邪官员的一场论辩 管辂十五岁时，父亲为琅邪郡即丘（治今山东临沂东南二十五公里）县长，他来到即丘读书，刚开始读《诗经》《论语》和《周易》原本，就准备下笔和纸，写的东西很有辞义文采。其时学校有来自远方及国内的儒生四百多人，都很佩服他的才学。琅邪太守单子春，平时很有才能气度，他听说管辂是学校中的隽秀之才，就想见到他，管辂父亲即打发管辂前去拜访。单太守大会宾客百余人，席间有善于论说的人，管辂对单子春说："府君您为名士，加之有尊贵的地位，我年纪轻胆气不刚，如果要谈论交往，恐怕会失去精神，请先让我饮三升清酒，然后再谈话。"子春听了大喜，便酌了三升清酒，让管辂独自饮下。喝完酒后，管辂问子春："今天想和我对话的，都是坐在酒席上的人吗？"子春说："我想自己与您旗鼓相对。"管辂说："我才开始读《诗经》《论语》和《周易》原本，学问浅薄，不能向上引用圣人之道，陈述秦、汉时代的事情，只想谈论金木水火土，与鬼神的事情。"子春说："这是最难的话题，您觉得容易吗？"于是两人展开了内容宏大的论辩，涉及阴阳之学。两人的谈论话题纵横，文采洋溢，偶尔引用圣籍，大多发自天然之论。单子春与众多士人从不同方面向管辂发问诘难，问题连续不断地提出，而管辂回答了每个人的提问，他的话都没有全部说完。当天一直到了傍晚，不能再继续饮宴为止。子春对众人说："这年轻人极有才气，听他的言谈论辩，就好像司马相如撰写《游猎赋》那般磊落雄壮，这样的英气神才，等到长大了，必定能通晓天文地理的变化之数，不仅是论谈而已。”于是将事情上报徐州，称管辂为神童。

与郭恩的交流及躄疾之卜 管辂的父亲在利漕（引漳水入白沟的利漕渠）任职时，管辂与当地人郭恩有一段互相学习易理，并为郭恩兄弟三人占卜的传奇故事。郭恩也是一位很有才学的人士，他精通《周易》《春秋》，又能仰观天文，管辂起先跟他学《易》，几十天后，就很有体悟，有时两人分蓍下卦，各自都用思精妙。他们占卜学校学生们的疾病死亡及贫富等事，都没有多少差错，众人感到惊奇，称他们为神人。后来管辂又跟郭恩学习天象观测，三十天内通夜不睡，他对郭恩说：“您只注意星象所在的处所，但推测运数变化，分析认定灾异，我觉得是出自各人的天分。”学习未到一年，郭恩反而要向管辂询问易数及天文上的关键问题。

有一天，郭恩设置酒食，单独宴请管辂，席间说道：“兄弟三人都得了躄疾，不知什么原因？”他请管辂就此卜筮占卦，弄清三个兄弟同时腿瘸的原因。管辂作了一卦，一时没有想透，因天晚就在家里留宿。到了半夜，管辂对郭恩说：“我将事情弄明白了。卦中表明你家下面有墓，墓中有个女鬼，不是您的伯母，而是叔母。早先饥荒之时，有人为得到她的几升米，将她推入井中，她在井中挣扎发出水响声，上面的人推下一块大石头，砸破了头，因为孤魂冤痛，向上天控诉。”这是表明许多年前家人的杀人命债被上天知道而遭惩罚。管辂说完原因，郭恩痛哭流涕，他对管辂说：“在汉朝末年，确实有这个事情。您不说出人名，是有所忌讳；我无法再说什么，是出于礼节。兄弟腿瘸已经三十多年，脚长得就像荆棘，没有办法治愈，只求不要传给子孙就好。”郭恩在这里等于承认了是他们自家父辈所为。管辂说：“卦象中火形未绝，水形未出，不会影响后人的。”史书的作者记录此事，表明管辂的卜筮每每青出蓝而胜蓝，已经远远超过了郭恩的水平，且能触及人间以外的天上和阴府。

管辂卜筮的个人才质 广平（治今河北鸡泽东南）刘奉林的妻子病得很厉害，已经备好了棺材。当时是正月，让管辂卜卦，管辂说：“她的命数是八月辛卯日的中午才结束。”刘奉林说绝不会的，但妇人的病竟然渐渐好转，到了秋天发病而死，果然像管辂说的那样。后来管辂曾向巨鹿郡列人（治今河北肥乡东北）县令鲍子春解释这次占卜详情，他说到其中爻象的意旨、变化的义理，就像用工具画出的规圆矩方，没有一处不相合。鲍子春感叹说：“我年轻时喜欢谈易，也爱好分蓍下卦，现在看来就像盲人要辨清黑白，聋人想分开清浊之声，白用了力气而没有功效。”鲍氏的感叹似乎在表明，卜筮占卦需要操作人具备极高的特种天赋，这一技艺不是任何人凭喜好就能随便掌握的。

清河人王经早年曾辞去官职返回家中，管辂与他相见，王经说：“近来有一怪事，心里很不痛快，烦您下一卦。”管辂算完卦后说：“吉卦，不是怪物。您晚上在房前面时，有一束流光像燕雀一样进入怀中，还能发出小声，所以您神情不安，解开衣服好像还在，于是招呼妻子寻求余光。”王经大笑说：“和你说的完全相同。”管辂说：“吉祥，这是升官的征兆，会很快应验。”不久，王经升为江夏太守。

这次占卦后王经曾与管辂谈论起与卜筮有关的问题，管辂重申了西汉卜筮名家司马季主关于“占卜必须效法天地，模拟四时，顺从仁义”的观点，并且做了自己的发挥说明。王经后来担任过雍州刺史，260 年在曹髦的朝廷为尚书（参见 1.8.7《曹髦的拼争》上），他此后每次提到管辂，坚持说管辂是禀赋了龙云之精，所以才能中和各种思想养料而通达于幽暗境地，认为这不是靠汇集众人才能就能得到的。听过管辂对自己正确卜筮作出解释的人，似乎都仰慕他对易理发挥应用上的机变万端和出神入化，认为那是常人无法达到的神仙境地。

1.20（2）半为神仙的管辂（乙）

管辂在卜筮预测方面达到了出神入化的境地，他在这方面的应用和影响超出了常人的想象，成了人们心中神仙般的人物，然而管辂是把卜筮仅仅作为一种技术方法来看待。《三国志·管辂传》及引注《辂别传》介绍了管辂的几次卜筮预测，及他以鸟鸣来预测判断事物的特种方法，记述了他在事后对该方法背后的理论逻辑与发挥思路所作的说明，也表明了管辂对职场友人所叮嘱的至理正论。

给王基卜筮后的至理正论 管辂去拜见安平（治今河北冀州）太守王基，王基请管辂算卦，管辂说："有一低贱女人生下一个男孩，刚落地就能行走，走入锅灶中自死。又床上有一条大蛇，叼着笔，全家大小都看见，很快就离去。另有一只乌鸦飞到屋内与燕子争斗，燕子死而乌鸦飞去。有这三件怪事。"王基惊问其凶吉。管辂说："只因为您的家离得远，所以有魑魅魍魉作怪。小男孩生下来会走，不是他自己能走，是火妖驱使他走入灶中。叼笔的大蛇，只是府中过去的老书佐。与燕子争斗的乌鸦，只是已故的老铃下（公府拉绳打铃以传令的吏员）。今卦上只有象，而没有吉凶，所以不是灾难的征兆，没什么可担忧的。"后来果然没有祸患。

卦后王基与管辂连续几天谈易，两人非常高兴。说起征兆引起的吉凶问题，管辂提到两件事情：从前殷高宗武丁祭祀成汤，野鸡登在了大鼎上鸣叫。武丁非常恐惧，他的儿子祖已说："大王不要担心，只要修治政事就行。"武丁修政立德，天下人都很高兴，殷朝走向复兴。另一事是，殷中宗时大桑树长在了宫殿台阶上，帝太戊内心恐惧，大臣伊陟说："我听说妖不胜德，大王只管修德。"太戊听从了他的话，后来桑树枯死了。管辂对王基说："大鼎不是野鸡鸣叫的地方；太戊的庭阶也不是桑树生长之地，但野鸡叫了，武丁成了贤明的帝王；桑树生长出来，太戊兴盛了殷朝。"管辂的意思是，为政者不要过分纠结于吉凶妖祥的征兆，只要毫无杂念地爱民树德，做好治理，那事情自然就有好的结果，当时的征兆也就成了吉祥。他进一步提示王基说："怎么能知道刚才所占的那三件事不是吉祥呢！我只希望您在职位上安身养德，从容光大，不要因为神怪之事拖累了您的天真心性。"后世认为这是管辂说给王基的至理正论。

当时管辂的一位同乡人要去太原，他路过安平时见到了管辂，询问说："您为王府君（指王基）卜筮三件怪事，说老书佐变为了蛇，老铃下成为乌。他们本来是人，为什么变成了微贱之物？这究竟是从爻象上看出来，还是出自您的想象？"管辂回答说："如果不是性与天道相合，我怎么能违背爻象而只凭内心的想象呢？凡万物变化，没有一定的常规；人的变异也没有固定形体。或者大变小，或者小变大，所以没有优劣之分，万物的变化都是一个道理。如史书所记，夏鲧是大禹的父亲，但他变成了黄熊；赵王如意是汉祖刘邦的儿子，他则变为了苍狗。这是从人间尊贵之位变成了黑嘴的牲畜野兽，何况蛇是配于东南方位，乌鸦保留着太阳的精灵，这是黑的显象，是白日下的流景。像书佐、铃下，各用普通身躯化为蛇和乌鸦，不也是说得过去的吗？”

安平郡属下的信都（治今河北冀州）县令，他家的女眷们相继得病，都很惊恐，王基让管辂为其卜卦。管辂说：“这家房屋西头有两个死去的男子，一个持矛，一个拿弓箭，头在墙内，脚在墙外。持矛的人刺人头，所以女眷头痛抬不起来；拿弓箭的人射胸腹，所以女眷心中悬痛吃不下饭。他们白天到处游历，晚上来使人病痛，所以使女眷们惊恐。”王基把卜卦结果告诉了信都县令，县令挖开自家房屋，在地下八尺深的地方果然发现了两口棺材，一个棺材中有矛，一个棺材中有角弓和箭，因为时间长，木已消烂，只有铁和角完好。他们把骸骨迁到城外十里远的地方安埋，家人的病都好了。

王基对管辂说：“我年轻时喜欢《周易》，读的时间也很长了，没想到其中的神明之数竟是这样的奇妙。”于是跟着管辂学易，同时推论天文。管辂每次取象占卜，推演吉凶之兆，总是尽量把细微曲折之处的精神大义讲给他。王基说：“开始听您讲述，好像就要得到，到最后却完全散乱了，这个能力是上天赋予的，不是一般人能达到。”自此他把《周易》雪藏起来，中绝思虑，放弃了学习卜筮之事。他应是真正体会到了并去努力践行管辂说给自己的至理正论，后来成了魏国极有成就的人物（参见 1.18.16《善于谋划的王基》）。

以鸟鸣预测的特异方法　管辂后来又到了郭恩家，有一鸠飞到梁头，鸣叫得很悲切。管辂说：“会有老翁从东面来，带着一头小猪、一壶酒。主人虽然高兴，但有小事故。”第二天果然有客来家，与管辂说的一样。郭恩大概为避免事故吧，他让客人节制喝酒，不要吃肉，谨慎用火。家人为此射鸟为食，箭从树枝间穿过，伤到了几岁女孩的手，该有的事故终究没有避免。

管辂可以通过鸟鸣预测到事情征兆，这是另外一种不同的技术方法。郭恩曾想跟管辂习得该法，管辂说给他八风之变，五音之数、众鸟音律等，郭恩几天内聚会精神、宁静沉思，却无所获得。管辂说："您虽然喜好此法，但天分少，又不懂音律，恐怕难有所成。"这里指出了掌握这种方法的必有条件。郭恩也说："才不出位，难以企及。"觉得才能的发挥不会超出其本有范围，只好放弃。

对鸟鸣报讯的解释 管辂去了安德（治今山东陵县南二十公里）县令刘长仁家，有一只喜鹊飞到他家屋顶，叫声很急。管辂说："喜鹊说东北边有个女人昨天杀死了人，会牵连西邻人家。今天不过黄昏，就会有人告状。"果然当天东北边同村的人来告状说，邻居女子杀死了自己丈夫，又谎称是西邻人家与丈夫有仇而杀的 。

这位渤海人刘长仁有论辩之才，他先前听说管辂能听懂鸟鸣，但不相信，后来每次见面都非难管辂说："生民发声称为言，鸟兽发音称作鸣，言是来自有意识的尊贵生灵，鸣则是来自无知的低贱生命，怎么能认鸟鸣为语言，将上天神明作出区分的东西混在一起呢？孔子曾说'我不与鸟兽同群'，就是表明鸟兽是低贱的。"管辂回答说："天虽有大象但不能说话，所以让星辰精气在上面运转，使万物神明在下面流变，同时通过风云表征变异，驱动鸟兽以展现心意。要表征变异，必然有天候的浮沉现象；要展现心意，就必须有相应的宫商之声。"管辂认为，星象气候的运动和鸟兽的声音是上天借用来表达思想意志的一种方式，他接着列举了《左传》《史记》中的多处记载来证明上天的这种表达：宋襄公失德，就有六鹢同时退飞；伯姬将要被烧，就有鸟鸣告诉灾难；宋、卫、陈、郑四国尚未发生火灾，有融风吹起作预告；赤鸟夹日（彩云像红鸟一样夹着太阳飞行），楚国就发生灾祸。他认为这都是上天所驱使，而从自然界反映出的明显征兆。

管辂继续说："如果再考察音律，就知道声音有其本源，从社会人事上看它总是与吉凶相连。过去秦祖大廉的玄孙仲衍‘鸟身人言’，后来以功受封；介国葛卢听到牛声就知道鲁君在做什么。这些写在史书上，都是典籍记载的实事，并不是先贤妄得的虚名。商朝将兴，是殷契的母亲吞下燕卵；文王受命，有丹鸟衔书，这些是圣人的灵祥，周室的幸运，没有什么低贱。听懂鸟鸣，精妙在于鹑火（十二星次），关键在于入神，如果不是这些，当然就不能明白鸟鸣所反映出的事情了。”刘长仁说：“你说的虽然很多，但华而不实，我总是不相信。”这天东北边同村的人来告状，管辂说给他的喜鹊报讯杀人之事得到应验，他才佩服。

管辂其实是应用和发挥了古人关于天人感应、天人相通的思想，以此来说明人类识辨鸟语的可能性及其根据。史料作者记录了这件事情及管辂事后的大量解释，意在表明这些说起来非常玄乎的理念，尽管人们难以置信，但在神仙般的天才人物管辂那里却得到了事实验证。

1.20（2）半为神仙的管辂（丙）

管辂的卜筮预测因为总能得到事实的验证，所以当时在社会上造成了很大的影响；加之他能对自己所采用的各种预测技术，包括听懂鸟鸣做出理论和方法上的圆满解释，故而本人也获得了人们的信任和仰慕。《三国志·管辂传》与引注的《辂别传》记述了拥有巨大社会声誉的管辂得到家乡官员和官场中易理喜好者看重、推荐与欣赏任用的过程，介绍了管辂三十多岁初进官场与其职位不断得到提升的事实，展现了管辂在与官场友人交往中坦率表达出的生命生活理念，从中能够看到管辂为人处事方面始终不变的心性。

几次临事中的卜筮与看相 管辂到列人县典农王弘直家，见有三尺多高的旋风，申时从天上飞下，在院中回转，稍停又起，好久才停止。王弘直问管辂是什么征兆，管辂说：“东方会有骑马官吏到来，父亲要为儿子而哭。”第二天果然胶东官吏到，报告王弘直的儿子去世了。王弘直问管辂是怎么回事，管辂说：“这一天是乙卯日，是长子的征候；树木在申时飘落，斗建申，申破寅，这是死丧的征候；太阳正午而起风，是马的征候；离化成文采，表征文章，是官吏的征候。申未为虎，虎为大人，是父亲的征候。”

管辂这里对王家起风的预测做了解释，可以看到他成卦的某些要素与基本过程，但得出后面的结论，应该靠管辂的特殊发挥，似乎不是一般人能够达到的。后来有公野鸡飞到王家的铃柱头，王弘直感到不安，管辂作卦后说：“到五月一定升官。”当时是三月。到了五月，王弘直果然迁为渤海太守。

管辂族兄孝国住在斥丘（治今河北魏县西北十公里），管辂去看他，正好与两个客人见面。客人离开后，管辂对孝国说：“这两个人的天庭和口耳之间有凶气，要发生变故，他们的魂灵都无居处，要流魂于海，尸骨还家，时间不长两人会一同死去。”过了几十天，二人醉酒后乘牛车回家，牛受惊后车翻入漳河，他们都被淹死了。这里表现的是与卜筮方法不同的看相技术，管辂虽是无所准备，临事生成，但似乎同样能被事实所验证。

送行诸葛原的射覆和论谈 馆陶（治今河北大名东）县令诸葛原迁为新兴太守，管辂前往饯行。客人一同聚会，诸葛原取下燕子蛋、蜂巢和蜘蛛等物放在容器中，让客人猜测，这是一种称为“射覆”的游戏。管辂设卦来猜，他占卦后说：“第一物，含气待变，紧靠着房梁，雌雄不同，翅膀舒展，这是燕子蛋。第二物，其家室悬挂，门户众多，藏精而又育毒，秋天出液，这是蜂窝。第三物，长足行走显得恐惧不安，吐丝而结网，靠网捕捉猎物，在晚上最有利，这是蜘蛛。”在座的人无不惊叹。

诸葛原也是一位学士，他喜好卜筮，多次与管辂玩射覆，两人在分手前当着众多宾客的面大谈卜筮易理，并且进行了激烈的论辩。后来诸葛原说：“今天要远走分别，我们后面什么时候能见面，不妨做个预测。”两人分别占卜，预计的日期完全相合。诸葛原要求管辂讲讲他的卦意，管辂于是开爻释理，赋义形象，言辞契合，妙不可言，大家都觉得听他卦后的解释，远胜过射覆的乐趣。

诸葛原在与管辂分别前，特别提醒他两件事，说：“你喜欢喝酒，量虽不大，但不能保证后面不醉，希望以后节制。你有水镜先生那样的才学，见到的人无不称赞，仰观者看你就像神仙，但祸患就像灯火一样在近处，应该多加谨慎。以你的聪明才智，能被高层听到任用，不担心得不到富贵。”管辂说：“酒不可致极，才不可用尽，我只需以礼来用酒，以愚来持才，还有什么可怕的呢?”朋友在临别向他提出了两条劝诫，并希望他能进入国家高层机关干事，向他提出了走进官场以改变自我人生的问题。从管辂的回答能够看到，看似放纵不羁的管辂，其实做人做事有他自己的原则。他无心富贵，也不排斥和拒绝在官场乃至最高层做事，但他并不刻意追求个人的地位与功名，他是奉行着原则第一而结果随意的人生态度。

初进官场与再受荐举 管辂家乡的邻里晚上都不用关门，没有偷窃的事发生，因为丢失的东西管辂总能指出它的当下处所。清河太守华表，召任管辂作文学掾，负责本郡官办学校文学，一时士友们对管辂无不叹慕。安平郡的名士赵孔曜，聪明且有见识，他与管辂有管仲、鲍叔牙那样的情谊，专门从发干（治今山东郓城鄄城间）而来，到清河郡学校与管辂相见，说：“您腹中学识如海，今世无双，应当脱离世俗，去天上腾飞，怎么还在这里？听到您现在的状况，我食不甘味啊。”冀州刺史裴徽为当时清明人物，喜好玄虚，精通易和老、庄之道，又很看重赵孔曜，赵孔曜于是前往冀州向裴徽推荐说：“管辂性情宽厚，与世无争，能仰观天文，其神妙就像汉初的甘公、石申一样；他精通《周易》，与汉时的司马季主相同。现在您探究幽深的理数，留心方术，管辂可以与您相互配合促进。”裴徽非常高兴地答应了，当即发公文召管辂为文学从事。

管辂在清河郡已经任职，因裴徽征用而到冀州府做事，看来他还是希望自己能到层级更高的机关去任职。当时管辂和弟弟季儒同乘一车前往冀州，到了武城（治今河北清河东北三十公里）西，他算了一卦以占凶吉，对弟弟说：“会在城里看见三只狐狸。如果这样，后面就会出名。”他们刚到河西故城的墙脚，正好看见三只狐狸蹲在城边，兄弟二人知道到冀州后会一切顺利，因而非常高兴。

与裴徽的友情交往 冀州府治当时已从邺城移到信都（今河北冀州），管辂到达州府与裴徽相见，两人谈论了一整天，没有感到疲倦，因天气大热，他们把椅子搬到庭前树下，一直谈到次日鸡鸣报晨之后才离开。第二次相见，裴徽任管辂为钜鹿从事。第三次相见，提升管辂为冀州治中。第四次相见，转任管辂为冀州别驾，已成了刺史裴徽的主要助手。至十月，举为秀才。不能知道两人四次见面的时间间隔，但能看到裴徽对管辂的高度欣赏与看重。管辂任职时间不长即被举为秀才，这在当地官员中应该是不多见的。

管辂可能当时名声很大，受到了京都朝内人士的邀请，他前来辞别裴徽，裴徽对他说："何、邓二尚书（指何晏、邓飏）有经邦治国才略，对万物之理无不精通。何尚书思虑精微，说话机妙，能看破人内心的秋毫意念，你应该分外谨慎。他会说自己不懂《周易》九事，然后向你提问。你到了洛阳，应当再很好地把易理思考精通。"何晏等两人当时是朝廷辅政的大将军曹爽所倚重的人物，当时极有权势，裴徽向管辂介绍了何晏谈话的特点，他是希望管辂做好准备，认真对待何晏的召见，争取能被国家高层官员所看中任用。

管辂对裴徽强调的事情不以为然，他回答裴徽，大意是说：何晏如果说话机妙，那他是把论辩经典的才情用在了表面形式上，而对问题本身并未入神，如果真的入神，那就会理解到最高层面，能够推阴阳，探玄虚，达到幽明之境，把握变化无穷的道，顾不上细微的方面。如果他把老、庄与爻、象参差综合起来，喜好枝末细节的论辩，只停留在表面的浮藻上，那这只能称为小手段的机巧，实际上也看不到微小之处的奥妙。管辂还表示说，如果要谈论九事的深层大义，不值得临时劳费心思；对阴阳之变的精通，是需要长久工夫，不是临时突击就能达成的。这里能看到管辂对待某种学识技艺的态度方法，他是主张学习研读者用心入神，要追求和把握本质的深层面东西，而不可拘泥于枝末细节的表层，对事情要舍得恒久的探究功夫而无须临事前的投机。

管辂约是148年十二月前往京都的，临去时他还对裴徽说："我离去之后，正月初一当有剧烈大风，风能摧折树木。若发于乾位，必有天威，现在不该谈论这事。"这是魏国高平陵事变的前夜，管辂似乎已经知道了国家政治可能发生的重大转折，以及高层执政人物的变化，但他不能给上司裴徽说得太多，只能含糊其词地做出一些提示，以便使他略有提防。

1.20（2）半为神仙的管辂（丁）

管辂的卜筮预测声名远扬，得到了官场上一批喜好易理之人的欣赏倾慕，他被家乡清河郡任用，又被推荐给冀州刺史裴徽受到赏识，很快升为冀州别驾，而朝廷炙手可热的吏部尚书何晏等人也慕名邀请相见。《三国志·管辂传》与引注资料《辂别传》记述了管辂到京城与何晏、邓飏两位尚书相见，并与他们谈论易理和阐述官场吉凶的事情，介绍了管辂对何晏做官为政的真诚提醒以及两人间的君子之信，也展现了传统易理大义与国家治理活动的相通及其内含的指导借鉴价值。

管辂在248年底受邀来到洛阳，吏部尚书何晏十二月二十八日请管辂相见，邓飏也在何晏那里。何晏果然请管辂谈论《周易》九事，管辂阐发了自己的见解，听罢后何晏说："您阐论阴阳，真是世间无双。"与何晏同坐的邓飏说："您自认为精通易理，但阐述中几乎没有涉及《周易》中的辞义，这是为什么?"管辂应声回答说："精通易的人言不及《易》。"何晏含笑赞赏说："这话可真是简要而不烦琐啊。"称赞他"要言不烦"。管辂对易理的论述有人所难及的深广度，也有自己独特的表达方式，邓飏这里是敏锐地发现了管辂论易的特点，无论他是真诚地发问还是意在讥讽，天才学问家何晏还是感到了管辂解读易理非同寻常的高妙，并对其产生了由衷的敬佩。

何晏对管辂说："听说您不仅善于论易，分蓍算卦也很神妙，请试卜一卦，看看我能不能位至三公。"何晏在少年时就是曹操爱慕的神童，他著述颇丰，文意深刻，为一代玄学名流（参见1.3.12《既爱美色，也爱才俊》）。资料中没有记录何晏这次在管辂论易后所发表的玄学见解，他只是对管辂的谈论作了赞扬，转而提出为他卜筮个人官场前途，看来这才是他邀请管辂的主要目的。未等管辂说话，何晏又问："我连续几次梦见十几只苍蝇落在鼻子上，驱赶也不肯飞去，这会发生什么事情?"何晏应是当时诸事不顺，产生了官场焦虑症，因为对自己的政治前景发生了迷惑，那些简单的梦境也使他心神不安。他邀请管辂占卜解梦，是要解除内心焦虑，以求重树官场信心。管辂回答说："飞号鸟，是天下的贱鸟，它们在林间吃桑葚，则给种桑人鸣唱美好之音作回报，何况我心非草木，怎么能不尽忠言。"管辂身为州府任职的普通官员，对何晏的召见应该是心有感念，他前面谈话中已经感到了何晏的真诚相待，因而在回答问题之前首先表明了自己持诚相报的态度。

管辂接着说："古时良臣八元、八凯辅佐虞舜，崇德教化，周公辅佐成王，常常坐以待旦，所以能光耀四方，天下安宁。这些都是遵循正道而顺应天意，不是卜筮所能表明的。现在您位尊权重，身居高位，势重天下，但真正感念您德行的人少，畏惧您威势的人多，大概是缺少了做事谨慎和多行仁义的福分。鼻子属于艮，在天庭中为高山，高而不危，才能长守富贵。现在青蝇臭恶都集于其上，位高者必会跌落，轻率强横的必定灭亡，不能不考虑恶满后的变数和盛衰转化的道理。"管辂似乎没有分蓍下卦，他是联系历史并结合何晏的梦境，用易学大义来分析说明何晏在国家高位上的现实状态，表明了他目前在国家政治领域中群众基础或称社会基础的严重缺失，提醒他对此应高度重视。

管辂继续运用易理说："山在地中叫'谦'，雷在天上叫'壮'。谦，是取出的多而增加的少；壮，则是非礼之事不做。天下没有自我减损而不受众人爱戴的，也没有行非礼之事而不败亡的。愿您追思文王六爻之旨，想想孔子彖象之义，这样就三公之位可得，青蝇也可驱散了。"这是向何晏指出了他在官场上的不顺完全是由于个人索取过多，又有许多非礼行为而导致的结果，同时向他指出了如何改变他目前政治上不利现状的正确有效方法。听罢管辂之言，邓飏说："这是老生常谈啊。"管辂回答说："老生看见的是不生，常谈者看见的是不谈。"这里管辂有意使用了些含混言辞，人们可以做不同理解，而管辂是想向邓飏表达的一层意思则是：我老书生看见的是一位将要失去生命的人；我常谈此话的人看见的是没有机会再谈此论的人。这无疑是管辂对邓飏最严重的提醒，只可惜对方并没有完全领会其中的意味。

与邓飏不同，听了管辂的分析论述，何晏说：“能知道事情的细微征兆就称得上神，古人认为这极难做到；交往疏远而能倾吐内心的真诚，这事情当今人也很难做到。现在您一面之交，把这古今两难的事情全都做到了，所谓‘明德惟馨’，真正能使人闻到香气的是美德。正像《诗经》上所说：‘中心藏之，何日忘之’!”何晏应是听懂了管辂对他所提问题的回答，因而对他的上述分析说明给予了极高的评价，他称赞管辂对易理的精通超过了古人，肯定了管辂对他交浅而直率的稀贵真诚，并借经典之言，表示自己对管辂的忠告劝诫将珍藏心中、永远牢记。何晏在这里也遵循的是大谢者不言“谢”的话语方式，没有说出一个谢字，相信却是这位高级官员一生少有的最为诚挚的致谢表达。其后何晏说：“过了年再和您相见。”

另有资料《名士传》中提到，何晏因为听了管辂的劝诫之言，他心中忧惧，于是写了《言志诗》两首，其一为：“鸿鹄比翼游，群飞戏太清。常恐大网罗，忧祸一旦并。岂若集五湖，顺流唼浮萍。逍遥放志意，何为怵惕惊。”似乎何晏已经感到了自239年追随辅政大将军曹爽以来近十年间所造成的政治危机，他内心恐惧，但其时已无法后退脱身。

管辂其后返回到了冀州刺史裴徽那里，裴徽询问说：“何晏在当世极有才名，他的实情究竟如何?”管辂回答说：“何晏的才情就像大盆盎（腹大口小的容器）中的水，能看见的是水清，看不见的是水浊。他的心神广博，其志不在钻研学问，故难于成才。想从盆盎的水中得出一座山的形状，终究得不到山形，心智反而由此迷惑。所以他谈论老、庄，追求巧妙却多有华丽；谈论易理，能生出美义却多了虚伪；华丽会使道体漂浮，虚伪会使思想空洞；因这种情形，有上等才能的人会学问浅薄而不能长远发展，有中等才能的人会精神游移而出离学问，我觉得何晏是有才能而缺少功力。”看来何晏在与管辂年底见面那次还是谈论过他自己的学术见解，管辂在学术上占据居高临下的态势，他能看清何晏学术钻研的特点及不足，认为其主要的缺陷是心志不专，格局不大，注重表面，追求华丽，要害在于功力不足。

听了管辂的评价后裴徽说："还真是你说的那样。我几次与何晏谈论老、庄及易学，常觉得他在学理上用词绝妙，不能驳倒。又因人们习惯顺和大众，大家都佩服他，越发显得他学问了得。从你这里听到了高妙的评价，我现在心里明白了。"管辂的评价表现了在学问上做深度钻研的一般要求，裴徽是接受和理解了这些要求，进而对钻研不足的学问才形成了更为真切的感觉和了悟。

管辂不久回到平原乡里，把自己给何晏说的话告诉了舅舅夏大夫，舅舅责备他说话太直。管辂说："和死人说话，有什么可怕的呢?"舅舅大怒，斥责管辂狂悖。很快到了正月初一，刮起西北大风，尘土飞扬，遮天蔽日。十多天后，听说何晏、邓飏都被杀，舅舅这才服气。舅舅后来问管辂："你前往京城见到何晏、邓飏之时，他们当时身上已有凶气吗?"管辂说："与有祸患的人相会，能看到其神明交错；与吉祥的人接近，能看到圣贤之人聚合精气之妙。邓飏走起路来，筋拉不住骨，脉不能节制肉体，起立需要倾靠，好像没有手足一般，这被称作鬼躁。何晏看视一物，显得魂不守舍，血气无色，精神漂浮，面容如同槁木，这被称作鬼幽。鬼躁之人会被风收没，鬼幽之人会被火所烧，这是自然的征兆，无法掩盖的。"管辂这里又从筋、脉、血色、神情等方面观人看相，似乎展现了他另外一种察世识人的技术方法。

1.20（2）半为神仙的管辂（戊）

管辂凭借绝妙的卜筮技术获取了巨大的社会声誉，他在对吏部尚书何晏等人的前景预测中用易理大义提示了为官从政必须以尊礼惠民的方式立德服众，彰显了易理对政治活动的指导价值。《三国志·管辂传》与引注资料《辂别传》记述了这一时期管辂与多位官场人物的交往，以及他对某些技术方法的理解，也介绍了他关于注《易》的理念和要求，从中能看到管辂的技艺优长和某些思想缺陷。

与名臣钟毓的交往谈论 管辂先前路过魏郡见到太守钟毓，两人共同谈论《周易》义理。钟毓是魏国已故太傅钟繇的长子，钟会的长兄，他清新脱俗富有才学，244 年因劝谏曹爽增兵伐蜀而被调离朝廷贬用于魏郡(参见 1.14.2《钟太傅的家事》)。钟毓在谈论中向管辂提出了二十多条质疑，自以为诘难得非常精当，管辂则随问作答，他分列爻象，将其中义理发挥得特别精妙，钟毓佩服致谢。管辂说：“卜筮可以知道您的生死之日。”钟毓让他占卜生日，管辂说出的日期没有任何差错，钟毓惊奇地说：“圣人运用精神认识变化，会把万物相连，但你对事情的认识明了竟然到这个地步!”管辂说：“幽与明一同变化，死与生遵循同一道理，无限的太极，终而复始。文王减损寿命，他不以为忧；仲尼病重，他内心不惧，通过用蓍卜筮，只是略尽人意。”钟毓说：“生是人喜欢的，死是人厌恶的，哀乐不同，我无法把两者同样看待。您太可怕了，我的死日托付给天，不敢托付给您。”于是不再卜算。钟毓可以算作一位高人，他相信了管辂的预测，但他宁可把自己的生命放置在始终不断的期盼和奋斗中，而不愿让管辂揭明终了日期，使自己过早处在内心恐惧和末日等待中。

钟毓问管辂：“天下会太平吗?”管辂说：“方今四九天飞，利见大人，神武升建，王道大明。怎么能忧虑天下不太平呢?”《易经·乾卦》上说“九五，飞龙在天，利见大人。”人们认为是皇帝占据着九五之尊的地位；而四九为“或跃在渊，无咎。”管辂在这里提出“四九天飞”，是在暗喻目前尚在臣位的人物必将升腾上位，实现天下大治。钟毓当时并不理解管辂的话，不久发生了高平陵事变，曹爽等被杀，司马氏开始掌政，钟毓才醒悟过来。

对所谓隐身之术的理解 石苞为邺都典农中郎将，他见到管辂后询问：“听说您乡里的翟文耀能隐蔽体形，这是真的吗?”管辂说：“这只是阴阳蔽匿法，如果获得了该方法，那四岳大山都可藏蔽，黄河大海也可隐形。把人的七尺形体，置于变化之内，驱云雾以隐身，施金水以灭迹，用对了这些方法，隐身就不是难事。”石苞说：“我想知道其中的奥妙。”管辂说：“物只有精才可有神，数只有奇妙才有方法，所以精是神的集合，妙是智能的展现，聚合这些细微的征兆，只有凭天性可以通达，难以用语言说出。孔子说‘书不尽言’，因为语言要说到的太细小；‘言不尽意’，因为意太精深，这些都太神妙了。”管辂接着举了一些例子说明阴阳之数的道理，似乎都没有让听者明白。石苞说：“能看到阴阳之理，恐怕谁也超不过您，那您为什么不隐身?”管辂说：“凌空飞翔的鸟儿喜欢清朗的高空，不愿像鱼一样处在江汉水中；河渊中的鱼喜欢水湿之处，不愿做腾风而飞的鸟儿：这是因为生性不同，它们的选择也不同。我自己就想用端正的身体和行为展现世间道义，看见变化不感到惊异，知道方法不觉得奇怪，只是日夜观察事情的征兆，并勤恳温习，而隐身显奇，没有工夫去做这些。”

翟文耀的隐身只是石苞道听途说而未亲见的现象，管辂对这一神奇行为表示自己不屑而为，但对事情似乎完全相信，且在别人询问下对其实现的可能性作了说明。包括石苞在内，不会有多少人完全相信管辂的发挥说明。管辂把一切奇异现象都视作可以靠特定方法实现的事情，这里也显露了他过分夸大方法技术而漠视条件限制的思想缺失。

与刘邠的五天交谈　管辂家乡的将军刘邠清廉谦和而有思想，喜好《周易》但不能精通。他担任平原郡太守时与管辂相见，心里非常高兴，于是把管辂挽留了五天，五天中他不顾公务，一直与管辂清谈。刘邠说到自己注释《周易》快要完成了，并介绍了注释的内容。管辂说：“您想要费力劳神解释易理，的确是美好的事情。而我认为注易的急迫超过了水火。解决水火问题，马上可以得出结果；易理问题的澄清，会延伸至万代，所以不可不首先确定注释的根本精神，然后再阐述真知灼见。从天明到现在，我听您谈论高见，没有涉及易的一分根本精神，这怎么能注易呢!”他询问说：“我不能理解古代圣人，为何要把八卦中的乾位放置西北，把坤位置于西南。乾坤，本是天地之象，覆载万物，并生长抚育万物，为神明的起始，但为什么把两者与其他六卦同列?”刘邠依照《易·系辞》的说法为其作注，并没有抓住要领。管辂听后继续诘难，不断向下追问。他说：“乾坤，是易的祖宗，变化的根源，现在您要澄清易理中的疑问，有疑问但却没有确立易的根本精神，这恐怕与注易的要求不相符合吧。”管辂实际上是对刘邠的注易作了完全的否定。他接着论说八卦之道和爻象的精髓，并做出引申发挥，也说到万物变化间的联系。对能够理解的，刘邠都觉得很高妙；对于不能理解的，他都觉得很神奇。刘邠自己说：“我注《易》已有八年，用思勤苦，年年没有安宁，觉得达到了最好的注释。现在看来才能达不到。我不可惜自己的长久劳作，听从您的劝告，以后高枕而卧，停止注易。”出于对管辂的崇拜和相信，刘邠似乎自愿放弃了自己历时八年的注易活动。

两人谈起了射覆，刘邠把印囊和山鸡毛装在容器中让管辂猜测，管辂卜后说：“内方外圆，五色成文，含宝守信，出则有章，这是印囊。高山险峻，有鸟红身，羽翼黄色，鸣叫不错过早晨，这是山鸡毛。”刘邠想跟着管辂学射覆，管辂说：“您已经放弃了注易，也就应该不再考虑卜筮。分蓍卜筮，是阴阳的鲜明表现，也是两者的内在契合，运用在大道上能确定天下吉凶，应用在方法上能够弄清细小事情。对于细小之事，不可用易的方法。”刘邠说：“我以为卜筮体现易的眼前效果，就因细微事情才要探求易理大义。如果像您所说那样，什么事该用这种方法呢?”未见管辂给予答复，刘邠又说：“我几次与何宴谈论易及老、庄之道，感到他思想流变很大，随天地变化周旋，有时像金水一样清澈，有时又像山林一样茂密，他和您不是一类人。”

刘邠后来说：“平原郡的官舍，连续出现多种怪异现象，这里的人都很恐怖。您能弄清其中原因，到底由什么引起呢?”管辂言：“此郡所以称平原，本来有原，山中没有木石，与地一样属于自然而成。因为含阴不能吐云，含阳不能激风，阴阳虽弱，但尚有一定变化之神；神力微弱，所以凶奸多聚，加之以类相求，致使魍魉成群；或者因汉末战乱，兵卒流血，污染山丘，因为强魂相感，引起无常变化，所以在昼夜交替时多有怪异出现。过去夏禹渡江，不惧负舟的黄龙；周武王依时伐纣，不为暴风所迷惑，现在您道德高妙，正神不惧邪妖，得到上天祐护，有吉而无不利，但愿您安于福禄，以光大自己的荣耀恩宠。”这是说出现怪异现象完全正常，不必过分担忧，只要安于职守，做好自己的事情就行。刘邠说：“听您的高论颇有道理，只是每次发生变怪，总听到鼓角声音，或看见弓和剑的影子。想来土山之精加上死人鬼魂，确实能聚合起来侵犯圣明的神灵。”刘邠最后问管辂说：“《易》提出刚健笃实的人‘辉光日新’，这两者是否相同?”管辂曰：“早晨为辉，日中为光，两者有所不同的。”

管辂的谈论表现了才学之深和天赋之高，但他某些过分随意的发挥表述则是精华与糟粕相糅杂的混沌理念；他对官场“粉丝”注《易》的“坦直”否定，似乎完全丢失了谦卦的思想精神。

1.20（2）半为神仙的管辂（己）

精通卜筮、射覆和看相等技术的管辂每做预测之后，总是要对其方法技术的具体应用作出说明，借此谈论他对易理的独到理解与发挥，这里常常展现了他的思想精华，同时也暴露出他对经典解读上的某种主观随意。《三国志·管辂传》与引注资料《辂别传》还记述了他在其后与职场友人的多次预测以及前后的方法说明，表现了他对易理的更多解读理念。管辂对易理的发挥应用似乎每事不同，各有差别，他的多次说明可以互相补充，从中能对管辂思想理念的个性特征会有更多了解。

与徐季龙的多次论易 清河县令徐季龙，字开明，有机敏才智。他与管辂相见，谈论“龙动则祥云起，虎啸则谷风（东风）至”的话题，他认为火星为龙，参星为虎，火星出现则云响应，参星出则风起，这一现象是阴阳相感化，并不是龙虎所导致的。管辂说：“谈论问题的关键是首先应当审定根本要害，然后探求其中的道理，没有道理就会结论荒谬。若以参星为虎，则谷风就成了寒霜之风，寒霜之风不能成为生长的东风（即谷风）。所以应该是龙为阳之精，以潜伏为阴，其幽灵上通，和气感神，阴阳二物相扶，故能兴云。而虎为阴之精，若居于阳位，在林木中长啸，则冲动巽林，巽为风，阴阳二气相感应，故能运风。这就像用磁石取铁，看不见磁石之神而金自然会来，能验证二物相互感应。何况龙有潜飞的变化，虎有纹彩之变，它们招云招风，这有什么可怀疑呢?”季龙说：“龙在渊中，不过处于一井之底，虎发出悲啸，不过百步之内，形成的气势浅而弱，所达到的只是近处，怎么能带起祥云而驰动东风呢?”管辂说：“您不见阴阳燧石在手掌中，形体大不过手掌，但能上引太阳之火，下引太阴之水，吸一口气的功夫，就把烟景聚集起来。如果能精气相感，这些现象就像两颗燧石一样；如果不能相感，就同易卦中二女同居，气不相通，不能感应。这都是自然之道，不分远近的。”季龙是把龙和虎当作眼见的动物看待，想到的是其具体有限的力量；管辂则是分别把二者当作阳之精和阴之精看待，想到的是自然界中阴阳二气的聚合与交感，所以对招云带风的可能性就有不同的理解。管辂还联系磁石取铁、燧石引火两例来比喻阴阳交感的不可见性和致远性，表现了他思维的广博与灵活。

两人又谈起了战争与鸡雉鸣叫的感应关系，季龙言：“如果有战争发生，则感应鸡雉先行鸣叫，这个道理是什么?即使再有其他占卜，为什么也要看鸡雉?”管辂说：“贵人有事，感应在天上，表现为日月星辰的变化；战争扰动民众，其感应在地上之物，表现在山林鸟兽身上。易卦上鸡属兑之畜，金为兵之精，雉属离之鸟，兽为武之神，所以与金相通的西方太白有变化，就引起鸡鸣，荧惑（火星）流行则雉惊，都是受感应而动。另外兵之神道，散布在六甲，六甲推移，其感应没有恒常。所以春秋时晋文公棺柩中发出牛叫，果然有西边秦军来袭；汉成帝时冀南山（在今甘肃天水）大石发出鼓响，果然广汉郡（当时治今四川金堂东）的囚徒图谋劫狱，这也不单在于鸡雉鸣叫。”季龙说：“鲁昭公八年，晋国有石头说话。师旷认为：‘做事情不合时宜，百姓中产生怨恨和诽谤，就有不会说话的东西发出声音。’师旷的话合乎情理吗?”管辂说：“晋平公奢靡，大修宫室，为此砍伐林木，残破金石，民力被用尽，人们的怨恨传到了山泽，神痛人感，二精同时发作，金石同气，易卦上兑为口舌，口舌之妖，冲动灵石。所以《传》上说：‘轻百姓，饰城郭，则金不从革。’事情会有怪异变化，就说的这个道理。”这里是联系史书上关于天人感应的记载来谈论，管辂在其中加进了阴阳相感和易经八卦中的内容来做发挥说明，试图对西汉时的天人感应论作出更细致的论证。季龙非常佩服管辂的解释，他挽留管辂住了好几天。

后来他们又搞了两次射覆猜测。徐季龙派人打猎，请管辂算算能打到什么猎物。管辂说："会获小兽，但不是吃的飞禽，虽有爪牙，但不尖利，皮毛有花纹，但不鲜亮，不是虎也不是山鸡，而是狸。"猎人傍晚归来，果然如管辂所言。季龙说："您占卜神妙，但我藏很多东西，你能全部猜出来吗?"管辂言："我与天地参神，占卜的蓍草龟甲都通于神灵，怀抱着日月游于浩瀚天空，穷尽变化而观览未发生的事情，何况这些近处之物，怎能遮蔽耳目灵性?"季龙大笑说："您不守谦，又想走近困穷了。"管辂说："您尚未认识谦的道理，怎么能论道呢?天地就是乾坤之卦，蓍龟就是卜筮之数，日月就是火水之象，变化就是阴阳之爻，宇宙就是神化之源，还没有出现的事都有幽冥先兆，这都是《周易》的总纲，我怎么不守谦?"季龙于是取出十三种东西装在箱子里请他射覆猜测，想要难住管辂。管辂说："里面装了十三种东西。"先说出鸡子，后说蚕蛹，他逐一道出名子，只是把梳子说成枇杷。

管辂对自己的射覆猜测技术看来是非常自信的，他不仅赢得了单项射覆，而且在对方设置的多项射覆猜测中也几乎以满分取胜。他对这一基于易理的技术说明未必能被人们理解和接受，但最后的猜测效果却能使人佩服。季龙感叹说："作者被称圣，解释的被称明，恐怕说的就是《周易》吧。"

在毌丘兴墓前的哀叹 管辂随军西行，路过毌丘兴（毌丘俭之父）的墓地，他靠着树哀叹不已，神情不乐。别人问其原因，管辂说："林木虽然繁茂，但不会长久；碑诔写得很美，但没有后人守墓了。玄武藏头，苍龙无足，白虎衔尸，朱雀悲鸣，四种危险都已具备，看来应当灭族。不过两年，应验就到了。"到255年，毌丘俭在淮南反叛被杀（参见1.19.3《举旗征讨司马师的毌丘俭》），朝廷将其灭族，正如管辂的预料。

史书和诸多资料都将此事写成了管辂在毌丘俭墓前的感叹，但毌丘俭255年初聚兵反叛，当年被杀后身首异处，根本没有被安葬和立碑。另外管辂是在毌丘俭死去次年离世，即便毌丘俭有墓，那墓前也长不出可以倚靠的树木。后世史家认定管辂这里哀叹的是毌丘俭的父亲毌丘兴，这和当年朝廷平叛后将毌丘俭灭族的时间和情景正相吻合。原文有错，这里的改动非常正确。

在清河对倪太守的谈论 后来管辂休假，路过清河看望倪太守。当时大旱，太守问管辂什么时候下雨。管辂说："今晚会下大雨。"当时烈日暴晒，看不出要下雨，大家都说不会有雨，倪太守也不相信。管辂说："造化之所以神奇，就是不紧急但却很快，不行走却能如期而至。十六日壬子，正当满数，毕星中已有水气，水气发生，在卯辰开始，这是必定到来的征候。"他又讲了天象中五星、星符，东井、南箕，以及雷公、电母、风伯、雨师等状况，说是"群山吐阴，众川激精"，各种要素集合在一块显示当日要下雨，认为这是"天有常期，道有自然，不是什么难以辨认的事情"。

管辂这里所作的有关论证说明应该没有人弄懂，倪太守说："谈论的太高妙，相信的人就少。"于是他挽留下了管辂，请来府丞及清河县令后作赌说："如果晚上下雨，大家一块儿吃二百斤牛肉；如果下不了雨，管辂应当再住上十天。"当天傍晚，还没有多少云气，大家都嗤笑管辂，管辂说："树上已有少女微风（轻微和煦的西风），树间又有阴鸟和鸣。同时少男风（东北风）已起，众鸟和翔，应验马上就到了。"一会儿，果然有东北风和鸟鸣。太阳尚未落下时，东南方有山间云像楼一样涌起。黄昏之后，雷声大作。到一鼓时分，就看不见星月了，随后风云并起，黑气四合，大雨倾下。于是倪太守行主人之礼，大家一起饮宴欢乐。倪太守开玩笑说："这是碰巧的，不足神奇。"管辂说："能与上天相碰巧，不也是很精准吗！"

1.20（2）半为神仙的管辂（庚）

魏国杰出的易学家管辂能把出奇的卜筮预测技术与绝妙的阴阳易理发挥结合起来，使两者在互相印证中相互促进，无论是就易学应用的广泛性还是易理发挥的深刻性而言，他都算得上历史上极有影响的易学大家。《三国志·管辂传》及其引注介绍了管辂 256 年去世前后的情景，记述了其弟管辰在所撰《辂别转》自序中对兄长管辂的追忆和评价，以及后世史家对管辂事迹的补缀。管辂对易理的发挥应用似乎空前绝后，这一现象足可引起人们深思。

与弟弟管辰的两段谈话 管辰曾想跟着兄长学习卜筮及天象观测技术，管辂说："卜筮不到至精就看不到运数，不到至妙不能明白其中的道理。学好《孝经》《诗经》《论语》，就完全能达到三公的能力，不需要知晓那些。"于是管辰就没有学习卜筮和天象，管辂的子弟中没有人能承传他的预测技术。255年，弟弟管辰对管辂说："大将军（指司马昭）对你情意很厚，你期望自己富贵吗?"管辂长叹说："我知道自己有多大的福分。上天给了我才智和聪明，没有给我年寿，恐怕在四十七八之间，看不见女儿出嫁、儿子娶媳妇了。如果能过了这坎，我就愿做洛阳县令，使县内路不拾遗，没有人枹鼓鸣冤。但恐怕要到太山去治理鬼，不能治理活人了。怎么办呢!"管辰询问原因，管辂说："我额头上无生骨，眼睛里无守精，鼻子无梁柱，脚无天根，背部无三甲，腹部无三壬，这些都是不能长寿的征兆。另外我的本命在寅年，又在月食之夜出生，天命有恒常定数，难以回避，只是多数人不知罢了，我前后给上百个将死的人看相，基本上没有差错。"这年八月，管辂任少府丞，这是署理少府属下机构诸事务的一千石七品官员。

英年之逝与遗书遗愿 256年二月，管辂在少府丞之任上去世。因为他当时名声显赫，官场上有很多人都与他枝附叶连，寻求交往。听说他英年早逝，京城纷纷议论，很多人都来为他设食作祭，宾客如云，大家不分贵贱，等候着依次行礼。不单是仰慕他半为神仙的名势，也是怀念他的德行。管辂说自己"本命在寅年"，推算下来，他应是210年出生，终年四十七。如果不是年轻寿终，管辂的名声和荣誉应该还能得到更大的彰显。

管辰在追忆中说："魏晋之际的士人，觉得管辂道术神妙，占卜没有差错，以为有记载着象甲之数的隐秘书籍，我每次观看他留下的书，只有《易林》《风角》及《鸟鸣》《仰观星书》三十多卷，这些书现在大家都有。但辂兄在少府任职时，没有家人子弟跟随，及去世之时，好奇的人不哀伤死者，在官舍盗走他的书，只剩下了所提到的这些。现在讲论预测术数的有几十近百家，这类书有数千卷，书是不少了。然而当世少有名人，都是因为无才，不是因为无书。裴徽、何宴、邓飏，及乡里刘太常（指刘寔）、颍川兄弟（刘寔之弟刘智），他们因辂兄禀赋高，明于阴阳之道和吉凶之情，一直佩服他并常跟随交流，辂兄自己说与这五君谈论则精神焕发，天晚顾不得睡觉。除此而外与其他人谈论，大白天都禁不住想睡觉。又说他在当世没有其他愿望，只想与历史上的鲁国梓慎、郑国裨灶、晋国卜偃、宋国子韦、楚国甘公、魏国石申几人共登灵台，身披神图，步踏三光，看清灾异，使用蓍草龟甲以决疑惑，这样人生就无所遗憾。”这里提到了管辂生前经常阅读的书籍，介绍了可以真正与他讨论对话的五位人士，也诉说了他想与历史上的易学名家灵魂相交的心愿，由此能看到管辂一生的精神与志向所在。

与前朝占卜名人的比较 当时许多人将管辂比作西汉时的京房，管辰说：“西汉京房虽然善卜及风律之占，但最终自己不能免祸，而管辂自知四十八离世，可称得上非常明哲。另外京房眼见构陷之人，耳听进谗之声，他当面谏君不被听从，致使道路上议论纷纷，最终遭受大刑。管辂处在魏晋之际，他藏智示朴，依时而伸缩，两人在辨识时势上相差甚远。”他不认同将两人并列。管辰还褒赞兄长说：“在仰察星辰，识辨吉凶，并确定年岁和日月方面，甘公、石申是超不过他的；在射覆指物方面，东方朔超不过他；在观看骨形而辨识贵贱，察览形色而断定生死方面，许负、唐举都超不过他；在观风气而知微候，听鸟鸣而识天机方面，管辂是一代奇才。”他说自己因为有兄弟之亲，与管辂有过多次谈论，但在识辨人物、评价褒贬、论说事理、分析曲直等方面，自己都拙笨而不精通；在论说经典，叙述孔子言辞等方面也无所建树，只能望而兴叹。

管辰的资料收集与说明 管辰对兄长心存崇拜，一往情深，他说：“假如管辂官运通达，身为宰相大臣，他的恩惠流传下来，功德名誉写在史册上，再假使把他所有预测和应验都记下来，他关于预测的论说无所遗漏，那千年之后，明白大道的人必定相信而看重，不懂大道的人必定疑惑并感到奇怪。很遗憾辂兄才长命短，他亲近贤者又长久潜名，没有被良史所宣传，只能由我追述所看见的事。我本来才识浅，看到的事情又已久远，对他卜占的事情，我不识本卦，捡拾的残余仅是十得其二。至于仰观天象，述说魏晋兴衰，及五运浮沉，兵革灾异，收捡不到十分之一。无源怎能成河？无根怎能枝茂？虽说秋菊可采，但怎及春日英华！临文说出所有感想，但心中感到哀伤和惭愧。祈盼将来的君子，有幸以他们的聪明高见获得真切之义。”管辰的撰述和自序均在晋初完成，这里介绍的情况都是事实，而字里行间都充盈着他的一片苦心。

裴松之的资料补充 南朝史家裴松之在翻阅三国史料时，看到了晋人阎缵搜集到的前朝遗失资料，其中有涉及管辂的事迹。

与管辂相知的刘寔对人说了两件事：管辂在家乡时，邻家妇女丢失了牛，管辂告诉她，应当在西面山丘的坟墓中去看，并说牛被拴着，正悬头向上而躺。妇人找到了牛，她以为是管辂藏起来的，就告官审案，人们才知道管辂有卜筮之术。又一次路上有个人丢失了妻子，管辂让他次日早上跟一个挑猪仔的人在城门打斗，次日打斗时猪仔逃走了，两人立刻去追赶，小猪跑到一家院里，撞坏了主人的大瓮，妇人从瓮中出来了。

管辂同乡人纪玄龙对人说，乡里有户人家接连失火，管辂卜算后说：“明天你在村南路上等候，有一位戴着角巾的儒生驾着黑牛旧车，你一定留他住下，尽宾主之礼，就能消灾。”乡人照此办理，那位儒生有急事赶路，乡人不放他走，只好住下。儒生心中非常不安，以为主家要谋害他，睡下后就拿着刀出门，倚靠于两个柴堆间，侧立着假装睡觉。忽然他看见一个小东西，径直从前面走过，仿佛是头兽，手中持火，用口吹着。儒生大惊，举刀砍去，砍断了腰，上前去看是只狐狸。自此主人家不再发生火灾了。

清河太守华表的儿子华长骏对人说：“管辂开始被我父亲任为文学掾时年纪小，他经常和我同车游玩。为人卜筮算卦，要比记录下来的多出三倍。管辰当时年龄小，又长住乡间，对管辂的事情并不知道多少。”又说：“管辂卜筮并非全能算准，一般十得七八，问其原因，管辂说：“易理没有差错，来卜筮的人有的说不出全部事实，所以这样。”

管辂依据《周易》原理而进行的卜筮预测等应用技术在当时及后世都产生了极大影响。应该说，卜筮技术由于其原理并非建立在实验确认的基础上，结果的验证也常不具有必然性，所以历来受到人们怀疑而未得社会确认；管辂的技术应用又特别偏重个人的临机发挥而未遵循相对稳定的路径和规范，所以并没有推进技术手段的完善化。史家陈寿说：司马迁在《史记》中对扁鹊、仓公、日者（卜筮之人）作传，是为了记录和传播异闻奇事。他借此表明自己记录管辂等人的事迹，只是一种著史模式的沿袭，并出于同样的目的。然而陈寿明确指出：“管辂的术筮，都是玄妙中特别机巧的方法，是非同寻常的绝顶技术。”这无疑是给了极高的评价。管辂的技术无法让人推崇，同时又不能不使人赞佩。

1.20（3）解梦大师周宣

人的做梦是一种常见现象，而古人认为做梦的内容总有对未来事情的预兆，因而就出现了以解梦为手段的预测技术。解析梦境可以是对梦内容中某些重要象征物意义和作用的引申发挥，也可以转化成八卦要素的组合，通过卜筮方式获取结论，如邓艾梦见登高山见流水那样（参见 1.19.6《蒙冤受害的名将邓艾》末），实际上还会有更多手段。《三国志·周宣传》通过精选事例，用不多的文字记述了魏国官员周宣为人多次解梦而总得应验的事迹，尤其介绍了他为曹丕所解之梦，以及对几次未梦之梦的同梦异解和每解必验的事实，意在表明周宣解梦技术的高超和手法的成熟。

周宣，字孔和，乐安郡（治今山东高青高苑镇西北）人，在本郡担任吏员。太守杨沛梦见有人对他说：“八月一日曹公（指曹操）会来，必会授给你杖，给你药酒喝。”杨沛叫周宣占卜。这时黄巾军起事，周宣回答说：“杖为病弱之人所用，药为人治病。八月一日，叛贼一定被击败。”到这一天，黄巾军果然被打败。

后来，东平（治今山东东平南）人刘桢梦见蛇生出了四只脚，在门中打洞而居。他让周宣占卜，周宣说：“这是与国事有关的梦，不是您私家的事情，应当是杀死了那些成为叛贼的女子。”不久，有女子郑、姜等人因为参与反叛而被杀。这是因为蛇是女子的象征，而脚不是蛇应该有的。

魏文帝曹丕问周宣：“我梦见宫殿上两片瓦掉在地上，化为双鸳鸯。这是什么意思呢?”周宣说：“后宫恐怕会有人突然死去。”曹丕说：“我是欺骗你呢。”周宣说：“做梦，本来就是一种意念，如果能表述为语言，便可以占卜凶吉。”话未说完，黄门令来报告说，宫人相互残杀。曹丕根据自己的想象编造了一个梦境，周宣把它作为真实之梦去解析预测，其预测结果仍然得到了事实的验证。当代西方心理学家认为，人意念中产生的白日梦和实际所作之梦有同样的分析价值，周宣在这里解释的视角不同，而认识则是相同的，虚假的未梦之梦并不影响实际解梦的结果。

不久，曹丕又问周宣：“我昨天梦见一股青气自地升天。”周宣说：“天下会有高贵女人冤死。”当时，曹丕已派人送给甄妃赐死的诏书，他听到周宣的话有些后悔，派人去追赶使者，但没赶得上（参见 1. 4. 13《一见钟情的甄妃》下）。曹丕又问周宣：“我梦见摩挲铜钱花纹，想磨灭但却越磨越明。这是什么意思?”周宣怅然没有作答。曹丕再次追问，周宣说：“这是陛下家事，虽然您有想法，但太后不愿意，所以纹越磨越明。”当时，曹丕想给弟弟曹植判罪，但太后坚决不同意，所以只给曹植贬爵。周宣这里的解梦戳破了曹丕在处置曹植一事上事不遂意的内心隐秘和要害所在。是曹丕心有佩服吧，后来曹丕任命周宣为中郎，把他调入洛阳任职，为魏国六百石八品官员。

有人问周宣：“我昨夜梦见一只刍狗，您占卜看看为什么?”刍狗是古代祭祀时用草扎成的狗，为祭祀中的重要祭品，而用过以后即被丢弃。周宣对占梦人说：“您要得到美食了。”不久那人因事外出，果然遇上一顿美餐。其后他又问周宣：“我昨夜又梦见刍狗，是什么意思?”周宣说：“您恐怕要从车上掉下来，会折断脚，应当小心谨慎。”后来果然像周宣说的那样。过了些时日这人问周宣：“我昨夜又梦见刍狗，是什么原因?”周宣说：“您家要失火，应小心保护。”不久家里着火。

事情过后，这人对周宣说：“我前后三次，其实都没有做梦，不过是想试试您的占术，为什么都应验了呢?”周宣说：“这是有神灵在督促您讲话，所以和真梦没有差别。”这里是连续三次的未梦之梦，周宣的解梦结果全被验证为正确。那人又问周宣：“三次梦见刍狗，每次占卜不同，为什么?”三次同样的梦，周宣做了三种不同的解读，他要周宣解释一下同梦异解的理由。周宣说：“刍狗是祭神之物，所以您第一次梦见它，会得到饮食的；祭祀完了以后，刍狗要遭车轧，所以您会从车上掉下来摔断脚；刍狗被碾压后，一定会被拉走当作柴烧，所以您最后一个梦会发生失火。”周宣这里是对梦中象征物的实际功用做出想象发挥，以此预测现实生活中可能发生的事情。周宣的预测每次都得到了实际验证，如果没有后来记录者的有意误笔渲染，这的确是难以置信的。

周宣占梦，大都像这样，十有八九都能言中。当时人们把他和朱建平的相面术相提并论（参见 1.20.1《善于看相的朱建平》）。史书上说，周宣所占的梦还很多，其余有效验的事情都不逐一罗列。周宣在曹叡执政末年（约 239 年）去世，因为他在乐安任职时碰上黄巾军起事，曹操领军队前往平定，这应该是黄巾军死灰复燃的 192 年之事，如果周宣此时约二十岁，那他就是 170 年稍后出生的人，去世时近七十岁。

与卜筮名家管辂有所不同，周宣后期在曹叡执政十多年间的解梦活动几乎一无所记，人们看得到的解梦实例并不多，而且更为重要的是，周宣在解梦后并不是都对自己的预测能做出方法和根据上的说明，几次解梦活动甚至没有什么解释；《隋志·五行家》中提到，“周宣撰有《占梦书》一卷”，《旧唐书·经籍志》中有同样记录。周宣对占梦有过著述，但已亡佚，人们并不能知道他的解梦依据及其根本遵循，只是将其当作一种无根据的猜测，能够使人惊异的仅仅是他每猜必中的神奇。

1.20（4）音乐高手杜夔

史家陈寿把音乐作为一种特殊技艺来看待，他搜集整理了汉末魏初音乐高手杜夔的事迹为其作传。《三国志·杜夔传》用不长篇幅介绍了杜夔的职场经历，及他在创作雅乐与恢复古乐方面作出的突出贡献，展现了他音乐技艺的高超和做事情一丝不苟的工作态度。

杜夔，字公良，河南郡（治今河南洛阳东北）人，因为懂音律，被东汉朝廷任为雅乐郎，协助太乐令掌朝廷典仪奏乐事务。188 年因病辞职，州郡和司徒府后来以礼聘任，因为董卓 189 年入朝后中原大乱，杜夔于是奔赴荆州。荆州牧刘表是 190 年底受命前往荆州任职，到 192 年基本掌控了该州局面（参见 0.7.1《匹马南下据荆州》），杜夔赴荆州应该在州内局面稳定之后。

刘表让杜夔和孟曜为汉朝君主创作国家典仪朝会上所用的雅乐。创作完成后，刘表想在荆州府庭内欣赏，杜夔劝谏说：“您名义上说是为皇帝准备雅乐，却在府庭内欣赏，恐怕不可以吧！”刘表听从杜夔的劝告，就停止了庭内赏乐。208 年刘表的儿子刘琮投降了曹操，曹操安排杜夔任军谋祭酒，参与太乐事务，并让杜夔创作雅乐。

杜夔精通钟律音乐，聪慧过人，丝竹八音等各种乐器无所不能。根据《宋书·乐志》所载，古人所说的“八音”，一指金，包括钟、镈等。二指石，主要为磬。三指丝，包括琴、瑟、筝等。四指竹，包括箫、管、籥、篪、笛等。五指匏，包括笙、竽等。六指土，包括埙、缶等。七指革，包括鼓、鞉（鼗）等。八指木，包括柷、敔等。乐器的种类极其繁多，杜夔竟然对这些能全部掌握，只有唱歌跳舞非其所长。当时散郎邓静、尹齐擅长唱雅乐，歌师尹胡能唱宗庙郊祀的乐曲，舞师冯肃、服养二人知晓前朝各代的各种舞蹈。杜夔主持统管雅乐创作，他深入研究，考证前代经书所载，收集采纳近代许多方法，教授弟子，制作乐器，恢复前代的古乐。恢复古乐的这事情是从杜夔开始的。

220 年魏国建立之初，杜夔任太乐令，兼协律都尉，负责协和音律、选用监管乐人的事务。汉朝铸钟的工匠柴玉手法灵巧，很多乐器都由他制作，当时的主事者都赏识他。先前杜夔命令柴玉铸铜钟，而制作的乐器在音质上清浊不分，与音律不合，杜夔几次让他毁掉重制，这里表现了杜夔处置专业事务上精益求精、一丝不苟的精神。而柴玉对重新制作感到厌烦，说杜夔随意确定清浊，他拒不听从杜夔的意见。两人将事情都说给了曹操，曹操把所筑的各个钟取来，让敲试比较，听后知道杜夔确实精通，而柴玉的说法不对，于是惩罚柴玉和他的儿子们都去养马。

魏文帝曹丕喜欢柴玉，他下令杜夔和左颠等人当着各宾客吹笙弹琴，杜夔不愿意，面有难色，大概觉得为客人吹笙弹琴不是太乐令该做的事情吧。曹丕见状颇不高兴，后来因为其他事拘禁了杜夔，又让左颠等人去跟杜夔学习。杜夔自认为他学的是雅乐，这是任职的资本，内心有些不满，于是他被免职而去世。这里对杜夔的去世说得非常含混，从文字上看不出他的去世与被免职有无直接关系，但从事情的过程和情景上能够看到，杜夔在晚年的确受到了曹丕的打击迫害和某些不公正对待，他的去世和被免职在时间上相继起，至少存在着间接引发的关系。

杜夔的弟子有河南郡的邵登、张泰、桑馥，他们都任职至太乐丞。下邳县陈颃任司律中郎将，这是掌管乐律的二千石四品官职。当时左延年等人虽然精通音律，但大都擅长郑音，这属后起的俗乐，真正喜好古乐并将其保存下来的，没有人能赶上杜夔。这里再一次对杜夔在承传古典音乐方面的功绩给予了肯定和强调。

音乐是一门内涵精深的特殊技艺，因为作传人陈氏对音律可能并不非常入门，也是由于原始资料的缺少，传记中只能简单记述传主所做的一些事情，并尽可能说出这些事情在当时的意义，至于传主音乐内涵的精深程度，以及其技艺如何精湛，作者并没有内在的感触和认知，难以作出行家那般精准的描述。如果能精准描述，人们自能从当时最优秀的音乐大师身上看到音乐在一个时代的高度。但无论如何，该传能够填补传统音乐史上的一段空白，并能开阔人们的认识视野。

1.20（5）机械发明家马钧

三国时代有几项影响颇大的机械发明出自魏国，均由朝廷一般官员马钧完成。陈寿在整个撰著中没有记录马氏的事迹并为他作传。裴松之在《三国志・杜夔传》之后引注了晋初学者官员傅玄（又称傅子）对马钧的一大篇文字介绍，后人命题为《马钧传》，其中记述了马钧的各项重要发明成果，也论及马钧生前的境遇，借此抒发了他自己的感想与感慨。

改进织绫机 马钧字德衡，扶风（治今陕西兴平东南）人，是天下出名的巧人，他年轻时在豫州游历，不知道自己有技术机巧，也从不对别人谈到技术，没有人知道他。后来当了博士，生活贫困，就想改进织绫机。过去的织绫机，经线的分组五十综，使用五十个被称蹑的踏具，六十综则用六十个蹑，马钧认为这样费力费时，于是他全都改用十二个蹑。改进后织出来的花纹可以随心变化，织锦开始有了纹彩。

制作指南车 马钧任朝廷顾问应对的给事中职务，他与散骑常侍高堂隆、骁骑将军秦朗在朝堂争论，提到指南车。两人说古代没有指南车，书上记载是虚假的。马钧说："古代是有的，只是我们没有去想它，那不是什么遥远的事!"两人嘲笑他说："先生大名是钧，字为德衡。钧，是陶器的模具；衡，是确定东西轻重的。你如此衡定不出轻重，'钧'也就不成模具了!"马钧说："用空话来争论，还不如试试看效果。"于是两人把这事报告了魏明帝曹叡，曹叡要马钧制作出来，后来就果然造成了指南车。这是一件奇异的事情，没法用言语说清楚，从此天下人都佩服他的机巧。

发明制作翻车 马钧住在京城，城里有坡地可以作菜园，只是近旁没有水可以灌溉。马钧就制作了翻车，几个年轻人转动它，汲来的水可以自行倒出流到地里，翻车里的水有进有出，也被称为龙骨水车，效率大大超过平常水车。这是第二件奇异的事。

造出水转百戏 后来有人献来一套杂技模型，只能作摆设不能活动。曹叡问马钧："这些可以动起来吗?"回答说："可以动起来。"曹叡说："可以更巧吗?"回答说："可以。"马钧受诏制作。他用大木头刻削，做成轮子的形状，平放在地上，下面用水力发动，上面设置了女子奏乐跳舞的偶像，还有木人击鼓吹箫。作出山岳形状，使木偶投球掷剑，走绳倒立，进退自如，还有百官坐堂、舂米斗鸡等，变巧多端。这是第三件奇异的事情。

准备改进战具 马钧看到诸葛亮设计的连弩，说："巧是很巧，但不够完善。"他声称改进后效率能增加五倍。又说阵战中的发石车，如果对方在城楼边悬挂起湿牛皮，发过去的石子受阻就会坠地，石子又不能连续发射。他想制作一种轮子，挂上几十块大石头，用机械转动轮子，悬石按节奏射击到敌人城楼，可以连续而迅速地抛射。他还尝试在车轮上悬挂几十砖头瓦块，可以抛射几百步之远。连弩箭和发石车以前在战场上都曾被试用，官渡之战中曹军就使用过发石车，被袁军称为“霹雳车”，马钧提出对两件战具可以进行改造完善，使发石车射程远、速度快又有连续性，相信马钧是完全能够做到的。

对马钧发明的不同态度 马钧已经有多项发明，傅玄在文中把指南车、翻水车和水转百戏三项称为奇异事情，表明马钧这三项发明的开创性和成熟性。当时有位裴先生裴秀，时任朝廷散骑常侍，是京师的名人，精通世理，听到马钧的事情，就前去讥笑诘难，马钧口拙不能应对。裴秀自以为说中了马钧要害，论说不停。傅玄于是对裴秀说：“你的长处在说话，短处在巧思；马钧的长处在巧思，短处在说话。用你的长处，攻击他的短处，他不能应对；若用你的短处质疑他的长处，那必定有不理解的地方。机巧，是天下精微的事情，不理解还要不停地责难，对他攻击讽刺，那就差距太远了。马钧内心不认可你，嘴上说不过，这就是他不应对你的原因。”傅玄是北地泥阳（治今陕西耀州东南）人，时为魏国官员，出于对国家事业的热忱，他愿意让同乡人马钧改良战具的设想尽快完成，所以对别人给予马钧的非议和攻击给予了坚定回应，维护了马钧的信心和声誉。

傅玄对技术发明的感想 傅玄去见安乡侯曹羲，这是国家掌政人曹爽的弟弟，傅玄大概是想疏通关系，让国家出面支持马钧的兵器改良及其他技术发明。他去后谈到裴秀说给马钧的话，未料曹羲的看法竟和裴秀一样。傅玄说：“圣人根据实情处置事情，选取人才不拘于一个模式，有的因品德而选取，有的因口才而选取，有的因做事而选取。以品德选取的人，不用说话就能显示出诚心，像颜渊之类人就是这样；以口才选取的人，能用机变论辩是非，如会说话的宰我、子贡等人就是这样；以做事被选取的人，如从政的冉有、季路，文学上的子游、子夏。虽说圣人能明察事物，但要选用人，就必定要先行考验，因此就用政事考验了冉有、季路，用文学考验了子游、子夏。对子游、子夏尚且如此，何况不如他们的人呢！为什么这样？空谈事情的道理，并不能把事情完全说清，做出实事来，说不清楚的地方，一验证就清楚了。”

讲清了这些道理后，傅玄继续就具体问题说：“现在马钧要制作的是国家精密器械，军事上的重要用具，花费十寻（八尺为一寻）木材，耗用二人之力，不需多少时间就可知道其错对。责难那种很容易得到验证的事情，随便用言语压抑人的奇异才能，这就像用自己的智识去做天下的事，用凝固的方法去对待变化无穷的事物，会使多数事情出错。马钧制作的都是改变创新的东西，他开头说的话不会全都正确。如果因为不全正确，就不尝试，那世上罕有的机巧器械就无从出世了。相同心境的人相互妒忌，做同类事情的人互相妨害，平常人都不能避免。所以君子不会因私心而害人，一定要以考察尝试来衡量。丢开衡量验证而不用，这就会导致美玉被诬为石头，卞和要抱着玉璞痛哭了。”傅玄是希望执政人物利用国家力量给马钧的创新发明提供积极的支持，他借此也反映了技术创新人物可能面临的诸多不利境遇，表达了国家对创新活动应该具有允许试错的宽容态度，他是希望国家大力营造出鼓励创造发明的有利环境，以便能促使新的创造发明层出不穷。

傅玄劝谏失败的感慨　傅玄的想法是对的，如果他能强调马钧对连弩箭和发石车的技术改造对军队战场取胜有多大的作用，把谈论重点放在该发明对国家强大所具有的意义上，这就更符合看重实效的传统国情，对当政者会有更大的说服效果。后来的情况果然是，曹羲听了傅玄上面的说法后有所醒悟，他把这事告诉了曹爽，而曹爽并不重视，也不去尝试验证，马钧那些改良军械的设想于是胎死腹中，其他的创造发明更是化为泡影。

傅玄希望国家给王钧提供宽松发明条件的劝谏受挫失败了，为此他很有感慨地说：“这本来是很容易的事情，况且马钧的巧名已经公认，尚且被忽视而不去考查，何况那些被埋没的人才，不出名的玉璞呢？后世的人要汲取深刻教训啊！”他还不无遗憾地补充说：“马钧技术的巧妙，就是古代的公输般、墨翟，近代汉朝的张衡都不能超过他。公输般、墨翟都在当世受到重用，对社会做了有益贡献。张衡虽做侍中，马钧虽任给事中，但他们的职任都不是主管工程的，技术的机巧无法用于社会。用人不考虑其特殊才质，知道才质又不让实验尝试，实在可惜了。”他是痛惜于张衡和马钧都没有处在才位相配的职务上。

的确，马钧和张衡的创造发明未能借助于国家之力，其成果的应用也没有给职务工作和政府某项事情带来直接效益，这都是遗憾的事实，但如果由此认为他们的发明没有给社会带来益处，则又失之偏颇。至少马钧的新式织绫机和汲水翻车被后世沿用了上千年之久，对传统农耕社会中人们的生产和生活有过重要而持久的助益。马钧的技术成果和创新精神人们不会忘记，而傅玄在推崇创新、珍视人才方面对后世的警示更应该为当代人所记取。

1.20（6）医学名家华佗（上）

传统医学在三国时代达到了一个相对高峰，其代表人物是魏国的华佗。华佗运用望闻问切的人工方法，能对民间碰到的常见疾病和各种疑难杂症进行精准诊断，并用汤药、针刺、灼灸、手术及情绪刺激等各种灵活手段做出有效治疗，包括麻沸散的应用、养生术的推广，都极大地提升了中医治疗的技术水平，也拓展了医疗的范畴，示范了传统医学的广泛应用。《后汉书 · 华佗传》《三国志 · 华佗传》及引注《佗别传》记述了华佗几十年行医间对各种复杂病症的诊断与治疗效果，也介绍了他与同乡曹操交往中的恩怨结局，展现了他的医术之高、影响之大和命运的不幸。

华佗，字元化，沛国谯县（治今安徽亳县）人，又名旉。在徐州一带求学，兼通几部经书。沛国（治今江苏沛县）相陈珪将他举孝廉，太尉黄琬征召他任职，他没前往。他通晓养生之术，当时人们以为他年近百岁，但他容貌健朗。华佗精通各种药方，治病时，配药不过几种，心里能把握剂量，手抓得药而不需称量。交代煮熟饮用的注意事项，吃完药病人就好了；如果需要灼灸，不过一二处穴位，每处不过七八次，病也就好了；如需要针刺，也不过一二处，下针时说：“针感会传到身体某处，如到就说出来。”病人说：“已到。”他就马上拔针，病也就好了。如果病结积在体腹内，针灸和药物不能治，必须手术切割的，便让病人喝麻沸散，很快病人就像醉死一样没有感觉，他立即动刀割取；病如果在肠子中，便割开肠子清洗，然后缝好伤口敷上膏药，四五日就见好，病人不觉疼痛，一月左右就能痊愈。

原甘陵（今山东临清东北）相的夫人怀孕六个月，腹痛难忍。华佗诊脉，说：“胎儿已死了。”又让人用手摸胎儿的位置，在左边则是男，在右边则是女。那人说：“在左。”于是让孕妇吃打胎药，果然为男胎，夫人的病痊愈了。

县吏尹世四肢不舒服，口中干渴，不愿听见人声，小便不利。华佗说：“试做些热食吃，能出汗病就好了；如不出汗，三天后就死。”于是马上做热食让病人吃，可惜仍不出汗。华佗说：“五脏之气已断，会哭泣而死。”果然如华佗所言。

府吏倪寻、李延一起前来，二人都是头痛发热，病状相同。华佗说：“倪寻应当通导，李延应当发汗。”有人询问为何两人治法不同。华佗说：“倪寻是外实，李延是内实，所以治法不同。”随即给各人开了药，第二天两人的病都好了。

盐渎县（治今江苏盐城西北）的严昕与几个人一起等候华佗，华佗到了以后对严昕说：“您身体感到不舒服吗？”严昕说：“和平常一样。”华佗说：“从面部上看你得了急病，不要多喝酒。”几人坐了一会告辞，走了几里远，严昕突然头晕，从车上摔下来。人们扶着他回到家中，半夜便死了。

原督邮顿子献得的病已治好，他找华佗诊脉，华佗说：“身体还虚，没有完全恢复，别太受累，如和妻子同房会发病而死。临死时会吐着舌有几寸长。”妻子听说顿子献病好，从百里之外来探视他，当夜留宿同房，三天之后发病，完全像华佗所说的那样。

督邮徐毅得病，华佗前往探视，徐毅对华佗说：“昨天让医官刘祖针扎胃管（中脘穴），扎完后咳嗽得厉害，无法睡觉。”华佗说：“他未能扎中脘穴，误伤中肝。您会饭量一天天减少，五天后就没救了。”果然如华佗所言。

东阳（治今安徽天长西北三十公里）陈叔山的小男孩两岁时得病，腹泻哭啼，逐日消瘦无力，求华佗诊病，华佗说：“他母亲怀他的时候，阳气内养，乳中虚冷。这孩子得了母寒，所以不容易好。”华佗开了四付女宛丸，十天治好了病。

彭城夫人夜里去厕所，虿虫螫了手，疼痛呻呼，无法入睡。华佗让她把手放在温水中，终于可以使她入睡，旁人反复给她换水，保持热度，第二天就好了。

军吏梅平得病，离职回家，他家在广陵（治今扬州），未走二百里，到一个亲戚家借宿。不一会儿，华佗偶然来到主人家，主人请求华佗给梅平诊病，华佗对梅平说：“你要是早点见到我，不至于如此严重。现在病情已重，赶快回去可以和家人相见，五天后就有危险了。”梅平赶紧回到家中，果然如华佗预计的那样。

华佗在路上行走，看见一人吃东西咽不下去，食管有毛病，家属正拉着他去就医。华佗听见呻吟声，就停车探视，对病人说：“前边道边卖饼的人家有醋泡蒜末，买三升喝下去，病就好了。”他们按华佗说的去做，病人当即吐出了小蛇状的一条虫，他们把虫悬挂在车边，准备追拜华佗。华佗还未到家，孩子们在门前玩，遇到来人，相互说：“车边挂着蛇的人，想是遇见我们家翁了。”那位病人进屋坐，见华佗的北墙上悬挂着十几条这样的蛇虫，可能是作标本的吧，方才知道华佗是一位奇人。

又有一个郡守得病，华佗认为这人盛怒才能除病，于是他接受了很多财物却不给他治病，不久抛下病人离去，并留信辱骂他。这位郡守果然大怒，派人去追杀华佗。郡守的儿子知道缘由，吩咐派出的人不要去追。郡守愤怒已极，吐出了几升黑血后病就好了。

又有一士大夫感觉身体不舒，华佗说：“您病得深，得开腹治疗。但你的寿命也不过十年，病不会要您的命，忍病十年，寿命也到头了，不必剖腹了。”这人忍不住痛痒，一定要求华佗除去病根，华佗于是动手术，病情消失了，十年后这人真的死了。

广陵太守陈登得病，心中烦懑，面色发红，不思饮食。华佗诊脉说：“您胃中有好几升虫子，已结成肿烂的毒疮，是多吃了生鱼造成的。”随即制成了二升汤药，先服一升，过一会全都喝尽。喝完后吐出来三升多虫子，红头，躯体会动，半身尚是生鱼脍，陈登的病情马上就好了。华佗说：“这种病三年后还会复发，遇上好的医生才能治疗。”三年后果然复发，华佗这时不在，陈登竟不治而死。

李将军妻子病重，求华佗诊脉。华佗说：“是怀孕得病时胎儿未坠。”将军说：“怀孕时得病，胎儿已下来了。”华佗说：“根据诊脉，胎儿没掉。”将军不信。华佗离去后，妻子的病渐渐好转，百余天后复发了，又请来华佗，华佗说：“诊脉仍与前次一样，腹中有胎，前面怀的是双胎，一胎先出，孕妇流了很多血；后一胎没有出来，孕妇没感觉，旁人没意识到，所以不再接生了，没生下来的胎儿已死，血脉不再营养胎儿，死胎贴近母背，所以孕妇经常后背痛。现在服汤药，再扎一针，死胎就能出来。”服药扎针之后，夫人疼痛，有生孩子的感觉，家人为此着急。华佗说：“这个死胎久已枯萎，不会自己出来，应当由旁人协助探取。”后来果然是一男胎，手脚全备，已经发黑，约长一尺。华佗的绝技，都像上面所说的。

曹操听说后召华佗前来许都，华佗经常在他左右，曹操患有头风病，每次发作，心乱目眩，华佗针扎膈俞穴，立刻就治好。华佗对曹操说：“这病难以根除，要长久医治，可以延长岁月。”华佗在曹操那里待得久了，想回家看看，就对曹操说：“收到了家里的来信，要回去一些日子。”到家后，他借口妻子有病，到预定日期并不返回。曹操几次来信传唤，又让郡县的官员上门催促，华佗依仗自己的医术，厌烦吃官饭的事儿，还是不肯上路。曹操非常生气，派人去华佗家看视，告诉派去的人：“若他的妻子果然有病，就送给他小豆四十斛，宽延他的返还日期；如果他是虚言欺诈，就把他绑着送来。”华佗就这样被送到了许昌监狱，拷打审讯后，他认罪服法，荀彧对曹操说："华佗的医术实在很高，经常能救人之命，对他应当包涵宽容才好。"曹操回答："不用担心，天底下难道离不开这鼠辈吗?"最后将他处死（参见 1. 3. 22《悔杀华佗》）。

曹操屡招华佗而不来，以为华佗在养病自重，产生了无名的怨恨心。是传统社会中对技术人员的鄙薄，以及权势人物的习惯性傲慢交织作用，促使曹操杀害了华佗。

1. 20（6）医学名家华佗（下）

华佗在疾病的诊断和治疗方面拥有绝妙而精准的技术手段，在魏国北方一带造成了极大影响，后来由于与医治对象曹操之间的私人恩怨而被误杀。《后汉书·华佗传》《三国志·华佗传》及引注《佗别传》中记述了华佗逝后发生的相关事情，追忆了他生前在健康养生技术等方面创新和承传的有效方法，也介绍了他在治疗顽疾难症上的一些奇特传闻，表明了华佗身后拥有的巨大声誉和社会反响。

华佗当时被曹操关在狱中料难解脱，临死把一卷书交给狱吏说："凭这书可以救活人命。"狱吏害怕受牵连不敢接受，华佗也不强求，用火烧了这书。华佗死后，曹操头痛病没法除去。后来在 208 年曹操爱子曹冲病重（参见 1. 3. 12《既爱美色，也爱才俊》），曹操感叹说："我后悔杀了华佗，结果害得我儿子也死了。"据此可以推知，华佗离世应在 207 年，他给曹操诊病医疗大约是从 206 年开始。

起初，军吏李成咳嗽厉害，无法入睡，时吐脓血，请求华佗诊知，华佗说："你是肠中肿烂，已成毒疮。你咳吐出来的不是出自肺部，给你开两钱散剂，将吐出二升脓血，止住后赶快调养，一月就见效，只要小心保重，一年就可恢复。十八年后会小有复发，服用此药，就会好转的。如果不吃此药，便会死去。"于是又给李成两钱散剂。过了五六年，李成有个亲戚得了同样的病，对李成说："你现在还强健，我快要死了，你怎能忍心看着我去死呢？先把药借给我，我病好了为你到华佗那儿去要。"李成把药给了他。后来李成到谯县，正碰上华佗被收捕，他不忍心去求药，到了第十八年时，李成果然发病，无药可服，以至病逝。这里表现了华佗对一种病情的长久预料，但也反映了华佗医疗技术后继乏人，表明了他某些技术手段的中绝。

对关羽刮骨疗毒的说明 顺便应该提到，历史小说中描写蜀国大将关羽219年攻打樊城时中箭，华佗曾为他刮骨疗毒。其实华佗一生的活动范围主要是在青州、徐州和冀州之地，他没有到过江南，同时华佗的去世在207年，樊城攻战时他已去世十多年之久，所以当时给关羽治病疗伤的应是另有其人（参见2.2.2《关羽事迹辨正》中），而不是华佗。历史小说是要借助关羽的威名提升华佗的声誉，其实华佗的医疗声誉不需要借助任何人来提升就已足够了。

两位学生得到的养生之方 广陵（治今江苏扬州）人吴普、彭城（治今江苏徐州）人樊阿都跟随华佗学医。吴普遵照华佗的办法治病，治好了很多病人，华佗对吴普说："人体需要不断地运动，但不应过度。运动会使谷物之气得以消化，血脉通畅，疾病就不会生成，这就像门枢经常转动就不会腐烂。因此古代长寿的仙人经常从事导引之法，模仿熊攀枝悬挂；模仿鸱鸟回首顾盼，这样牵引肢体，活动所有的关节，以求不老。我有一套方法，叫五禽之戏，一为虎，二为鹿，三为熊，四为猿，五为鸟，可以除病，也有利手足，相当于导引。如身体不适，站起作一禽之戏，会微微出汗，然后敷上粉，身体会感到轻便，腹中会产生食欲。"吴普按法施行，活到九十多岁时还耳聪目明，牙齿完整坚利。有资料说，吴普从华佗那里学到了五禽之法，后来魏明帝曹叡招来吴普，让他表演五禽戏，吴普说自己年老，手脚动作达不到要求。于是将其法告诉了其他医生，他当时将近九十，饮食正常。

樊阿擅长扎针，大凡医者都说后背和前胸不能乱下针，针刺也不超过四分，而樊阿在后背下针可深入一两寸，在胸腹交接部位的巨阙穴竟下针五六寸，而疾病都能痊愈。樊阿向华佗索取对人健康有益的食用方子，华佗给了他一方漆叶青黏散。漆叶末一升，青黏末十四两，按此量配方，长期服用可以去掉体内三虫，利于五脏，使身体轻健，头发不白。樊阿听从华佗的话去做，活了百余岁。漆叶到处都有，青黏生长在丰（治今江苏丰县）、沛、彭城与朝歌（治今河南淇县）等地。

有资料说，青黏又名地节，或称黄芝，主要影响人的五脏，有益于精气。早先有人在山中迷路，遇见一位仙人让他服用，他后来告诉了华佗。华佗认为服用它很好，就告诉给樊阿，樊阿将此保密。后来接近樊阿的人见他寿长而力气强盛，觉得很奇怪，于是询问他经常服用什么，樊阿一次酒醉后就胡乱说出来了。有人使用这方法，很多人跟着服用，都有很大效果。

后人对华佗诊疗手段的追忆 佚名作者撰写的《佗别传》中追忆了华佗医治疾病的几次奇特方法：有人在235年前后见过山阳（治今山东金乡西北二十五公里）太守刘景宗，刘景宗说大约185年自己几次见到华佗，华佗治病时用手切脉判断症候，说出来就像神仙一样准确。琅邪人刘勋担任河内（治今河南武陟西南十公里）太守，有个女儿年近二十岁，左腿膝里有疮，痒而不痛，发作几十天后痊愈，不久又会复发，这样持续了七八年，请华佗诊视，华佗曰："这病容易治疗。需要稻糠黄狗一头，好马二匹。"他用绳拴住狗脖子，让马拉着狗跑，马跑不动了就换另一匹接着跑。算着马跑了三十多里，狗已经跑不动了，又让人拖着狗走动，共计行走了五十里。于是让患病之女喝下药汤，此女立刻安静地躺下失去了知觉。华佗取出大刀切开狗肚子近后脚之前，把切断之处对着疮口，停在距离二三寸的地方。不一会儿，有像蛇一样的东西从疮中爬出，华佗用铁锥横穿蛇头，蛇在皮肉中摇动了很久，突然不动了，于是将其拉出，有三尺长，完全是蛇，但有眼而无珠，身有逆鳞。华佗以膏药粉撒在伤处，七天就痊愈了。

又有人目眩头晕，多年抬不起头，眼睛看不了东西，华佗让他脱掉全身衣服，倒着悬挂，头离地一两寸，用湿布擦拭他的身体，把全身周围都擦到。然后看视他身上的脉象，呈现多种血色。华佗让他的几位学生以铍刀割断血管，使杂色血流尽，看见红血流下时，即抹上药膏，施以推拿按摩，盖上被子，汗流出全身，然后服用亭历犬血散，病情马上好转。

有一位妇人几年有病，当时人称寒热注病。十一月冬时，华佗让她坐在石槽中，用冷水向其身上浇灌，说要浇满一百下。开始浇灌了七八下，妇人冷得打颤几乎死掉，灌水的人非常害怕，想要停止，华佗要求满百数。灌到近八十下时，夫人身上热气蒸发出来，气高二三尺；浇满百下后，华佗让人点燃火温床，将妇人用厚被覆盖，后来全身出汗，给他敷上粉，汗干后痊愈。

又有人感到半侧腹痛，十多天就鬓眉脱落。华佗说："这是半个脾腐坏了，可剖腹养治。"他让病人饮药后躺卧，饮下的应是他的麻沸散吧。然后切开病人腹部探视，果然半边脾腐坏。华佗用刀切断，刮去腐坏之肉，以膏药涂于疮面，再服了药，百天后即平复。

关于华佗诊治疑难疾病的方法还有其他多种书籍上的不少记录，他的高超技术和诊疗案例历来受到后世的珍爱和看重，人们只嫌其少不嫌其多。清代学者惠栋引唐人王勃《八十一难经序》中有关文论说："岐伯将医学传给了黄帝，黄帝经过九位老师传给了伊尹，伊尹授给了商汤，商汤经过九位老师传给了（姜）太公，太公传授给了（周）文王，文王通过九位老师传给了医和，医和通过六位老师传给了秦越人（即司马迁在《史记》中所记的扁鹊），秦越人把这些传下来的医学知识做了整理，并分析注解，经过九位老师传给了华佗。"这里虽有缺乏论说和不大严谨之处，但试图描绘出中华传统医学的历史谱系，其中给了华佗崇高的医学地位。

华佗的诊疗方法除过吸收前人的医学成果外，还有自己的摸索创新，也有向同代人的用心学习。《湖广通志·方伎传》中记载东汉末年医圣张仲景的事迹，其中说张氏"著《伤寒论》，华佗读后高兴地说：这真是活人写的书"。华佗出奇的诊疗技术是继承、吸收和创新的结果，他不凡的医学成就反映着中华传统医术在一个时代的汇聚凝结。

结语：关于曹魏兴衰的议论

主宰了三国历史进程的曹魏集团于189年由曹操组织创立，到265年曹奂禅让退位，其间经历了曹操、曹丕、曹叡、曹芳、曹髦、曹奂六位君主的政治统治期，走完了兴盛、稳定和衰落的历程，最终合乎情理地退出了历史舞台，向社会和历史重新演示了一次兴衰转化、适者生存的不易规律。

曹魏76年的发展演变大体经历了三个阶段。在第一个阶段，曹操以自己的过人才华和诸多进步的思想理念组织掌控了一支强悍而高效的政治集团，该集团以曹家私人武装力量为支持，打起复兴汉室的旗号，采用挟天子以令诸侯的策略手段，在天下大乱的政治舞台上纵横捭阖，南北征战，最终在群雄纷争中脱颖而出，到220年时已稳定地占据了黄河以北的辽阔土地，建政立国已是水到渠成，这三十年是集团的兴盛时期。从曹丕此年接班掌权后受禅让建立魏国，到曹叡239年托孤去世的近二十年，这是曹魏发展的第二个阶段。这一阶段上曹丕利用吴蜀夷陵之战的外部环境，分别对吴蜀两国进行了军事胁迫和政治诱降，均没有取得实际效果；曹叡执政的十三年间因吴蜀两国形成了结盟联合之势，魏国连续遭到多次侵扰，但敌国的军事力量始终没有形成对曹魏集团的重大威胁，君主在依靠自身的智慧从容掌控着国家政治局势的走向，并不断打击和消耗着敌国的力量，这是曹魏平稳发展时期。从239年曹芳上台为帝后的二十五年为曹魏发展的第三阶段，该阶段曹魏三位少帝为君，国家权力实际掌握在辅政大臣之手，其间又有249年的高平陵事变，司马氏开始掌控了国家政权并形成了自己的特殊利益集团，引发了朝政纷争和不间断的内部反叛，曹魏集团失去了统摄人心和驾驭趋势的能力，这是集团逐步衰落的时期。

曹魏集团之所以能在早期的群雄纷争中走向兴盛强大，一是拥有坚强而智慧的领导核心。曹操能明察时势，通晓军事用兵，对政治反应灵敏，思想理念偏向开明，所以能鉴别采用诸多正确的战略策略，迅速接受谋臣在军政方面的正确谏言，包括对东汉朝廷政治外壳的利用，屯田制的规模化实施等，也能形成海纳百川的用人思想。二是能够团结和组织起更为广大的人才队伍，调动起各层人物为曹魏事业积极奉献的热情。无论是武将成众、谋臣汇集，还是功名之士的自觉奔投，州郡治理才俊的四处涌现，曹魏集团中这些中坚人物的数量都是最多的。略微翻阅一下被历史小说所忽略了的大量普通人才的职场经历及其思想轨迹，就能看到曹魏集团当时所获得的社会基础的雄厚程度，这是他们事业走向兴盛的基础与前提。三是在对掌权的接班人培养方面，曹魏集团是做得相对较好的。蜀国与吴国在二代掌权人身上就出现了问题，曹魏则有连续三代君主都是基本合格的人选，这就使他们的事业相比而言获得了更长时间的发展延续。

这个集团本来会有更大的发展前景，但最终还是在领导核心上出了问题。在平稳发展阶段上的两位君主年寿均不长，后来在曹叡身后继承权力的，是少主和辅臣相结合的特殊权力结构，前者年少不懂政，而辅政大臣曹爽则才不匹位，由此导致了司马氏夺位的政治变乱，曹魏人物在国家权力中心逐步被边缘化。造成这一变乱无法逆转的原因，首先是因曹丕执政时对亲族王侯进行的权力限制措施，致使在司马氏掌政而篡政时，庞大的曹氏集团中没有任何力量能够阻止这一趋势的推进；其次也是因为曹叡在235年后对个人奢靡欲望的放纵，耗费了大量民力，导致了大臣和民众的离心；后来的掌政人曹爽不能弥补这一过失，同时又专擅独断，导致不少臣民怨恨，反让司马氏获得了更多的吏民支持。看看诸多追随曹魏大半生的元老和一些智识名臣在高平陵事变前后对司马氏集团的认同配合，即能感到曹魏集团转入衰落的三尺冰冻确实不是生于一日之寒。司马氏接替曹魏集团而掌权并建政，应该有其自身形成的历史逻辑。

天下非刘氏之天下，当然也非曹氏之天下。司马氏替代曹氏而掌权，当时有其进步性合理性的一面。然而司马氏集团是在曹魏事业发展壮大的基础上产生形成的，其地缘基础及各种物质前提，包括干部队伍、政权体系及对当世的社会历史认知，都是对曹魏的继承。从这个意义上说来，司马氏的改朝建国其实只是社会抛弃了不合时宜的旧有统治外壳而已。当然司马氏集团在后续的国家治理上未必做得更好，但那是后世的问题，而就当时脱掉曹魏统治的虚弱外壳言，这只是以另外一种方式焕发社会政治生活的内在生机，曹魏集团贡献给社会的成果是没有灭亡消失的。

曹魏集团消灭了汉末北方各地的割据势力，扭转了大乱纷争的政治局面，把离乱的北方社会纳入秩序的轨道，并向分裂政权每每展示战争与怀柔的两手，昭示自身所持天下一统的目标，并且从未停止实现目标的努力。同时，曹魏集团从战争年代起，就实行了军垦屯田和有利百姓耕殖的经济政策，建政后各州军垦的规模后期还有所扩大。发展经济，尽量减少民众负担，即便在曹叡当政的后期也一直占据思想舆论的主流。另外，曹魏集团在几十年的创业和守成活动中不仅运用了许多成功的政治战略和策略手段，而且创造了诸多典型的军事战例及用兵战术，开拓了社会教化和育人选才的广阔思路，探索了地方治理与边境防守的适宜形式，推进了法制建设及某些条律的完善化，等等，这些方面都是曹魏集团几十年间给中国社会留下的丰厚遗产。

曹魏集团形成在战乱年代，诞生和成长于文化厚重的中原地带，其中涌现出了不少钟灵毓秀的人生闪亮之人。在政治、军事、谋略、阵战、行政、治学、文学、法制、科技等方面，既有成名成家的杰出人物，也有不少才能超群、成就突出的优秀之辈，还有更多凭着满腔忠诚和坚定意志而作出不凡功绩的普通人士。历史记载下了他们的名姓，他们的事迹犹如星辰那样在遥远的地方熠熠发光，翻阅他们的人生经历与事迹，即能看到他们的活动轨迹、行为选择的人生闪光点，这其中折射着曹魏的辉光，也反映着他们自身的明亮之源。人们仰望星辰，就包括对这些历史人物的认识和欣赏，他们的精神辉光往往能点燃后人脑际的思想能源。

历史是教科书，它比教科书更为全面的地方在于含有反面的教益。曹魏集团的衰落有其自身的原因，这在相关历史人物身上也有一定的折射和反映，即便成功人士的奋斗历程中也包含着失误和积弊，翻看曹魏集团全部人物的传记，仿佛透视色彩纷繁的现实世界。它会提供人们生活的明镜，启发人们调整思维方式，鼓励人们振作精神、磨砺意志。已逝的曹魏以自身的多重意义昭告世界曹魏不朽。

参考文献

《三国志》（上下册）

（晋）陈寿撰，（南朝宋）裴松之注，岳麓书社 1990 年 7 月第 1 版。

《三国志集解》（全八册）

卢弼集解，钱剑夫整理，上海古籍出版社 2009 年 6 月第 1 版。

《后汉书今注今译》（三册）

（南朝宋）范晔撰，章惠康、易孟醇主编，岳麓书社 1998 年 7 月版。

《晋书》（第 1–5 册）

（唐）房玄龄等撰，中华书局 1974 年 11 月版。

《中国历史大事年表 · 古代卷》

上海辞书出版社 2001 年 1 月第 1 版。

《资治通鉴》（全二册）

（宋）司马光编著，（元）胡三省音注，上海古籍出版社 1987 年 5 月第 1 版。

《文白对照资治通鉴》（全二十册）

（宋）司马光编撰，李伯钦主编，北京联合出版公司 2016 年 3 月第 1 版。

《三国志辞典》

张舜徽主编，山东教育出版社 1992 年 4 月版。

《晋书辞典》

刘乃和主编，山东教育出版社 2001 年 1 月版。

《世说新语》

（南朝宋）刘义庆著，曹瑛、金川注释，华夏出版社 2000 年 5 月版。

《周易全译》

徐子宏著，贵州人民出版社 1991 年 5 月第 1 版。

《诗经全译》

袁愈荌译诗，唐莫尧注释，贵州人民出版社 1981 年 6 月第 1 版。

《礼记》（上下）

钱玄、钱兴奇、徐克谦注译，岳麓书社 2001 年 7 月第 1 版。

《辞源》（修订本 1-4 册）

商务印书馆 1980 年 8 月修订版。

后 记

《三国职场探迹》系本人对公元180年至280年一百年间汉末三国时代真实历史人物活动与社会政治演变作出的全面性翻译陈述及分析议论，其中也表达了自己对社会历史的一些认识，反映着本人对这段历史学习和探索的阶段成果。整个书系在表达形式上有一些新的尝试，思想内容上也力图作出更多的拓展和提升。该书系的撰述过程及其特征在《前言》中已做了说明，现当八个分册要一并推出，同时接受广大读者朋友的鉴赏评价和时间光阴的洗磨检验时，内心仍然有些惶恐之感，我是希望该书能像作者以前其他撰著一样经受起两方面的考验，并希望能为三国文化、职场文化和中华历史文化拓展空间、增添色彩。

本人自2019年5月开始做三国人物与历史解读以来的两年半时间内，除过参加广东省教育系统一个月的集中活动外，基本上坚持每天有所进展，中间经历了全民抗疫的曲折反复历程，同时也有个人、学界及单位的诸多事务，不能说没有遇到困难和阻力，但客观环境毕竟是提供了很多有利的条件，促进了原初设想的实现。这里要衷心感谢原供职单位广东省社会科学院提供的保障条件，感谢夫人杨春霞所给予的积极协助以及各位家人的理解支持。中联华文（北京）社科咨询中心的樊景良、张金良经理十年前协助出版发行了本人关于春秋至西汉武帝八百多年间历史解读的七本论著，在今年出版业面临巨大困难的前提下，仍然本着兴盛文化事业的强烈使命感，一如既往地鼓励支持了《三国职场探迹》的选题；中国书籍出版社的领导和编辑积极支持了书系的出版，全书的面世成果中凝结着他们的劳动，在此一并表示感谢！

作者

2022 年 5 月 8 日